ULTIMATE JOURNEYS *for* TWO

极致蜜月之旅

全球唯美旅行目的地

ULTIMATE JOURNEYS for TWO

极致蜜月之旅

全球唯美旅行目的地

[美] 迈克 · 霍华德　安妮 · 霍华德（Mike & Anne Howard）　著

张成智　译

中国摄影出版社

China Photographic Publishing House

目 录

前页：在赞比亚，静谧的赞比西河被笼罩在夕阳的余晖中，它将汇入维多利亚大瀑布。

从上到下：肯尼亚桑布鲁的细纹斑马、泰国清迈的修士、巴西卡诺阿拉达的渔夫、菲律宾科隆湾的别墅、新西兰弗朗兹·约瑟夫冰川、玻利维亚波托西的“石头树”

从上到下：中国峨眉山沿途的佛教艺术雕塑；伯利兹库尔克岛凉爽舒适的廊房；南极洲阿里群岛胖乎乎的巴布亚企鹅；多米尼加共和国萨马纳的双人高空滑索；智利阿塔卡玛沙漠中由盐渗透、侵蚀而成的“月亮谷”；在澳大利亚大堡礁潜水

肯尼亚的迪亚尼海滩（Diani Beach）。

旅游不仅仅是观光，

它会使生活观念产生深刻而永久的变化。

——玛丽·瑞特·比尔德（Mary Ritter Beard）

前　言

我们沿着安第斯山脉一路行进，沿途避让着牛群，探寻世界上最深的峡谷之一。在行驶的途中，我们赶上了秘鲁人古老的派对庆典。我们小心翼翼地向前走，以为他们会为我们让路，而一个穿着传统刺绣衣服的女人敲了敲我们的车窗。“来一起跳舞吧！”她微笑着用西班牙语说，“下来一起跳舞吧，要不你们也过不去！”我和迈克对视了一眼，然后双双打开车门。派对的人们欢呼起来，木制乐器的乐队把他们的乐器奏得越来越响。她握住我们的手，把我们拉进一个大圆圈中，这里的女士们都在跳舞旋转。我们不停地转来转去，时而踢腿时而扭动身体。后来主事人拿着一个陶制的壶走来，他给我们倒满吉开酒（一种玉米啤酒），我们高声喊着“干杯”，将其一饮而尽。我们和这些新朋友手挽手，开心地跳到了天黑，也来不及去久负盛名的大峡谷了。

旅行是如何开始的

开始计划蜜月之旅时，我们拿出一张纸，写下了我们的梦想之旅：去巴塔哥尼亚进行岩冰攀岩、在马丘比丘远足、到大堡礁潜水、在角马大迁徙期间去野外探险，以及更多无法在纸上描述的体验。这真的很难抉择。后来迈克问我：“如果这些地方我们全去呢？”我觉得这个想法很不切实际，不禁咯咯地笑了起来。“我是认真的，”他说道，“我们身体健康，有一定的存款，还有彼此。难道这不是探索世界的最佳时机吗？”那天晚上我们开始计划蜜月和环球旅行。

我们开始存钱，研究并且几近疯狂地准备了 16 个月。在 2012 年 1 月 22 日，我们登上

在意想不到的秘鲁阿乔马（Achoma）街头派对上和新朋友跳舞。

了从纽约到亚马孙丛林的单程航班。我们告别了住所、工作、家人和朋友，一起踏入充满诱惑的未知世界。我们在登机口候机时，所有恐惧一下子都浮现脑海。我们的工作怎么办？我们的储备金是否足够？如果我们生病、被抢，或者更糟糕的是一天 24 小时都疯狂地度过，那该怎么办？这一切都足以说服我们还是待在家里吧。可是在我们游遍七大洲、长达 5 年不断地旅行后，我们有 100 万个理由说明这是我们做得最正确的决定。

我们和一个老挝的巫医一起喝过茶，在马尔堡（Marlborough）葡萄酒乡开过葡萄收割机，在科萨（Xhosa）启动仪式上打了鼓，在金泽（Kanazawa）结识了一个艺妓，在苗族村里教了几节英语课，并且真正体会到来自陌生人的善意，它深深触动了我们的灵魂。这些都不在最初的计划清单上，却是我们最难忘的经历。

你要做的第一步就是走出去，待上两周或者两个月。就算没能去世界上最深的峡谷，你也会拥有一段不同凡响的旅程。

情侣探险之旅

有很多关于浪漫旅行的书，向我们展示了拥有最佳烛光晚餐、情侣按摩和最光滑的床单的地点。当然了，我们也非常喜欢这些。可是，在豪华酒店待几晚远不及我们那些永恒的记忆深刻。当你发现一个无人踏足的海滩小湾，一个藤井环绕的庙宇，抑或深藏在森林深处的瀑布，身边唯有所爱之人……这比巧克力还要甜美。

本书所强调的冒险对于独行者来说也是很棒的，但是关于独行者的图书已经很多了。这本书是关于你们两个人的——对旅行的热爱和对彼此深深的爱。通过行动增进你们的亲密关系，让冒险成为你们生活的一部分。

当你分享一段无法用言语来描述的旅途时，这拉近了你们彼此的距离。那些你无法向其他人解释的事物可能会通过一个声音、一种味道或是一个眼神就能使另一半得以理解。哪怕旅途中出了什么岔子，也会带给我们美好的回忆。就像那时候我们所乘坐的公交车在莫桑比克发生故障，我们搭上一辆装载香蕉的卡车，坐在卡车顶上；我们曾经在肯尼亚山转错方向，被武装巡逻队护送出去；还有一次我们在挪威接受晚餐邀请，晚餐中仅供应了带着眼球的羊头（谢天谢地，还有白兰地）。当我们重新叙述这些故事时，最后都在一片笑声中结束。旅途中的颠簸使日落显得更加丰富多彩，红酒更加精致，睡前的夜宵也更加美味。

开启你们的情侣极致蜜月旅程吧——探索好奇之处，实现梦想，尽情庆祝美好生活。

敞开心扉

我们也算是冒险家，一直想欣赏更多美景，探索更多的奇迹。坦白地讲，在无数次游览世界各地后，我们发现自己沉迷于漫无目的地在老街闲逛、与水果小贩亲切攀谈、加入棒球比赛，抑或在当地居民家过夜。这些时光比探寻世界奇观还要有意思。

无论是去中国长城途中遇到的中国夫妻，还是在维多利亚大瀑布碰到的牙买加黑人夫妇，所到之处遇到的人们都让这个地方变得很特别。我们有幸在万千世界中经历温暖人心的偶遇，但不会把这一切都归功于运气使然。我们总是学习一些当地语言，同路过的人打招呼。如果你能用土耳其语告诉一位土耳其奶奶，她的食物很美味，那么你就结交了一位毕生好友。我们磨炼了街头智慧，紧跟自己的直觉，试图以开放的心态和微笑面对每一种情况。

少些计划，多些收获

为你的旅行留出空间，来收获意想不到的惊喜。如果在田野中有当地的节日，河边有宗教仪式或者城里的广场上正在烤肉，你肯定想去这些地方。在有限的时间里，规划好旅行的每一刻是极其吸引人的。虽然有些计划是必要的，但也要给自己留些时间来遵循每个地方的节奏。沿着计划的每一个目的地开展我们的旅行，而那些偶然的瞬间可能会成为更重要的美好记忆。

和马赛的战士们一同乘坐公共巴士，在市场摊位吃玉米饼，睡在佛教寺院——这些都是宝贵的经历，几乎不花费什么成本。放弃一些物质享受，去做当地人做的事情，这比你所买得起的东西更好，因为它是近在咫尺的。

这种较为自由的旅行方法可能让某些人觉得有些危险，但在这个永远值得追忆的蜜月里，我们从未有过任何重大的疾病，从未遇到抢劫或伤害。而且我们所体验的街边美食、皮卡和路边的旅店都可以证明世界终究没有那么可怕。当然，留在家里可能会更安全一些，但是错过这些提高生活品质的经历是一种更大的风险。

本书内容

当人们让我们说出最喜欢的地方时，我们的反应通常是：“你喜欢什么样的地方？”我们已经探寻了500 多个地方，会因不同的理由热爱这些地方。如果我们了解到你是喜欢沙滩或是山脉的人，那么我们会告诉你理想的答案。我们用同样的原则编排了本书的章节。我们希望你能出于自己的喜好发现旅行目的地，与此同时也发现新的冒险。我们在本书中并未过多提

在肯尼亚桑布鲁，大象一家横穿小路。

这条路通往查尔滕（El Chaltén），它是巴塔哥尼亚著名的菲兹罗伊山（Fitz Roy）所在的小镇。

及大城市，因为这些地方大家都耳熟能详了。当然，书中也包含一些著名的景点，例如吴哥窟和莱茵河峡谷，我们会分享一些新鲜的内容，足以振奋人心。（你看过镶着冰柱的尼亚加拉大瀑布吗？你可知道不只一条印加古道可通往马丘比丘？）

为了保证向情侣提供最可行的出行目的地和最佳小贴士，我们号召了 11 对熟识的环球旅行情侣来说出他们最喜欢的地方，以及经过检验十分可靠的建议。书中每章都附有“模范夫妇的选择”——由于我们共同参观过数千个地方，你会知道这是一个可靠的选择。如果想获得一些自驾游方面的建议，我们会请教莉萨 · 甘特和阿莱士 · 佩林，他们已经驾驶了十几万千米，跨越了 70 个国家。我们的参与者年龄范围很广，从著名的视频网站“流浪汉的航行”（Sailing La Vagabonde）主人——无畏的“千禧一代”艾莲娜 · 卡拉苏、赖利 · 怀特卢姆，到博客“Travel Past 50”（过去 50 年的旅途）博主——睿智的克莉丝汀 · 亨宁和汤姆 · 巴特尔。当然，他们都有着不同的背景：有屡获殊荣的加拿大旅行作家，有澳大利亚的游牧民族保姆，还有在 TED 演讲的美国人，当提到旅行灵感的时候，我们总能想到对应的情侣。

这本书不是典型的细节指南，我们致力于分享每一个地方的独到之处以及使其更大放异彩的方式。我们在此书中囊括了沿途的发现、经验证明不错的活动，还有一些我们渴望再次回去体验的事情。在提供贴心提示的同时，书中也包括了有趣的事情和景点背后的那些故事。你会看到旅途中的失误、滑稽的遭遇、感人的瞬间，还有途中的真实生活。

开始旅行

这本书为梦想而成。也许书中提及的大多数地方都没在你的计划范围内，而且部分活动会让你感到十分紧张。本书不适合一般的旅游者，当然这并不是说你们只是一般的情侣。如果你很无畏，很好奇，并且准备接受挑战，我们很欣赏这样的你，所以我们也发现了一些最“颓废”的豪华体验来奖励你们的冒险精神。我们努力追求幸福的平衡，不仅让你放松，而且让你精力充沛。在传递这些故事的过程中，我们带你们了解其中的秘密，希望能激发你们自己的探索，也许终有一天你们也会来分享旅行中的故事。

告别我们在新泽西州霍博肯（Hoboken）的公寓。

玻利维亚乌尤尼盐滩（Uyuni Salt Flats）。

旅行风格

每个人都有自己独特的旅行风格，若想两个人一同出行则需巧妙处理。找到你们的共同爱好，尝试体会伴侣的兴趣所在，或许你也喜欢同一项活动。克服恐惧，无须害怕，你们拥有彼此。寻找你们梦想的旅行之地，探求诸多活动的平衡点，为每一天增添一丝浪漫。这是中庸之道，也是让你们幸福的方式。

选择旅行景点

“咱们下一个假期要做什么呢？”这是大多数情侣都忘记问彼此的一个特别重要的问题。很多时候，谈话会直接转到“我们想去哪里？”然后才会想到该地区的物产和经历。

相反，应提前谈论你们的假期目标，让其成为出行的指南。在默认想去人人都提及的地方抑或你们曾去过的地方之前，试问：我们想不想发现新的文化？徒步旷野？出海？学习一种技能？或者尝试全新的事物？

把每个小目标都写到纸上，找到你们的共同之处，然后寻找能够满足你们旅行渴望的目的地，去独自旅行或是情侣一同旅行。这种收集共同想法、对比记录的体验不仅会为你们的旅行增添兴奋感，还会体现你们在做出决定时相互的包容和尊重，这是情侣间了解彼此的好机会。

优先考虑冒险之旅

今天是你最年轻的时候。以此激励自己去更远的地方旅行，到更高的地方登山，到更深的地方潜水，停留时间长一些，从现在开始抓紧多做一些。当我们选取环球蜜月旅行目的地时，指导理念是：到一些短期假期没法去的地方或者道路崎岖、较为艰辛的地方。我们最喜欢的冒险之一是徒步150多千米，往返安纳普尔那大本营，或者住在喜马拉雅乡村茶馆。可是在10甚至20年后，我们还会以这种方式思考吗？还会打算这么做吗？问问自己：我的极限在哪里，在此范围内有什么探险活动呢？

我们不在乎你的年龄——走出去永远不会太晚。随着时间的推移，你不可避免地需要更多的舒适感，这就意味着你越不可能到达这些真实而冒险的地方。在你被其他事情说服之前，挑战自我，计划一次轻松的旅行线路吧。

在墨西哥马萨特兰的卡萨卢西拉休息。

考虑一下发展中国家

我们向往世界一流的城市，但在此书中你找不到它们。我们无须告诉你巴黎和京都有多么美好。更何况，它们并没有紧迫感。大多数这类城市具有令人难以置信的历史保护标准，以及西方式的舒适感和基础设施。在以后的日子里访问这些地方很轻松，而且如果不进行改造的话，它们还会同往常相似。相反，像茵莱湖（Inle Lake）和“火山大道”（Volcano Avenue）等地方却在飞速变化。这些地方适于冒险，文化丰富，人烟稀少。要想探寻这种状态下的景色，时间尤为重要。

发展中国家另一个很大的好处就是便宜。河内三星级酒店的平均价格比伦敦低 2/3。所以，不要因为昂贵的机票而放弃去那些遥远的地方。这些旅行通常最便宜，而且体验它们的机会与那些发达城市可能永远不会相同，而且总会有不一样的感受。

适合你预算的目的地

如果你有特别渴望去的地方，那么赶快去！独一无二的体验是物超所值的，如在棉花堡的罗马废墟上滑翔或在菲律宾的“二战”沉船处潜水。常言道：“旅行使人变得更富有。”这是对的。在昂贵的价格打消你旅行的念头之前，记住，总能找到一个经济实惠的方式来体验一个地方。不要轻易放弃任何东西，看“智慧旅行”一章（第 239 页），就可以找到为梦寐以求的旅行省钱的方式。

虽然你可以通过“旅行黑客”获得更大的优惠，但是有些地方一开始并没那么贵。中美洲、东欧和东南亚是世界上少数文化丰富和精妙绝伦的地区，“预算”并不意味着质量低。考虑一下在降低成本的同时可以提升旅行体验的国家。

国家的状态

你渴望去的地方很可能十分安全，但是了解一下最近的不安定情况还是很明智的。访问文化或旅游部、咨询外交部领事司，阅读地区新闻，并查看旅游论坛（持保留态度），以确定是否应该现在或稍后再去。

面面俱到的旅行

旅行是一种探索自己兴趣的方式——尝试一种新的水上运动，练习一种语言，参加一门传统的烹饪课程，登上一座火山，做一些你在家不能做的事情。全世界都可供选择，因此有非常多满足你兴趣的景点。如果你喜欢徒步旅行，那就去喜马拉雅山，但是不要长期停在这里。你也可以继续探寻中世纪的城市、世界级的险滩，以及山麓上满是犀牛的丛林。

我们将旅行视为体验另一个国家的奇特珍品和鲜为人知的美食的机会。如果你能在任何一个星期天做这个事情——也就是在游泳池边吃汉堡包，那么你不妨改变一下，逼自己做些与众不同的事情，比如在拜占庭式的洞穴中品尝土耳其美食，或者在西多会修道院里品尝工艺啤酒。

新认知

在城市街边的车上吃饭，你就会发现别致的餐厅是如何彰显他们的氛围的；花点时间与山上的部落相处，你会找到精品店的民族设计灵感和诸多配饰之源；穿雪鞋在雪山上的小屋间走几天，你会体会到酒店里的亚麻床单也很柔软。一系列的经历，包括从最初的幻想到具体的安排，从城市到乡村，从惬意到探险，这些都会使这个地方更具内容，让旅行更加丰富多彩。

地方特色与奢华的结合

这是你的假期，给自己一丝放纵也是应该的。美食、海景套房、水疗和其他一些具有感官刺激的快乐也不妨增添到你的假期中。那些从地域风格中汲取灵感、古董中散发着古色，以及菜单带有传统文化气息的酒店，是我们非常喜欢的。尽情享受这种梦幻般的状态，只是不要让这种豪华的度假胜地阻止你探寻外面的美好生活。在没有导游的陪伴下，到街上闲逛，然后去简单质朴的餐厅吃几顿饭。在你旅程中的几天，也可以尝试一下在

中国西藏的僧侣在享受奔子栏的格东节。

Airbnb（爱彼迎，特色民宿网站）或寄宿家庭的私人房间。可能这里没有室内浓缩咖啡机或侍者，但那种真实感和暖心的互动将是一种无价的升级体验。

计划还是随性

在有限的假期里，我们都希望最大化利用休假时间。因为担心目的地的游客爆满，很多人都会提前安排他们的旅行，订好酒店和出行交通工具。这是完全可以理解的，如果你渴望体验某些活动（尤其在旺季），那么你应该提前确认一下。但是如果不提前预订，你会发现也有很多好处：

- 现场预订往往更实惠，也利于当地经济发展。
- 许多最真实的选择并没有在网上列出，但是一旦你到达那里就很快呈现出来。
- 你可以为取决于天气状况的活动计划最佳游玩时间。
- 在当地的活动中，节日和邀请通常很少有人注意到，而且由于提前预订，你肯定不想错过。

确定你肯定会参加的活动并去参加，但要留出一定时间，这样，意想不到的活动出现时你才能抓住独特的机会。

找到平衡点

通常情况下，人们因旋风式的旅行而筋疲力尽，回来时都会说：“我需要再休息几天。”虽然我们认为这比说“我被晒黑了，吃自助餐体重又涨了2公斤”好多了，但是我们想帮助大家找到探险与休闲完美的平衡点。要在一个星期内有张有弛地安排你的活动，而不是一定要从早到晚地进行。

清晨时分，日出时漫步街头，看市场开门，小镇慢慢活跃起来。进行一两项活动，然后午睡一番。醒来后神清气爽，再去领略一下当地的夜生活。在一天中不同的时间段去看一个城市，会让你对这个地方有一个整体的认知。

在冒险后的一天，你可以去城市广场找个引人注目的长椅坐会儿或者到小型咖啡馆品尝咖啡。观察形形色色的人群、和当地人交谈是被高度低估的旅游活动，有时候这比博物馆提供更多的文化洞察力。在每天快结束的时候，花点时间享受落日的美好和彼此的陪伴。

二人同行

非洲有个谚语是这样说的：“一人独行走得快，与人同行走得远。”在有伴侣同行的旅行过程中的每个阶段都是难以置信的亲昵体验：一起讨论理想的目的地，一起计划行程，去到一个遥远的地方，探寻位置，体验你曾幻想的活动，这一切成就都值得喝香槟庆祝一下。

在异国情调中，浪漫是必不可少的，当然，挑战亦是如此。一些突如其来的事情总会发生——计划去某个旅游点的旅行被取消、胃疼、不配合的天气，甚至在都市丛林中走丢。而且当这些发生时，你最好知道怎么去处理，这样你才能重新愉快地玩耍。

寻求妥协

让你们的共同兴趣成为行程的重点，这些足以让你们的假期充实。但当你们的愿望清单不一致时，要乐于接受对方的兴趣所在。用行动来表现你的关心比语言更有力量。轮流挑选活动，一晚足球赛换一场歌剧表演，这很公平。在第一次面对抱怨时，温柔地提醒对方，旅行就是要尝试新鲜事物。

独自的时光

伴侣之间有不同的兴趣是很自然的事情，所以可以自己去探索其中的一些。旅行是一个很好的自我反省的机会，给自己点空间对每个人都有好处。花一天或者一个下午去尝试一些你自己喜欢的事情。还有一句俗话说得好：“小别胜新婚。”——尤其是当一天快结束时，你有很多兴奋的事情想同对方分享。

在新西兰亚历山德里娜湖（Lake Alexandrina）边自由露营。

从容应对

假期往往是“完美”的逃生（有人说是去往天堂的日子），所以当路途中有冲突时，我们一般会提高警惕。通常，要接受一些事情可能会出差错，以此避免落入陷阱；与此同时，尽快达成统一来克服分歧。当不可预见的情况改变你的计划时，看看自己有什么新的机会——你可能会发现更好的东西。如果没有别的，也可以在打嗝中找到乐趣，记住这都是冒险的一部分。

准备妥当

你们可能会因饥饿、高温、手机没电而吵架。采取基本的预防措施将会有所帮助，如准备零食、水和充电器。但当这一切都不起作用的时候，请深刻反省并且镇定下来，生气起不到任何作用。要记住，不要因为一些一片麦片饼就能解决的小问题而彼此顶撞，也不要让坏情绪同旅游给你的真实感受混为一谈。

腾出时间不做任何事情

我们想尽可能多地享受旅行中的一切，却忘记花点时间欣赏点滴小事。腾出一两天的时间放慢脚步，一起牵手漫步迷人的小巷，顺着新鲜烘焙品的香味前行，匆匆走进古董店，并且与沿途的本地人聊天。有的时候享受平静也是很重要的。一起睡过头，在床上吃着早饭，彼此目光交汇，时光静好。

增添浪漫的妙招

旅行为浪漫奠定了基础——北极光在上空绚烂，阳光洒向大海，古刹在雾气氤氲下若隐若现。在令人难以置信的自然风光和度假氛围中，你不再需要拥有五道主菜的丰盛大餐和剧院门票。一些深思熟虑的手势和简单的惊喜都可以把这里变成于你而言特殊的地方。如果你在寻找一丝浪漫时，试试这些小妙招，别忘了亲吻对方：

- 挑选许愿蜡烛、按摩精油和泡泡温泉浴。
- 在任何地方品尝甜点（除了在桌子上）。
- 在吊床上彼此对视。
- 傍晚时分野餐，享受地方佳肴。
- 规划一个约会之夜，不要透露细节。

选择你自己的冒险

此书不仅仅有你认为“应该做的事情”，书中分享的都是独一无二的经历。找到让你心跳加速的活动，如狗拉雪橇、超轻型飞行器飞行、沉船潜水、北极熊之旅，看看这些活动在世界的哪个地方。翻到对应页码，或许这会指引你到一直梦寐以求的城市或者你首次发现的目的地。敞开心扉，放纵你狂野的一面，让冒险成为你的向导。如果你厌倦了同其他游客做相同的事情，那么来看看这些精彩的体验吧：

对页：在挪威特罗姆瑟（Tromsøya Island）乘狗拉雪橇。

智利拖雷斯的百内公园（Torres del Paine）。

我们现在在山上，热情充斥浑身每一个毛孔和细胞，
足以让每根神经颤动。

——约翰·缪尔（John Muir）

第一章

山　脉

山脉以不可名状的错综复杂之态从地平线浮现。山径蜿蜒曲折，沿着河流，穿过森林，进入山谷。每一次都是一场新鲜的探险。选择一条登上6000余米高顶峰的小径，途中的风景可以从满是猴子的热带丛林到雪豹若隐若现的悬垂的冰川。沿着古代蛇行蜿蜒的石头路行进，它会带你发现消失的文明，追溯过去的线索。

锻炼你的肌肉、肺活量，增加勇气，你可以到达山顶上的一个竞技场。坐下慢慢回味你的成就，或是继续前行，顶点是属于许多探险家的圣杯。长久以来，横跨各大洲不同文化的山脉一直是神圣的，为人所敬仰。在中国的佛寺间穿梭，在秘鲁悬崖雕刻的祭坛徒步，抑或到巴塔哥尼亚找寻你的精神之乡。无论是行走、攀爬、住洞穴、滑翔，还是乘皮划艇，赶快行动吧，群山在召唤。

我们同当地的向导一起从安纳普尔纳（Annapurna）大本营下山。

安纳普尔纳禁猎区

尼泊尔

如果世界上10座最高的山峰有8座都在一个国家，那么是时候决定迎接挑战，或者返程回家了。经由鱼尾峰和休楚里峰间狭窄的小路通往喜马拉雅山的中心，沿着冰川融化的莫迪霍拉河（Modi Khola River）的小径向安纳普尔纳大本营（ABC）6000余米高的峰顶行进。再从粉色杜鹃林处向上攀登2100多米到冰碛石，此处多样化的景象令人震撼。这些古老的小径不仅仅是为徒步旅行者而设的，其连接着偏远的山村，是传统的古隆族（Gurung）和马嘉族（Magar）的文化交流之窗。通往大本营的路上到处都是茶馆，这里有家常菜、舒适的床、充足的食品供给，为你免去一些野营装备的准备和野外求生术的学习。在经过五六天难忘的日子后，你会到达海拔4000米以上的营地，壮丽全景尽收眼底。在神圣的山峰环顶醒来看日出，你会发现身上的酸痛早已消散在这薄薄的雾气中。

最佳时间

10月到11月是最适合徒步旅行的，4月到5月也可以，因为那时杜鹃花开得很繁盛。

下榻酒店

基努宾馆：很普通，但是位置完美。**乔姆隆村舍：**位于不可缺少的温泉附近，在喜马拉雅山深处，有着典型的西式住宿条件，提供巧克力蛋糕、墨西哥卷饼和绝佳的风景观赏区。注：沿途大多数茶馆都可以到了再预订。

浪漫之旅

带一小瓶按摩油每晚按摩将会是很浪漫（且重要）的仪式。

贴心提示

不要预订西方公司的徒步旅行项目。前往安纳普尔纳徒步旅行的首选地博卡拉，那里优质的当地导游比比皆是。

在基努享受取自莫迪霍拉河的温泉。

情侣探险

古隆传统博物馆 ▲

古隆当地人认为安纳普尔纳禁猎区是一个尤为神圣的地方，是印度教、佛教和万物灵神之乡。建议参观位于甘杜荣（Ghandruk）的博物馆来了解当地居民有趣的传统，以及他们成为英军一部分的不可思议的历史故事。

基努温泉 ▲

天然泉水离基努村大概 20 分钟路程，在郁郁葱葱的莫迪霍拉河旁边的风景区石池中。在一天的跋涉之后，泡泡温泉来放松疲惫的肌肉吧。

大本营之外的活动 ▲▲

在佛塔的祈祷旗下向曾经遇难的登山者表达敬意，漫步于崎岖的绵羊牧场，攀岩登上南安纳普尔纳冰川，与安纳普尔纳大本营的看护者来一场即兴的排球比赛，喝一杯洛克丝米酒，庆祝自己的艰苦跋涉。

布恩山上看日出 ▲▲▲

在黎明前一小时起床，戴上你的小圆帽和头灯，从戈雷帕尼徒步到布恩山。看着安纳普尔纳峰和道拉吉利峰，起初它们闪耀着金边，后来整个锯齿状雪山都笼罩在一片金色中。布恩山徒步之旅也很美好（大约 5 天），可以替代安纳普尔纳大本营徒步线路（大概 10 天）的旅行。

远足必备干粮：手抓饭

尼泊尔的招牌菜和安纳普尔纳大本营的主要食物无疑是手抓饭，简单说，就是普通的小扁豆和米做的汤，但实际上饭菜中丰富的调味料和蔬菜咖喱在每个地区都不一样，如每天的调味料，有生姜、辣椒、酸角、姜黄或芒果酱等，但有一点是不变的——这些是无限量供应的，试试吃第二碗、第三碗，你值得去尝试。

典型的不限量供应手抓饭。

欲了解更多信息，请查看：

» 湖泊：缅甸茵莱湖，第 46 页

» 神奇景象：中国武陵源，第 232 页

中科迪勒拉山

菲律宾

中科迪勒拉山虽然因其高大的雄姿令人印象深刻，但因这里的人坚韧奋斗的精神，才使得吕宋岛最著名的山脉更显得如此迷人。在这样一个曾被西班牙、美国、英国和日本侵占的国家，这里的人们从不会放弃他们的山川和生活方式（即使有时候他们不得不寻觅新方式）。在过去的两千多年中，他们将陡峭的山坡耕种成为繁盛的梯田，利用景观的自然轮廓，手工建造了带有石墙和泥墙的雨林灌溉网络，还有能环绕半个地球的梯级。他们在自然和人类之间创造的和谐是如此令人印象深刻，这促使了教科文组织承认了新类别：文化景观。卡林加省、高山省和伊富高省因这个农业历史联系在一起，却因为独特的宗教、艺术和文化表现形式而各有不同。徒步到萨加达（Sagada）看悬棺，在巴塔德（Batad）丰收之月去品尝美食，或者去布斯卡兰（Buscalan）画上部落文身。在科迪勒拉山无论你走到哪里，无论你做什么，都将是一次冒险。

最佳时间

4 月到 6 月，9 月到 11 月，虽然多雨，但是依旧有绿油油的梯田和观看丰收的机会。

下榻酒店

茅草屋：当地传统的村落客栈，配有友好的服务，是观赏巴纳韦水稻梯田的绝佳位置。**朦胧小屋：**在萨加达村外的一个宁静的森林里，拥有舒适的木制房间和一间绝佳的咖啡馆。

浪漫之旅

在萨加达柠檬馅饼屋享用下午茶。一间明亮的黄色小屋，有高高的房顶、大大的窗户和地板垫，这里是享用甜点及山茶的绝佳场所。

贴心提示

与其在吉普尼车上坐 10 分钟，还不如坐在屋顶上感受更广阔的空间、更新鲜的空气、更惊艳的景象，同当地人打趣。用你的夹克衫做坐垫，但要紧紧抓住。

巴纳韦镇（Banaue），伊富高省（Ifugao）水稻梯田的中心。

在巴塔德村的梯田上徒步间隙。

情侣探险

水稻梯田徒步旅行 ▲▲▲

走进伊富高水稻梯田，用两天时间沿着阿万 - 伊基德（Awan-Igid）小路去传统的村落，诸如普拉、开布罗和巴塔德。如果时间有限，那就直接去壮观的巴塔德。去探索层叠的水稻田、满是小木屋的村庄和 60 多米高的塔皮亚（Tappiya）瀑布。

体验布斯加蓝部落文身 ▲▲▲▲▲

因为王 · 奥戈（Whang-od）近期被授予“菲律宾国家之宝”的荣誉，其所在村庄拥有千年的羯陵伽（Kalinga）传统重获新生。在这里，可以观看文身大师使用墨水浸泡过的刺尖重复敲打部落设计图案，大概一分钟 100 下，或是排队进行永久性文身。

回音谷悬棺 ▲▲

走在萨加达的圣玛丽教堂的上方，到瞭望台，你会看到高高的悬崖上钉着彩绘木棺。这个惊人的伊哥洛特（Igorot）的安葬仪式已经实行了近两千年，至今仍在持续。

探索素马炯洞穴（Sumaguing Cave） ▲▲▲

地下瀑布流注进石灰石洞穴中，有数十米高。这是在菲律宾最好的洞穴体验之一：在各个池间跳跃，在光影间嬉戏，利用绳索的方式下降。

✣ 我的风格或者公路之行

吉普尼车在菲律宾十分常见，也是我们最喜欢的本地交通方式之一。它们是用“二战”时遗留的美国军方吉普车改造的，现在已经被加长或定制成具有个人风格的区域巴士。每辆吉普车都不一样，同时也伴随着不同驾驶员的艺术性、幽默性或爱炫耀的性格。车厢内部经常装饰性地挂着笑话、家庭照片、皮卡路线和《圣经》的经文，车子外面则是什么样都有，只要不影响转弯就行。

菲律宾的公共交通工具和文化图标。

欲了解更多信息，请查看：

» 海边风貌：菲律宾北巴拉望岛，第 128 页

» 神奇景象：印度尼西亚弗洛雷斯中部，第 220 页

经过一天的徒步，洗象池映入眼帘。

峨眉山
中　国

如果你能想象一幅古典的中国画：一座薄雾笼罩的山，上面雕刻着通向红塔的石阶，那么你就可以想象出峨眉山了。这个神圣的四川高峰是普贤菩萨开悟的地方，也是 1 世纪中国建造的佛教寺庙之一。朝圣者和中国游客纷纷前来观看这里的主要古迹，但对于那些要跋涉万水千山来欣赏这 150 多座寺庙和亭子的人来说，在这里攀登会令其感到简直如上天堂一般。走过竹林、茶园以石灰石铺就的通道，每隔一小时左右你就会在树林中发现一座寺庙。这些寺庙的存在使得你常常流连忘返，旅程放缓，在每一处驻足小憩之处，你都会发现身边充斥着禅宗的气息，你可以在此欣赏宗教艺术，倾听僧侣诵经。万众期待的金顶，是建在峰顶上的寺庙建筑群。同信徒们比肩而立，你会因这非凡的地方而兴奋不已。

最佳时间

选择温度舒适的时候去，3 月到 5 月杜鹃花开，9 月到 10 月枫叶正红。

下榻酒店

峨眉山旅社：在开始你的长途跋涉之前，这里是说英语的大本营，而且这里可以存放较重的行李。**洪椿坪寺院：**简单的半山住宿处，神圣的环境可以提升你的体验感。附近有小栈咖啡厅。

浪漫之旅

在锁上刻上你们的名字，然后锁到清音阁栏杆上。这象征着好运和永恒的爱。

贴心提示

沿报国寺小路向西走，沿途风景最美。给自己两天时间来走这 58 千米的小路，在金顶度过一晚，以此画上句号。

好看又淘气的藏酋猴（峨眉猴）。

情侣探险

报国寺 ▲▲

在峨眉山的这个佛教寺院度过你的第一个晚上。伴着僧人们在日出仪式上的诵经起床，漫步在大量的 17 世纪建筑和花园里，准备好水，开始你的徒步旅行吧！

清音阁 ▲

沿报国寺小路 11 千米处，两条瀑布间现出一个红色的亭子，房顶似燕尾，周围有圆弧木桥和郁郁葱葱的冷杉树。小提示：要想拍出这件唐朝建筑精品的最佳照片，要到河对岸去。

牛心亭至仙峰寺 ▲▲▲

在清音阁左转就会发现最美的风光。沿着崖边下路和黑龙江栈道的悬浮桥行进，走过峨眉猴群，你就会看到九老洞、维护很好的仙峰寺和震撼人心的峭壁。

金　顶 ▲▲

金顶坐落于 3048 米高的陡峭山顶之上，是公元 1 世纪建成的，它既是一种奋斗和跋涉的精神的反映，也体现出那个时代的建筑艺术和物质生产的顶峰。观赏落日微光下这座金色的建筑，在金顶酒店尽情享用丰盛的晚餐，然后一觉醒来欣赏绝美的日出，惊叹于山谷上的云海。

顺便之旅：长江游船

峨眉山距离世界上第三长的长江只有几小时的路程，因此我们乘船游览了长江沿岸的部分风景。我们所提及的游船指的是三层甲板的江轮，里面有练歌房、4 个全自动麻将桌、498 位中国游客和 2 个西方人。我们加入了此次游览行程，沿着古老的商贸路线欣赏了三峡风貌、宝塔，感受了独特的历史文化。我们发现和游客们在一起有很多乐趣，虽然我们只碰上一对会讲英语的夫妇，但是各种比划的手势、青岛啤酒和无穷无尽的笑声足以让一船人都成为朋友。

长江游船上的即兴麻将课。

欲了解更多信息，请查看：

» 河流：老挝南乌江河谷，第 58 页

» 历史：中国凤凰古城，第 110 页

牧羊人的传统

徒步穿过安第斯山庄，这里的房子是石头堆砌的，村民依旧用火取暖，我们想知道他们以后会不会有什么变化。村民们知道山脚下的现代化便利设施，但是这里长期以来一直保持着简朴的生活。下一次沿着神圣的山谷徒步旅行时，我们希望看到，这个已经是成年人的牧羊人，仍然注视着雄伟的山脉。

在秘鲁卡其卡塔（Cachicata）路上的一位年少的安第斯牧羊人。

劳特布伦嫩山谷

瑞　士

劳特布伦嫩山谷的出现像极了瑞士的童话故事，这里有着拥有72条瀑布的伯恩阿尔卑斯山，悬崖边有手工雕饰的小屋。劳特布伦嫩的村庄距离伯尔尼的因特拉肯仅一个小时的路程，它是隐藏在阿尔卑斯山中最深、最狭窄的山谷之一，也是瑞士最大的自然保护区之一。这里通过缆车、山区铁路和人行道与外界联系。当然，他们很开心拥有这条小路（绝非有意为之）。当地人放弃了建滑雪胜地和公路的发展机会，选择了一种简单的生活。他们尽情享受这般美好的生活，品尝着美味的莎斯拉酒和诱人的芝士火锅。正如他们所说，“如果天堂没有所说的那么好，那么请送我回吉梅尔瓦尔德。”在米伦、斯泰尔堡和劳特布伦嫩这些风景如画的村庄之外，你还可以看到4158米的少女峰，这是它们最高的“邻居”。从一个崖镇到另一个崖镇已经足够刺激了，这里还有许多其他高山项目，例如滑翔伞运动、定点跳伞和野外骑行。

最佳时间

5月的山谷满是鲜花，在10月以前都适合远足。

下榻酒店

施陶河酒店：传统的含早餐旅馆，位于劳特布伦嫩村，提供宽敞的客房和丰盛的早餐。**阿尔彭酒店：**位于无车的米伦镇，这个中等价位的农舍会为你提供阿尔卑斯村的体验和顶级冒险的机会。

浪漫之旅

夕阳西下，在雪朗峰的旋转餐厅中一边品尝马提尼酒，一边扮演詹姆斯和邦德女郎。正如在《007之女王密使》中所见，雪朗峰旋转餐厅会提供欣赏诸多山峰和冰川的位置。

贴心提示

将你的包中装满当地美食，以便在山顶野餐。这样，你就可以在瑞士旅游时，一边吃最实惠的午餐，一边欣赏最美妙的风景了！

劳特布伦嫩山谷（Lauterbrunnen Valley）深处被时间遗忘了的村舍。

讲究家庭摆设的当地人争夺“最美花园”的称号。

情侣探险

飞拉达攀缘 ▲▲▲▲

在米伦备好装备，然后沿着山壁上一系列铁制脚蹬、钉子、横梯和桥爬到最迷人的吉姆沃德村（虽然听上去很疯狂，但是这是在陡峭的高山村庄之间穿梭的经典方式）。沿着劳特布伦嫩山壁 1.8 千米的路线前行，到平台时可以停下看定点跳伞者从 366 米高空飞行。

山顶滑翔 ▲▲▲▲

驾驭着简单的滑翔机飞过雪朗峰，欣赏少女峰、艾格峰和僧侣山的壮丽景色，更不用说法国境内的阿尔卑斯山脉和德国的黑森林了。滑翔机没有窗户、门、发动机，滑翔者感知到的只有清爽的上升气流和拂过你秀发的风。

进入特吕默尔河瀑布 ▲

千年的冰川径流穿过十多个瀑布，在劳特布伦嫩山间流淌。为了进入蜿蜒的小瀑布，瑞士工程师在狭槽峡谷的墙壁内建立了一个名副其实的迷宫，让你在每一次转弯的时候都能捕捉到新的远景。

在永恒的奥博思汀博格过夜 ▲▲

从斯泰尔堡（Stechelberg）出发，沿路特茵河和悬挂的冰川徒步两小时，到达奥博斯汀博格旅社 (Obersteinberg Lodge)，这是一处让人感觉仿佛时间已经静止的 19 世纪木屋。在这里，享用农场新鲜的美食，欣赏约 305 米高的瀑布景色，然后感受温馨的烛光（唯一可用的照明工具）。对于长时间的远足，可以尝试从迷人的吉姆沃德村或米伦启程，或从别处启程回到这里。

✣ 定点跳伞者酒吧

霍纳酒吧毗邻劳特布伦嫩的施陶河瀑布，很像是一个品尝美酒的有趣地方。我们打开雕花大门，在这间传统的瑞士酒吧里，很多人正玩得开心，他们有的还拄着拐杖打着石膏。无意间听到有关降落伞失灵和跳伞者擦悬崖而过的故事，我们很快就意识到现在是世界翼装高空跳伞联赛前夕，并开心地与这些最疯狂的人们碰杯。

在山间村落吃草的奶牛。

欲了解更多信息，请查看：

» 海边风貌：挪威峡湾，挪威，第 134 页
» 自驾游：格鲁吉亚中部，第 208 页

雷尼尔山 (Mount Rainier) 夏季野花盛开之景。

雷尼尔山

美 国

世界上最危险的火山之一，也是华盛顿州最令人难以抗拒的景点之一。当 4300 多米高的山峰上云雾散开，阳光洒在 20 多座冰川时，雷尼尔山（Mount Rainier）将所有的大自然爱好者召唤到山坡上，那些警告都被抛之脑后。这个国家公园在西雅图东南方，仅两个小时的距离。在这里，日间徒步旅行者、登山者、野外滑雪者、观鸟者和植物学家都会发现很多冒险活动。雷尼尔山有两处主要景点：日出和“天堂”。“天堂”是地球上雪最多的地方，厚度年均 16.5 米。从 11 月到次年 5 月，雪鞋健行、滑雪和滑雪橇的机会比比皆是。7 月，野花盛开，五彩缤纷，瀑布涌出，温带雨林吸引大家前来远足。你可以在传说中的仙境小径上漫步，或者在满是千年古树的岛屿周围放松游览。雷尼尔山没有旋转餐厅或高山滑梯，但你会发现纯粹的自然狂野的美。

最佳时间

整个公园 7 月到 9 月对外开放，但是雪兔们可以全年在“天堂”玩耍。

下榻酒店

天堂客栈：这是一个历史悠久的酒店，离顶峰不远，故不需要帐篷。**帕克伍德旅店：**近期刚刚翻修过，距离公园的东南入口仅 6400 千米。

浪漫之旅

自己开车前往水晶山（Crystal Mountain），欣赏圣海伦山（Mount St. Helens）和冰川峰的壮丽景色，然后搭乘缆车前往山顶餐厅或在瞭望台野餐。

贴心提示

要想比西雅图一日游更精彩，请在周三前后去游览，在黎明时分开始长时间的徒步旅行，并在午后短时间徒步。

新光瀑布（Sunbeam Falls）从冰川遍布的雷尼尔山流淌下来。

情侣探险

仙境小径 ▲▲▲▲▲

沿着雷尼尔山周围的冰川山谷和火山山脉进行一场史诗般的 150 千米远足。6700 多米的海拔变化一路引领你从温带雨林到高山草甸，你会看到涓涓瀑布、雪域高原和鲜艳的花海。

原始树丛 ▲

奥纳多布什河（Ohanapecosh River）在一场几百年的野火中拯救了这个岛屿，使许多树木达到千年树龄。穿过悬索桥，漫步 2400 米的环形回路，沿途有古道格拉斯冷杉、红雪松和西部铁杉相伴。你可以继续徒步到史蒂文斯峡谷路，去看壮丽的银色瀑布。

天际线小路 ▲▲▲

为了在紧迫的时间内获得登山体验，这个近 9 千米的环路会为你提供雷尼尔山的崎岖山坡、尼斯阔利的冰川、塔图什山峰的陡峭，而且一路都会看到俄勒冈的胡德山。在全景点停下来野餐，但要注意厚脸皮的土拨鼠。在返回“天堂”之前，可以下来观看默特尔瀑布，这里十分适合照相。

雪鞋睡衣派对 ▲▲▲

沿着雷尼尔山房舍相连的小路，可以穿雪鞋走或选择越野滑雪一直到天黑。晚上在装备齐全的小屋或毡房里做饭，依偎在壁炉旁，醒来后在床上欣赏外面雪白的美景。可以选择继续这 80 千米的行程，抑或花几天时间休息一下。夏季依旧开放。

✣ 惊喜雪橇

在一个阳光明媚的春日，天际线小路在呼唤我们。我们把鞋带系紧，沿着小路走，虽然小路很快就会被厚厚的积雪覆盖住。穿着野外滑雪装备的壮汉从我们身边嗖嗖地划过去，可见我们准备得多不充分。我们爬上小径，每隔几步就会陷得特别深。到达全景点时，我们碰杯庆祝，然后就陷入沉思，应该如何下去？我们唯一的选择就是用夹克做一个雪橇，然后一路欢声笑语地回家。

土拨鼠很常见——特别是在午餐时间。

欲了解更多信息，请查看：

» 雨林：美国奥林匹克半岛，第 186 页

» 自驾游：美国西南部，第 204 页

徒步到火山国家公园看金丝猴。

维龙加山脉

卢旺达

撰写：布雷特·洛夫和玛丽·加伯特（Bret Love & Mary Gabbett）

当你被雄伟的维龙加山脉（包括乌干达和刚果民主共和国边界的一连串高耸的火山峰）包围时，你就会明白为什么卢旺达被称为“千山之地”。这个东非国家因其 1994 年的毁灭性的种族大屠杀而广为人知。但之后的卢旺达发生了根本性的转变，政治日趋稳定，基础设施大幅度改善，蓬勃发展的生态旅游业刺激了经济增长。大多数游客会来看极度濒临灭绝的山地大猩猩，在野生环境下有 900 只左右，其中一半在卢旺达的火山国家公园。从南部的基伍湖到北部乌干达的爱德华湖，这些充满活力的景观是我们见过的最美的景点之一，为积极的游客和大自然爱好者提供了非常多的探险机会。

最佳时间

最受欢迎的游览时间是 6 月至 9 月的漫长旱季。可以试着在 12 月至次年 2 月这一较短的旱季来，可以避免拥挤。

下榻酒店

赛滨银背猩猩旅馆：提供五星级服务，造福地方社会经济。**山地大猩猩观景小屋：**优越的位置提供了令人惊叹的维龙加景色，还有现场娱乐和合理的预算价格。

浪漫之旅

在舒适的房间里，一边品尝饮料，一边通过巨大的观景窗观看山间日落。

绿色环球之旅贴心提示

如果你想预约远足导游，那么去问问弗朗索瓦·比吉里玛纳（Francois Bigirimana）。在这个公园里，他是年龄最大的护林员，曾经当过戴安·弗西的搬运工，他和山地大猩猩一样有趣。

情侣探险

火山公园远足看大猩猩 ▲▲▲

徒步去看 10 个山地猩猩家族，从中程到远程，1—3 小时不等。到达茂密森林里的一片空地，发现自己被猩猩妈妈、猩猩宝宝和很多银背大猩猩包围着，这是一种永生难忘的经历。

与濒临灭绝的金丝猴亲密接触 ▲▲

来一次轻松的远足，穿过绚丽的除虫菊花田，就会看到这些濒临灭绝的旧大陆猴，它们只有在维龙加山脉才会出现。这些猴子们对来往的人群感到很惊讶，它们一边吃着竹笋，一边在树梢上蹦蹦跳跳地玩耍。

Iby'Iwacu 文化之乡 ▲

这是由先前的看守人建立的，这种对卢旺达传统文化的介绍为当地人带来了很多就业机会。你可以当一天的国王 / 王后，练习射箭，磨谷物，参加模拟婚礼。

徒步去戴安 · 弗西墓 ▲▲▲▲

戴安 · 弗西墓（Dian Fossey's Grave）建在她的科学基地 [名为卡里斯科克（Karisoke），位于卡利辛比山和维肖山之间]，她的最后安息之地只有一个简单的标记牌，周围是她心爱的大猩猩的坟墓。这次徒步需要 3—4 小时的艰苦跋涉，这使大家无形中对她的开创性工作给予了更多更高的赞赏。

情侣建议

我们认为平衡才能维系两人之间的关系。尝试计划一次能满足你们各自兴趣的行程，积极的冒险可以换一次沉浸于美食与文化的体验。布雷特很喜欢探索大自然，而玛丽喜欢奢侈品和放松身心。最后，活动的多样性使得我们的旅行和大家的旅行更加全面。

年轻的山地大猩猩在郁郁葱葱的萨比尼奥（Sabyinyo）火山丛林中。

欲了解更多信息，请查看：

» 岛屿：坦桑尼亚桑给巴尔，第 70 页

» 探险之旅：肯尼亚桑布鲁，第 92 页

超能夫妻布雷特和玛丽

这对美国夫妇于 2010 年推出了"绿色全球旅行网"（GreenGlobal Travel.com），分享他们对生态旅游冒险的热爱，鼓励大家去旅行，享受美好生活；鼓励每个人尽自己所能，让世界变得更美好。他们也是美国国家地理、万豪酒店、希尔顿酒店和其他商业机构的自由撰稿人。

乌鲁班巴大峡谷

秘　鲁

身处印加帝国的中心地带，冰川覆盖的高峰山脉，加之出色的安第斯山脉文化，乌鲁班巴大峡谷（Urubamba Valley）可谓秘鲁羊毛帽上的羽毛。

到马丘比丘几乎是每个旅客的愿望，虽然对“失落的印加城市”的痴迷往往掩盖了15世纪城堡之外的美丽。城堡、寺庙和历史悠久的城镇遍布整个山谷，它们由开阔的小径连接起来。在马丘比丘待上几天，以游览在联合国教科文组织都很重视的库斯科城，然后开始在一条另类的印加古道上多日徒步旅行。大多数游客会选择同上千人一起，走在石头铺就的古老印加古道上。你也可以沿着古老的行人小路和水道桥前行，在约610米高的山峰探索鲜为人知的遗址和村庄。传统的安第斯文化呈现出农民靠人力耕作藜田地，妇女纺织驼羊毛，以及马拉着一天收获的马铃薯。经过在乌鲁班巴大峡谷的亲密旅程后，呈现在你面前的马丘比丘将更为壮观。

最佳时间

最好在4月至6月、9月至10月参观，以避免雨季和大量游客。

下榻酒店

安德内斯艾尔西诺：一个殖民地大厦，距阿马斯广场很近。**马丘比丘库斯科豪华型宾馆：**这是世界上地理独特的小屋，建于阿瓜斯卡连特斯（Aguas Calientes）火山之上，是安第斯山村风格。**安第斯徒步者：**自1980年以来，已经指导过非常多的人到马丘比丘的精彩多日远足，包括雷达下的卡其卡他（Cachicata，又名月亮石）径。

浪漫之旅

走出熙熙攘攘的阿瓜斯卡连特斯小镇，漫步到宁静的曼德花园。欣赏瀑布、蝴蝶、兰花和鸟儿，随后在马马安热莉卡（Mama Angelica）餐厅享用早餐。

贴心提示

尽管在没有旅行套票的情况下可以看到一些优秀的景点，但该地区16个最大的亮点需要这张票。抓住机会。

近5900米高的维罗尼卡山（Mount Veronica）前的太阳门遗迹。

安第斯徒步者搬运队伍的一员。

情侣探险

从月光石到太阳神庙跋涉 ▲▲▲▲

沿着印加信使步行三天，你会发现被遗忘的寺庙、采石场和渡槽。在冰川峰顶的阴影下穿过真正的安第斯村庄。从卡其卡他步道到欧雁台（Ollantaytambo），装扮优美的火车将带你前往阿瓜斯卡连特斯，其是通往马丘比丘的门户。

欧雁台城堡 ▲

这个安第斯小镇拥有印加人最重要的遗址和寺庙之一，充满了历史感和人文魅力。漫步于 15 世纪的民居（南美洲最古老的住宅之一），探索悬崖边的城堡，徒步前往品库鲁纳（Pinkuy lluna）粮仓，欣赏城市的美景。

瓦依纳比丘峰顶 ▲▲▲

在这个 300 多米高的山峰上，可以看到最令人兴奋的马丘比丘最美的景色。岩石雕刻的阶梯、绳索和隧道将尖尖的山脉卷起到大祭司的前面。

萨利纳斯盐盘 ▲▲

这些盐盘覆盖着一座山，由乳白色的水池和结晶的壁组成，自印加时代起就开始使用。戴着宽边帽子、身着传统服饰的当地人，手工提取制盐。这是一个有着数百年历史的传统。

✣ 大地的盛宴

我们在白雪覆盖的乌鲁班巴山脉扎营。太阳落山后，光源只剩下满天繁星。在热石和野草下烤着牧羊人提供的羊肉和蔬菜，享用着皇家待遇的味美多汁的晚餐，在近 4600 米的高山上的寒意和两天的奔波之苦很快就消失了。

路旁的一朵陀螺花。

欲了解更多信息，请查看：

» 湖泊：玻利维亚 & 秘鲁，的的喀喀湖，第 50 页

» 雨林：厄瓜多尔亚苏尼，第 190 页

百内断层和其尖尖的牛角峰（角形）。

百内国家公园

智 利

巴塔哥尼亚是南美大陆的压轴好戏，位于南美洲板块的底端，冰原与森林相碰撞，微风浮动下是辽阔的大草原和锯齿状的山峰。智利的重头戏无疑是1800多平方千米的百内国家公园和联合国教科文组织生物自然保护区。从蓬塔阿雷纳斯或纳塔雷斯港进入，沿着巴塔哥尼亚草原杂乱的草丛前行，寻找长睫毛的骆马和翱翔的安第斯秃鹰，然后你会到达高耸的山中。百内断层（山脉）仿佛被一个巨人的手所打造，被挤压并砸成崎岖的山峰、原始的山谷和深湖。百内三塔是三座花岗岩的陡峭石峰，在山脉的正中间，所有徒步旅行者都预想着他们的路径，一般是沿着法兰西山谷和格雷冰川的W形走向，还有120多千米的O形环路，或沿着冰碛石直接到百内三塔。鼓励自己向更远的地方远足，用力划船，开车去更远的地方。山地地形不比这更好。

最佳时间

巴塔哥尼亚的11月至次年4月比较温暖，但也请做好一天内会经历四种季节的准备。

下榻酒店

生态营地：豪华接地圆顶，观看百内三塔最佳视角，提供丰盛的菜肴，一流的向导服务。**佩欧湖创始人宾馆：**位于小岛之上，价格划算，含早餐，被佩欧湖（Lake Pehoé）和百内峰所包围。

浪漫之旅

在绿草如茵的草原找到一个位置，放下毛毯，欣赏云彩有趣的形态：喷水的鲸、蓬松的烤饼，还有进取号星舰。百内国家公园上空的透镜云为大家提供了幻想和依偎入梦的大好机会。

贴心提示

额外安排两天旅程。距离遥远，天气变幻莫测，公园比你想象的更美。

格雷湖上的冰川堡垒。

情侣探险

格雷湖皮艇 ▲▲▲

在蓝色冰山之间划船，朝向格雷冰川方向行驶，南巴塔哥尼亚冰原宽 3.2 千米，有着 30 米高的陡峭冰面。你可以掉头到沙滩上去享受一杯热可可，或者继续沿着格雷河的急流到塞拉诺村。

O 形环路 ▲▲▲▲▲

包括著名的 W 形线路，环绕整个冰川地块，颇具戏剧性的是，在托雷斯日出之处就是终点，这条少有人走的路线将带给你 8 天的震撼。

马背上前行 ▲▲

像智利的牛仔一样，在日落之时乘车前往塞恩塔（Cerro Paine），或者在百内国家公园和贝尔纳多奥希金斯国家公园（Bernardo O' Higgins National Park）之间的大牧场疾驰。克里奥的马将带你越过公路和小径，领略罕见的风景。

通往塔楼的捷径 ▲▲▲

如果你不喜欢多日野营探险，那么可以尝试从塔楼小路到托雷斯大本营的 8 千米徒步。隐藏的冰川湖上蜿蜒曲折的冰碛石和岩石竞相出现，陡峭的山峰将满足你的百内之梦。

品巴拉圭茶

每个巴塔哥尼亚的远足者都会带水、零食和雨衣，那么一个真正的智利远足者呢？他们带的是满满的巴拉圭茶及用具。当我们的导游拉斐尔拿出热水瓶、葫芦杯和一包巴拉圭茶时，我俩在托雷斯的阳光下偷偷地看。树叶被包起来浸泡，他转动杯子，用金属吸管让我们尝了一口（就像智利和阿根廷朋友们习惯的那样）。在百内山脉的顶峰分享带有咖啡因的饮品，于巴塔哥尼亚人而言值得打开香槟庆祝。

迈克在托雷斯塔楼（Mirador Las Torres）轻抿巴拉圭茶。

欲了解更多信息，请查看：

» 沙漠：智利阿塔卡玛沙漠，第 152 页

» 冰川：阿根廷冰川国家公园，第 172 页

在新西兰火山汤加里罗高山隧道（Tongariro Alpine Crossing）远足。

Top 10

难以置信的一日远足排行榜

一生中那些晚餐前便能回家的远足之旅

新西兰

1. 汤加里罗越山步道

新西兰最古老的国家公园中近20千米之行堪称徒步界的奥斯卡奖，这里拥有河谷、发红的火山口、双翡翠湖和《指环王》电影中的“末日火山”景观。

美　国

2. 冒纳凯阿火山登顶步道

如果从它的基底（太平洋海面）测量到顶峰，这座夏威夷的火山有10000多米高，其中4200多米是在海平面以上。可以花一天时间徒步于1400米的休眠火山。附加动力：世界上最著名的天文站点之一就在顶峰。

挪　威

3. 恶魔之舌

之所以译为“恶魔之舌”，是因为这个峭壁伸出了日格达斯瓦奈湖（Lake Ringedalsvatnet），高度近1100米的它，下方什么都没有。跋涉11千米，你可以经过湖泊、峡湾和冰川覆盖的山脉，然后在恶魔之舌摆个姿势拍一张典型的冒险之旅的照片。

日　本

4. 须走线

沿着很少有游人的小路去富士山，这里是日本最高点和国家标志。晚上开始14.5千米的徒步旅行，欣赏森林、湖泊和东京城市灯光的景色。吃一碗乌冬面重获能量，在第七站小睡一会。然后，登上旭日之国顶峰等待黎明。

尼加拉瓜

5. 马德拉斯火山

双火山从尼加拉瓜湖上升起，形成了奥梅特佩岛（Ometepe Island）和首屈一指的远足目的地。两者都具有挑战性，而马德拉斯火山则是咖啡种植园，有岩画、云雾森林，是顶部可以游泳的火山口湖。

意大利

6. 盖斯勒群峰高原

陡峭的白云石山脉有小屋连绵的远足步道，但如果你只有一天时间，你仍然可以体验南石灰岩阿尔卑斯山的一些最高峰。走近20千米的路程到帕兹（Puez）休息处，在这里，你可以一边吃苹果派，一边360°全方位欣赏美景。

南　非

7. 哨兵山远足

沿着透明圆形剧场峭壁前行，通过链条梯攀登奥克斯峰探索平顶峰，俯瞰图格拉瀑布，这是世界上最高的瀑布之一，高近950米。

美　国

8. 沿瀑布峡谷路到孤独湖

这25.7千米的远足会将1240多平方千米的大提顿国家公园（Grand Teton National Park）的辉煌一览无余。穿过原始的生态系统，这里的物种可以追溯到史前时代，这条小径会经过华丽的湖泊、瀑布，带你浏览大主教群的美景。

埃　及

9. 西奈山

不管你的宗教信仰如何，每个人都可以徒步旅行，去欣赏这神圣的历史和美丽景色。黎明前三个小时，从世界上建成时间最久的修道院之一前行，登上赎罪之阶（由僧侣手工雕刻）。在山顶，坐在清真寺和教堂前面观看《圣经》中记载的沙漠上的日出景观。

加拿大

10. 石抱湖

班芙作为加拿大最古老的公园，完善了登山步道，其中石抱之路是最好的。蜿蜒的小路穿过落基山脉，指引你去城堡山的陡壁：悬崖围住一个青翠的湖泊，在这里可以看到公园之景。

秘鲁乌鲁斯岛（Uros Islands）。

我们不必了解河流的每一处细节，

只需要知道这并不是一次冒险。

——杰夫里·R. 安迪森（Jeffrey R. Anderson）

第二章

湖泊、河流和瀑布

淡水是生命之源。古往今来，人类逐水而居，有清泉解渴、鲜鱼解馋，坐凉亭打个小盹，乘轻舟相伴夕阳，岂不快哉。水的舒缓能放松人的情绪，水的汹涌也能震撼人的心灵。无独有偶，无论是驰名的厄瓜多尔，还是闻名世界的“冒险之都”，往往都临近江河湖泊。峡谷探险、潮汐冲浪、快艇漂流都需要大量淡水。瀑布也有浪漫的一面：薄雾变幻出色彩缤纷的花朵彩虹，也吸引了恋爱的情侣。小瀑布让人神清气爽，伊瓜苏和维多利亚这种大瀑布自然让人感觉那是爱花四溅了。航行于的的喀喀湖群岛，睡在湄公河三角洲的私人舢板上，在南乌江 100 个瀑布间远足，甚至可以去探寻你的青春之泉。

气势磅礴的伊瓜苏瀑布一景。

伊瓜苏大瀑布
阿根廷和巴西

伊瓜苏大瀑布由 275 个小瀑布组成，绵延近 3.2 千米。它不仅是观光胜地，还是探索之境。的确，委内瑞拉的安赫尔瀑布更加高耸，维多利亚的小瀑布更加宽阔，但伊瓜苏瀑布胜在错综复杂、充满惊喜。伊瓜苏瀑布横跨巴西和阿根廷，壮丽的"魔鬼咽喉"水幕将瀑布一分为二，"魔鬼咽喉"宽 82 米，高 150 米，吞噬了整个瀑布 50% 的水量。巨大的流量将水化成细雾，不仅幻变出了无数艳丽的彩虹，还为巨嘴鸟、凯门鳄、美洲虎等动物和 2000 多种植物创造了独特的小气候。可以先到巴西欣赏瀑布全景，花几小时探索小径，再到阿根廷待上一两天，因为 80% 的瀑布位于阿根廷境内。漫步于广阔的雨林小径，勇敢地进行刺激的"激流勇进"，陶醉于南美洲最大的瀑布群。

最佳时间
在 10 月至次年 3 月的雨季之后，4 月到 6 月瀑布水量大，植物繁茂，阳光充足，最值得观赏。

下榻酒店
喷泉精品酒店：位于伊瓜苏港，阿根廷境内与瀑布最接近的城市，价格合理的奢侈之选。**喜来登度假村：**阿根廷国家公园内唯一一家酒店，虽然略微陈旧，但物有所值。

浪漫之旅
徒步穿越雨林到阿雷切亚瀑布。经过 4800 米跋涉，你会发现一个远离人群尘嚣的天然泳池。

贴心提示
离开公园前将票盖上章，第二天就可以半价游园。要不要住在喜来登度假村？他们会提供接下来两天的票。

上环道山径上的巨嘴鸟。

月虹。建议提前预订位置，在塞尔瓦饭店享用晚餐，这样你就可以在公园多待上一个小时。

巴西边境穿越

我们多么希望有一条风景优美的小径，可以让我们沿着伊瓜苏河，从阿根廷穿越到巴西。遗憾的是，这里只有一条边境巡逻公路。穿越边境需要 35 到 160 美元的签证费（取决于你的国籍）。如果你有签证，巴西国家公园绝对值得一去。一天就过境的方法：

1. 在你的祖国申请巴西签证。
2. 从巴西驻阿根廷伊瓜苏港大使馆获得签证（大约 2 个小时）。
3. 冒险一把。有些出租车和公交车在签证检查时也会呼啸而过。但如果你一心向往伊瓜苏市，办理签证比较稳妥。

跨越巴西与阿根廷边境线。

情侣探险

环道远足 ▲▲

抛开交通工具，探索这个稀有的雨林，尽情享受整个旅程。乘坐绿皮车去下环道，沿途会经过 8 个不同的瞭望台，每个都充满着新奇。漫步到上环道，坐看小桥欲阻激流，兰花漫山绽放。沿小径信步，奇景美不胜收。

激流勇进 ▲▲▲▲

“魔鬼之喉”每秒流量约 15457 立方米，似乎不是个愉快游览的好地方。满载 30 人的快艇在圣马丁岛（Isla San Martín）海上蜿蜒前行，冲向伊瓜苏瀑布的中心，因此坐在后排才是明智之举。满船游客全身淋透、尖叫大笑不绝于耳，你将永远铭记这 15 分钟的激流勇进之旅。

满月徒步 ▲▲

在伊瓜苏，黑夜也会出现彩虹。每次满月前后的 5 天里，公园护林员会带领大家从雨林走到“魔鬼之喉”，大家一边品尝着餐厅免费的鸡尾酒，一边欣赏着瀑布的水光和窗外的

欲了解更多信息，请查看：

» 沙丘：巴西杰里科科拉海滩，第 148 页
» 冰川：阿根廷冰川国家公园，第 172 页

茵莱湖
缅　甸

忘掉度假屋和典型的湖泊水上运动，茵莱湖会为你提供更为有趣的东西——通往过去的旅行。近 50 年来，缅甸处于军事独裁统治下，旅游业受限。茵莱地区的人并未受现代化影响，秉承着传统延续至今。他们生活在竹屋中，用水牛之力耕种，手工织造美丽的纺织品，划独特而优雅的茵莱风格独木舟（单膝跪地，一条腿划行）。这个国家在 2011 年开放，虽然正在迅速成为一个令人垂涎的旅游目的地，但其延续千年的礼仪很难快速改变。娘瑞（Nyaungshwe）是茵莱的主要旅游枢纽，有公交车站、港口、宾馆、自行车店等。自己在这里扎营探索这片区域是个不错的主意，或入住一个乡村旅馆，欣赏湖景和礼宾服务。沿着充满生气的运河骑行，在水上渔村度过漫长时光（缅甸人是世界上最友好的人之一），请当地船长驾船行驶在 116.5 平方千米的水面上，并沉浸在迷人的文化中。

最佳时间

10 月至次年 2 月游玩，以避免季风季节和最热的天气。10 月去可以看到盛开的鲜花和一年一度的迎佛节。

下榻酒店

原始莲花温泉：别致的湖畔套房和漂浮在水面上的复式住宅。**瑙坎小旅馆：**简单而实惠的市中心宾馆，拥有诱人的户外空间。

浪漫之旅

在红山庄园葡萄园享受美味的晚餐，品味美酒。在日落之前，漫步于葡萄园，然后在露天餐厅找一处所小坐。

贴心提示

告诉你的船长不要把船停靠在雨伞厂、银店和“跳猫修道院”（Jumping Cat Monastery）附近（不必知道原因）。多在五日市场（Five-Day Market）、瑞茵汀佛寺（Shwe Indein Pagoda）逛逛，感受湖泊的宁静。

渔夫以经典的茵莱招式划船。

瑞茵汀佛寺有无数的佛塔。

情侣探险

私人游船之旅 ▲

在码头请一名船长，日出起航。观看湖面的雾霭和茵莱渔夫芭蕾舞般的划船姿势。一定要在茵爪昆（Inn Paw Khon）村停下来看看缅甸最优秀的织布工，赶在每隔五天开放一次的乡村市场（看充满活力的山区部落收拾他们的船是我们最喜欢的部分）的尾声，在湖上慢慢划行，直到日落。

瑞茵汀佛寺 ▲

茵莱湖的上方有1000多座雄伟的佛塔，坐落于一座小山上。绕着令人眼花缭乱的14—18世纪废墟和毗邻的寺庙所在山峰徒步，试着安排半天时间到茵汀村不可思议的每周市场走走。如果你时间有限，可以将与茵汀村之行同一天的环湖之旅结合起来（在风景秀丽的小溪上游览45分钟，因此你必须说服你的船长）。

沿湖骑行 ▲▲

以骑行作为探索当地人日常生活的方式。从娘瑞向东南方向骑行，可以看到农民手工浇灌卷心菜的场景，还有穿着优雅的传统服装的妇女在修建道路，酿酒师搅拌着甘蔗坩埚。大约骑近10千米，便会到达水乡之村（你会看到一个特别长的人行桥）。在湖上咖啡厅停下来吃午饭，然后划划船。

✣ 智慧箴言

我们从未见过比缅甸人更友善的人。老人和孩子们都会在你经过时献上飞吻，陌生人会邀请你喝茶，而骄傲的当地人会向你展示他们的城镇，不为别的，仅仅为这一刻的相聚。

学一些当地的语言，可以帮助增进交流。可以从这些短语开始学习：

你好： Min ga la ba.

你好吗？ Nei kaung la?

我很好，谢谢你： Ne kaon ba de.

你叫什么名字？ Na meh be lou kor d'le?

很高兴见到你： Tway ya da wanta ba de.

你的食物很美味： Thate koun ta be.

谢谢你： Kyei zu tin ba de.

一个卖家在用树皮粉为安妮化妆。

欲了解更多信息，请查看：

» 建筑：缅甸蒲甘，第104页

» 雨林：泰国考索，第180页

我们在尼加拉瓜的巴伊亚萨帕特拉岛（Bahía Zapatera）从所住的小屋拍摄的火山风貌。

湖泊的力量

很少有人能够到尼加拉瓜湖第二大岛屿。伊斯拉萨帕特拉岛曾经是乔罗特加印第安人（Chorotega Indians）的精神家园，也是查莫罗－科尔多瓦（Chamorro-Cordova）政治王朝的私人旅行领地，它似乎遥不可及，直到近期才有所改观。拉法尔·科尔多瓦（Rafael Cordova）与当局合作，决定与旅客分享这个神奇的岛屿的风光。他向我们展示了火山口潟湖、隐藏的岩画和他小时候发现的文物。在巴伊亚萨帕特拉岛的吊床上轻荡时，我们觉得自己发现了一个秘密的民族宝藏。

卡尔瓦里奥山（Mount Calvario）提供了科帕卡巴纳的最佳景观之一。

的的喀喀湖

玻利维亚和秘鲁

的的喀喀湖是南美洲最大的湖泊之一，是印加人强大的精神诞生地，通常被誉为世界上最高的通航水体。印加人于 15 世纪到达此地，可是原住民在这里已经发展了几千年。秘鲁和玻利维亚双方都希望利用这里的旅游资源，通过废墟处远足、寄宿于原住民家庭和乘帆船前往偏僻的海滩进行探险。虽然秘鲁普诺（Puno）是旅游中心，但我们建议在玻利维亚这个古怪的殖民城镇——科帕卡巴纳（Copacabana）扎营。这个地方的活力从平铺圆顶大教堂散发出来，也通过彩绘渔船、新鲜的酸橘汁腌鱼摊和那些悠闲漫步的身穿礼裙、头戴礼帽的玻利维亚女人所展现出来。徒步攀登科帕卡巴纳的卡尔瓦里奥山，欣赏城市美景、雪山风光、崎岖小岛，以及无边无际的海湾。在城里待一两天后，就去岛屿参加难忘的文化之旅。

最佳时间

5 月至 9 月是最温暖干燥的月份，白天温度 15—20℃，晚上零下 6.5—1.5℃。在海拔 3800 米处，羊驼毛衫是明智之选。

下榻酒店

罗萨里奥拉戈的的喀喀湖：这家当代风格的酒店拥有玻利维亚风格的装饰和大量西式设施。**圆顶酒店：**一个拥有 17 个房间的含早餐旅店，建筑风格古怪，位置优越，方便购物。

浪漫之旅

准备半天的乘船之旅，然后乘坐印加的游船在幽静的海面上放松。他们会准备瓦酒；你只需边赏美景边品酒。

贴心提示

选择一处民居过夜，享受原住民文化。做好乡村住宿的准备并好好享受。

在乌鲁斯（Uros）浮岛间划行。

情侣探险

太阳岛远足 ▲▲▲

探索分散在这个神圣的印加岛上的 80 多个遗址。将你的行李存放在科帕卡巴纳，带上足够过夜和野餐的食物，然后乘坐“水上的士”登上宇麻尼（Yumani）。沿着 8 千米长的路径从南向北徒步旅行，途经传统村庄、原始海滩、彪马岩石和太阳神庙等景点。在夏拉巴马（Challapampa）享用一顿丰盛的膳食，安稳地睡一觉，然后乘坐回程渡轮。

乌鲁斯浮岛航行 ▲

这些岛屿完全采用芦苇和绳索建造，是乌鲁斯人手工制作的。他们保留了其罕见的建筑传统，并自豪地与今日的游客分享。这种多岛游船旅行是游客喜欢的，如此别致，不容错过。

在塔基雷岛过夜 ▲▲▲

同塔基雷（Taquileño）当地人相处一晚，这是一个非常引人注意的群落，因联合国教科文组织认可的纺织品而出名。民宿的住宿设施都是空荡荡的骨架（不要期待有电力），但是这些经历会为我们提供一个欣赏当地人工艺、美食和日常生活的机会。白天徒步于前印加遗址，晚上观看不可思议的星空。

流动的祝福

挂着彩带、五彩纸质装饰、帽子和玩具的汽车在圣母科帕卡巴纳大教堂前排列着。司机前来拜访玻利维亚的守护神，以祈求神灵保佑他们在崎岖山路上的旅程。一位牧师带着圣水走近一辆小型货车。他在发动机上，在货车四周和司机身上撒了一些圣水。家人欢呼，点燃鞭炮，并将可口可乐（普通人的香槟）喷上引擎盖。牧师继续走向下一辆汽车，这是当天流动祝福的十几辆汽车之一，汽车司机明天还会回来参加这个独特的玻利维亚仪式。

安第斯牧师为小型货车的未来旅程祈福。

欲了解更多信息，请查看：

» 山脉：秘鲁乌鲁班巴大峡谷，第 36 页

» 神奇景象：波托西省，玻利维亚，第 218 页

利文斯敦
赞比亚

也许因为瀑布不间断地咆哮或喷雾，在十几千米外就可以感觉到，但在维多利亚瀑布周围的一切都更加令人兴奋。赞比西河将津巴布韦和赞比亚分隔开，最宽处可达 1708 米，最大落差 108 米，创造了世界上最大的瀑布和极度令人惊叹的景观之一，这里拥有异国情调的野生动物、热带花卉和急速下跌的深谷。它采用了 19 世纪英格兰女王的名字，但是我们更喜欢当地的汤加名字——“雷击之烟”。与你一眼看到的大多数瀑布不同的是，这个瀑布的特点是在每次冒险活动中逐一展现的——河水漂流、超轻型飞行、悬崖徒步旅行，以及魔鬼池里的死亡冲击。逆流而上，景观从郁郁葱葱的热带雨林转变为林地稀树草原，漫步的大象、长颈鹿、斑马和偶尔会碰到的狮子——无论是在莫西奥图尼亚国家公园的游览车上还是上游河流的独木舟中都可以欣赏到。你可以每天在日落时品尝美酒，在河边餐厅或浮动餐厅品尝着非洲风味美食结束这一天。利文斯敦可能很荒凉，但不缺少奢侈品。

最佳时间

4 月至 8 月气候温和，是享受奔腾激荡的瀑布、欣赏丰富的野生动物的最佳选择。

下榻酒店

汤加比兹旅馆：一部分豪华生态小屋，一部分冒险设施，完全令人惊叹。**皇家利文斯敦：**经典的殖民地酒店，最接近瀑布边缘。

浪漫之旅

在挂满灯笼的舢板上享用私人美食。如果你在汤加比兹用餐，非洲合唱团可以在你享用饭后甜点后为你演奏。

贴心提示

花点时间到上游去，避开人潮，体验赞比西河宁静的一面。乘独木舟在岛屿间游览，一定要准备莫西人啤酒（Mosi Lager）、钓鱼竿和望远镜，望远镜是用来欣赏河马的。

维多利亚瀑布跨越津巴布韦（左）和赞比亚（右）。

一头非洲象沿着赞比西河上我们划独木舟的路线行进。

情侣探险

刀刃桥 ▲

沿平行于 1708 米宽水面的水路行进。穿好雨衣，然后穿过世界七大自然奇观之一的喷雾和彩虹。

通往天空 ▲▲▲▲

滑翔机与手推车的结合，一架超轻型飞机可以俯冲坠落，提供赞比亚和津巴布韦两个角度的最佳空中视角（无须额外签证）。

利文斯顿岛 ▲▲▲

乘坐快艇前往瀑布悬崖上著名的小岛。当你在水中跋涉时要抓住彼此的手，尽可能靠近崖壁边缘，然后感受“雷击之烟”。小提示：报名参加当天的最后一趟旅程，享受日落美景和鸡尾酒服务。

在莫西奥图尼亚国家公园游玩 ▲▲

在棕榈斑草原上观赏动物，有机会看到大象过河、疣猪追逐、斑马吃草和黑斑羚跳跃。沿环形路线自行驾驶，选择有组织的旅程，或将开车和在犀牛群中徒步结合，进行与犀牛超近距离的接触。

跳之前紧闭双眼

我们被一起绑在赞比西峡谷秋千上，准备下降 47 米，然后像摆钟一样以时速 160 千米的速度摆动。我们到平台边缘处站好，“一、二……”然后慢慢向前移动，“三……跳！”我犹豫了一下，但忘记了我和迈克被绑在一起，他迅速地跳下去了。因为这半秒钟的迟疑，我们侧身朝向岩石河床的底部。我们都发出尖叫声——我是声嘶力竭，迈克却完全兴高采烈。随着摆动的消退，我忍不住和他一起尖叫并笑起来，彼此四目相视，万分狂喜与死神擦肩而过，我们情不自禁接吻了。其实，峡谷秋千并没有那么危险和糟糕。

迈克驾驶微型飞行器飞行在维多利亚瀑布上空。

欲了解更多信息，请查看：

» 探险之旅：赞比亚南卢安瓜，第 96 页
» 沙漠：纳米比亚纳米布沙漠，第 150 页

古腾费尔斯城堡（Gutenfels Castle）高耸于莱茵河畔考伯（Kaub）村。

莱茵河峡谷

德　国

撰写：奥黛丽·斯科特 & 丹尼尔·诺尔（Audrey Scott & Daniel Noll）

自罗马帝国以来，莱茵河一直是令人垂涎的贸易路线。几个世纪以来，许多城镇和古堡沿着岸边发展起来，它们制造商品，保护着这条重要通道。虽然该地区在贸易中的作用已经减弱，但中世纪的城镇和葡萄园村庄依旧充满了文化和冒险。

吕德斯海姆（Rüdesheim）和科布伦茨（Koblenz）之间的莱茵河峡谷（又名莱茵河中上游谷地）因其历史、文化和地理重要性而得到联合国教科文组织认可。半木结构的房屋顺着鹅卵石铺成的街道分布着，葡萄园的小路蜿蜒在山丘之间，城堡两侧的塔楼耸立着，这一切都等待着人们的探索。你会被像巴哈拉赫和上韦瑟尔这样迷人的中央广场所吸引，但我们也鼓励你去游览后街和小巷，体验当地生活。莱茵河居民为他们的城镇感到自豪，特别是他们的葡萄酒和传统食物，所以一定要听一听他们的建议，给自己留足时间欣赏这个地方。

最佳时间

4 月至 5 月、9 月至 10 月都足够温暖，而且游客较少。12 月特别喜庆。

下榻酒店

布鲁尔吕德斯海姆城堡：这座家庭经营的酒店在一座 15 世纪的建筑内，位于中世纪小镇和葡萄园之间。**校舍酒店：**是以前的一位学生将校舍改建的精品酒店。

浪漫之旅

拿上一瓶莱茵高雷司令前往洛奇外面的葡萄园小径，找一条山顶长凳坐下，欣赏河谷上的日落。

贴心提示

别把你一天的时间安排得太满。距离在地图上看起来很短，慢慢徒步、骑行或乘船探索才是在这个地区旅行真正的乐趣所在。

情侣探险

莱茵河畔吕德斯海姆缆车 ▲▲

翱翔于葡萄园之上，凝视着风景如画的山谷。在顶部，步行到下瓦尔德纪念碑，了解 19 世纪德国统一的历史。通过葡萄园小径回到城里。

骑行于莱茵小径 ▲▲▲

沿着穿过村庄、葡萄园和农场的 320 多千米长的公路网骑行。如果骑自行车不是你的爱好，这些步道也适合徒步旅行。探索到黄昏时分，然后乘坐火车、巴士或渡轮返回酒店。

莱茵高品酒 ▲▲

罗马人在莱茵高地种植了第一批葡萄，自那时起，该地区一直在发展培育其雷司令和黑比诺葡萄。可以在吕德斯海姆的市场广场站下车（3—10 月），欣赏当地葡萄品种和风土人情，在这里你可以从四家当地葡萄酒酿造厂品尝葡萄酒。如果天气寒冷，请前往德洛赛尔·凯勒（Drossel Keller）的品酒室、博物馆和酒行。

斯塔莱克伯格城堡之旅 ▲▲

为了更加充分地了解莱茵河上游最美丽的城镇之一巴哈拉赫，可以沿着主教堂后面的陡峭小径走向这座拥有 1000 年历史的城堡。这个传奇般的构造现在是一个引人注目的旅馆，所以你可以进去轻松欣赏到全景。

✣ 情侣建议

用“我一天，你一天”的方法来彼此做计划和日常决策。当轮到你那一天的时候，你就要负责后勤，绘制地图，如果遇到不能确定的事，也要做最后的决定。这种方法不仅可以使那些不受欢迎的事项有人承担，而且可以确保立即处理那些细小的决定，不会变成大问题。

吕德斯海姆热闹的行人街道——画眉鸟小巷。

欲了解更多信息，请查看：

» 山脉：瑞士劳特布伦嫩山谷，第 30 页

» 建筑：比利时根特，第 114 页

超能夫妻丹和奥黛丽

屡获殊荣的旅游博客 UncorneredMarket.com 背后的夫妻团队激励人们追随自己的好奇心，创造一个充满故事的人生。他们从更加人性化的角度，经常挑战陈规和转变观念。他们一起旅行了 16 年，参观了 90 多个国家，虽然已经结婚了，但他们仍在继续。

湄公河渔民在日落的时候检查渔网。

湄公河三角洲

越　南

木制的独木舟上装满了农产品，头戴圆锥形帽子的女人伸展着她们娇小的身体去交换外来的水果。棕榈树和稻田融合成一片翠绿的背景，河流为这场景增添了一丝微妙的光芒。很少有地方像湄公河三角洲一样上镜，但仅仅一张图片也很难捕捉到它的活力。三角洲被称为越南的“饭碗”，它用全国土地 1/10 的面积生产出了全国 1/3 的农产品。渔场每年打鱼 300 万吨，培育了 2000 多种花卉。当地人平常都忙于工作，所以即使不总是那么热情和令人喜爱，却依然是一个令人敬畏的群体。湄公河接纳了从喜马拉雅山流入的 18 条河流，河流又分裂成上千条运河，流到胡志明市或金边，却不知道是从哪里开始的。芹苴市（CầnThơ）是当地最大的城市，拥有最广阔的水上市场，值得一游。当然，小一点的乡村能使你活动更方便。被这条大河所吸引是自然而然的，河岸边是一片绿色的屏障。骑行于稻田之间的狭窄小路，骑摩托车上山，在众多的广场上闲逛，都是河上生活的迷人之处。湄公河三角洲不仅画面完美，还是一个多维度的世界。

最佳时间

12 月至次年 5 月天空晴朗，土地郁郁葱葱，水域平静。1 月至 3 月可参观这里不可思议的花卉景观。

下榻酒店

南波精品酒店：当代殖民风格的住宿，可欣赏美丽的河流景象，设有一间优秀的餐厅和中央大厅。**本特里绿洲酒店：**本特里服务最好的酒店，有泳池和自行车以供使用。

浪漫之旅

在所在的浮动酒店内巡游运河，由船长、厨师、女仆和酒吧男士陪同，还有自行车和划船可以远足。在颂山（Song Xanh ）的游船上待两天三夜，你可以探索湄公河边的沙沥市（Sa Đéc）、芹苴市和一些鲜为人知的支流。

贴心提示

小心某些当地人的骗局，可以疯狂砍价。很多人都在寻找快速赚钱、抬高物价或提供自助服务的信息。做好调查，货比三家，不要当面立刻买下。

在丰田浮动市场的西瓜海。

情侣探险

丰田浮动市场及周边地区 ▲▲

放弃芹苴市早晨拥挤的采攘（Cái Răng）浮动市场，请你的船长帮忙绘制一条去丰田的路线。这会是一次更便利的购物体验，在那里你可以去船上闻闻瓜，与农民接触，品尝一下样品。在回来的路上你会通过迷人的运河社区，然后看到采攘的巨型船。

本特里骑行 ▲▲▲

通过半天的骑行来感受农村生活。从小镇出发，穿过本特里河（Bến Tre River），沿着狭窄的小径进入丛林、椰子种植园和稻田。带着一种冒险的感觉（总有一条可以回到镇上的水路和小船），你会喜欢湄公河宁静的一面。

沙沥市的殖民地风格 ▲

湄公河景色无比迷人——法国殖民地风格建筑、佛教寺庙、流动的花卉苗圃，还有熙熙攘攘的河畔集镇。前往静边县（Huỳnh Thủy Lê）参观华丽的 19 世纪豪宅——顺化宝塔（玛格丽特·杜拉斯小说《情人》的场景），闻闻“南越花园”种植的数千种花卉。

✣ 玩起来

我们喜欢排球（实际上我们正是因此相识），所以每当在世界各地看到比赛时，我们都会尝试加入。在本特里，我们微笑着站在旁边，就能融入其中，还结识了 12 个新朋友。无论你喜欢什么运动，都可以用它来超越语言障碍并与当地人保持联系。

安妮在本特里的选拔赛中扣球。

欲了解更多信息，请查看：

» 沙丘：越南美奈，第 142 页
» 神奇景象：柬埔寨暹粒，第 230 页

南乌江河谷

老　挝

日落时分，你在摇晃的吊床上享用美酒，此刻一艘华美的长尾船正沿着南乌江穿过喀斯特山脉行驶。你在心里暗想：“舒适的生活会变得更简单吗？”然后你从琅多（Nong Khiaw）上游乘船到孟威（Muang Ngoi Neua）。这个村庄直到2013年才有了通往外部世界的道路，他们仍在尝试固定电力。但是等等，这一切可以变得更简单。沿着人行道继续走几个小时到达山地部落，几个世纪以来这里几乎没有变化。房屋是用竹子搭建成的，鸡和猪自由地漫步，易货制度是这里的交易方式。与老挝村民待一晚，探索巍峨的山脉，品味这个超越时间的地区。尽管表面上这里看似乌托邦，但老挝的历史非常复杂。在战争期间，琅多戏剧性的岩溶洞穴被用作避难所。农民在孟威乡下耕地时，还是会发现弹壳。老挝的美丽也在其强大的复原力。

最佳时间

10月至次年2月天气宜人，避开3月至9月的炎热和雨季。

下榻酒店

农侨胞河畔：镇上最豪华的平房（请记住，这是一个朴素的地方）。**尼克萨之家：**在孟威，提供令人愉快的河畔住宿和餐饮，也是夜间村庄徒步旅行的大型营地。

浪漫之旅

在琅多大厅酒吧约会，品尝传统的老挝烧烤。围坐在一个噼啪作响的桌面烧烤炉旁，与厨师一起挑选美味的肉类和蔬菜。

贴心提示

不要指望有自动取款机、电力或大多数现代便利设施。准备足够的现金、头灯和开放的头脑来这个地方吧。

夕阳西下，孟威的孩子们在游泳。

徒步旅行于琅多 100 道瀑布间。

情侣探险

夜宿华博村 ▲▲▲

在孟威徒步两个小时，沉浸在老挝山区文化中。留在村庄宾馆，帮当地人收蔬菜、渔网，修补土布河涡轮机（电力的主要来源）。这是真正的交易。

普哈登峰 ▲▲

徒步游览南乌江、锯齿峰和传统村落的全景。在琅多攀登两个小时后，便可在竹屋的树荫下欣赏美景。

百瀑徒步之旅 ▲▲▲

大多数远足旅行，瀑布总在最后出现，而这里非常不一样，这条小径在多条河流间熠熠生辉。有泰格之路作为引导，有竹梯的帮助和冒险精神的激励，你将会攀爬 1600 米长的瀑布，然后到达最引人注目的那道瀑布，在这里享用午餐，体验全身被淋湿的感觉。通过丛林徒步和乘坐江轮回到琅多。

帕铎洞 ▲▲▲

在越南和美国的“秘密战争”中，老挝成为历史上被轰炸最严重的国家——在“二战”期间，落在这个小国的炸弹数量比欧洲所有国家都多。像帕铎这样被用作防空洞的石窟在全国到处都是。可以参观这些崎岖的石灰岩洞穴，了解历史和地理知识。

✣ 永恒的旅行者

在前往孟威的一艘木船的甲板上，我们和那些年轻背包客、当地村民和一对 60 多岁的法国夫妇挤在一起。我们很想知道，那对夫妇为什么会选择如此简陋的交通方式。“我们在 1972 年开始徒步旅行，”迈克说道，“并且一直很喜欢这种简单的带有地方风格的旅行。”他们向我们讲述了在泰国搭便车，与他们的孩子们在欧洲露营的时光，以及他们即将前往印度北部的旅程。旅行在他们生活的每一个阶段都是不可或缺的元素。正如他的妻子克里斯蒂安所解释的，“我们一起旅行得越多，我们就越亲近。”

船在孟夸码头排成一行。

欲了解更多信息，请查看：

» 雨林：泰国考索，第 180 页

» 神奇景象：柬埔寨暹粒，第 230 页

划独木舟到威斯康辛阿波斯尔群岛（Apostle Islands）的峭壁。

Top 10

终极淡水冒险排行榜

在湍急的河流、湖泊和瀑布中体验冲击

新西兰

1. 怀托莫隧道

在天然石灰石隧道和洞穴间漂流，滑下瀑布，抬头凝视着萤火虫银河。无论你是在隧道内来回反弹，还是在地下瀑布绕绳下降，生物发光藻类都会产生令人眼花缭乱的效果。

美 国

2. 哥伦比亚谷风筝冲浪

华盛顿州和俄勒冈州边界上郁郁葱葱的峡谷将太平洋沿岸的风引向山峡，使这里获得了世界上最好的风筝冲浪条件。该地区的培训学校是一流的，即使是新手也能掌握这些气流。

新西兰

3. 沙特欧瓦喷射快艇

这种喷气推进船是一项真正的新西兰发明，以每小时 80 千米的速度在这样浅的水域里能游刃有余。沿着风景秀丽的沙特欧瓦河蜿蜒而下，进行发夹转弯和 360° 旋转，紧挨峡谷壁，十分刺激。

美 国

4. 阿波斯尔群岛皮划艇

苏必利尔湖的冰河历史、无情的浪潮和低于零度的冬季将红砂岩岛屿刻画成皮划艇的梦想之地。沿着迷人海岸线的曲线前行，通过威斯康星群岛，进入隐藏的海洞。

厄瓜多尔

5. 卡萨克峡谷漂流

巴尼奥斯的阿瓜桑塔（Agua Santa）是厄瓜多尔的冒险之都，位于安第斯山脉和亚马逊之间，峡谷漂流在其惊险性排名中位居榜首。在丛林中徒步，在峡谷间滑行，然后在悬崖处跳河。

挪 威

6. 沃斯滑翔蹦极

首先在冰湖上空滑翔，一旦你飞行近 183 米，机载平台的跳跃和蹦极会是一个新的极限。这对于紧急救护中心来说简直是双重挑战。

马拉维

7. 马拉维浮潜

淡水浮潜通常不那么令人兴奋，但马拉维湖是一个名副其实的水族馆，充满了各种颜色的600种慈鲷鱼。在这个充满生态和文化魅力的非洲湖上，可花些时间在水上和水下玩耍。

荷 兰

8. 阿姆斯特丹运河立式滑板

虽然这听起来像是一个不太可能的水上运动目的地，但该市 150 多条运河为探索荷兰首都提供了最具冒险精神的方式。站在宏伟的文艺复兴时期的桥梁下，经过历史悠久的家园[包括安妮·弗兰克之家（Anne Frank House）]，并掠过 96 千米的风景秀丽的水道表面。

尼泊尔

9. 孙科西河木筏

桨式 V 级急流在喜马拉雅山的狭窄峡谷和森林峡谷之间碰撞。沿着孙科西河走向神圣的恒河，有令人惊叹的包括从世界上最高的山脉走向热带丛林时变幻莫测的风景，还有喋喋不休的猴子。

冰 岛

10. 冰河湖冰穴

冰岛最深的湖泊充满了冰山，四周是冰川、火山和黑沙滩。探寻蓝色冰洞，熬夜会有机会看到北极光。

巴哈马哈勃岛。

沙滩上的生活是不同的。这一天不是一小时一小时地度过，

而是从一个瞬间跳到另一个瞬间。我们随气流而行，

根据潮汐做计划，紧跟太阳的步伐。

——桑迪·金格拉斯（Sandy Gingras）

第三章

沙滩和岛屿

绵延的白色沙滩和蓝绿色的大海构成画卷般的风景；然而，我们对海滩和岛屿的期待远不止这些。当然，到海边放松心情，听海浪滔滔已是十分闲适，但是一旦我们体会过漫步海边、在遮阳伞下翻阅杂志、啜饮椰林飘香鸡尾酒，那么我们就渴望在这里得到更多。我们探寻蜿蜒曲折的海岸线、随潮起潮落而时隐时现的沙洲，还有神秘的小岛。仅仅一张明信片根本无法揭开这些黄金海岸的神秘面纱。这一切都需要游客深入其中，或是漫步沙滩，抑或乘船巡游其上，来体验它的魅力。因此，当我们抵达这片无与伦比的沙滩时，不禁感觉它已等待良久。我们不能总是将世间美景据为己有，但是如果我们不得不分享所见美景时，我们应该从探险者、卖香料的小贩、国王、手艺人等文化和历史的角度，来提高旅游体验。挑战完美沙滩的理念，发现属于你的天堂。

乘密闭直升机环游纳帕利海岸。

考爱岛
美　国

一座火山岛从海底拔地而起，热带雨林覆盖其上，巍巍峡谷横切其中，嶙峋峭壁围在其侧——这就是考爱岛。考爱岛（Kaua‘i）并非只有一个美丽的海滩。作为夏威夷的“花园岛”，它还有许多地方值得你前去探索，从哈纳莱伊湾（Hanalei Bay）的豪华度假村到卡拉劳海滩（Kalalau Beach）的嬉皮士社区，再到哈纳佩佩（Hanapepe）祖传的盐池。乘飞机到达岛上的利胡埃（Lihue）机场，租上一辆敞篷车，一路向北行驶穿越电影镜头下的美不胜收之地（你可能已经认出这里是电影《侏罗纪公园》和《加勒比海盗》的取景地）。沿着险峻的海岸线航行，飞越“太平洋大峡谷”，系好你的运动鞋鞋带，爬上令人印象深刻的纳帕利海岸，这座古老的小岛到处弥漫着冒险的气息。别担心，这里有大大小小50个白沙海滩，还有几十个能让你留恋不舍的度假村，令你尽享这次惬意之旅。无论你喜欢的交通工具是直升机还是带轮子的泳池椅，考爱岛都会让你感受到一种逍遥游的惬意。

最佳时间

避开3月至5月、9月至11月的旅游高峰期、雨季和价格高峰期。带上防晒霜和雨伞。

下榻酒店

普林斯维尔圣瑞吉酒店：坐落于哈纳莱伊湾，这里有法国大厨让·乔治斯·沃杰奇滕为你烹制的佳肴，有一个约465平方米的大泳池，因而独领风骚。**费恩格罗托宾馆：**小屋膳食自理、服务周到、可提供划艇和自行车，就在利胡埃北部。

浪漫之旅

在海滨别墅——一家美食如美景一样诱人的餐厅，一边品着菠萝味莫吉托，一边欣赏日落。

贴心提示

租车是必然之选。当然，你也可以乘出租车和公共汽车出游，但你可能会在很多地方停车，或是因为要拍下无数照片，或是因为那吸引你的小径，抑或因为那些可爱的城镇。

一条工雕刻的独木舟驶进了哈纳莱伊湾。

情侣探险

独木舟旅行 ▲▲

乘坐由夏威夷原住民崔佛·卡贝尔（Trevor Cabell）手工刻制的约 13.7 米长的传统独木舟探索哈纳莱伊湾。早上加入他的潜水之旅可以寻找适宜观看海豚和海龟的平静水域和最佳时机，或者是在下午进行哈纳莱伊的历史文化之旅。

直升机环岛游 ▲▲

当你觉得考爱岛实在是人间仙境时，你可以呼叫一架直升机来。在威美亚峡谷（Waimea，常被称作“太平洋大峡谷”）上空环游，沿着纳帕利海岸（Na Pali Coast）的优美弧线，贴近怀厄莱阿莱峰（Mount Waialeale）火山口，只有直升机才能带你领略此岛上的绝美风光。踏上冒险之旅，乘杰克·哈特直升机旅社的密闭直升机翱翔。

徒步卡拉劳步道 ▲▲▲

只有一条约 17.7 千米的小径才能到达，考爱岛海岸的这一段路途可穿过五处郁郁葱葱的山谷和雄伟壮观的海边悬崖，还可通往一些夏威夷最好的海滩。半路上，大多数人会在河边向左转去看瀑布，但是你可以离开人群前往嬉皮士社区（如果你看到几个没穿上衣的徒步者，大可不必为此而惊慌）。

像水上之王一样冲浪 ▲▲▲

自从波利尼西亚皇室将冲浪视为精神与艺术的实践，冲浪就成了夏威夷之旅的经典体验项目。在哈纳莱伊海滩或是波普海滩上有一节入门课程，如果在 11 月至次年 2 月的“大风浪季”前往，你就能看到职业冲浪手在浪尖上飞驰。

✣ 陆地与海洋的结晶

餐桌上粉色的盐晶如水晶般闪闪发光，其实际价值如其外表般珍贵。考爱岛的原住民世世代代都在采集哈纳佩佩盐块，他们也是群岛上唯一仍传承这一古老夏威夷传统的民族。采盐这项艰苦繁重的工作并不是为了盈利，正如其祖先所要求的那样，哈纳佩佩盐晶只能作为礼物赠与他人。

我们慢慢地把这些盐晶洒在我们的鲯鳅鱼上，想着在红色盐滩里一起劳作的家庭，以及他们让这顿饭变得更美味。我们感谢当地的朋友凯为我们准备了一顿丰盛的晚餐，他送给我们一小袋哈纳佩佩盐，并说：“欢迎来到考爱岛。”

堆叠的冲浪板，准备好去冲浪吧！

欲了解更多信息，请查看：

» 山脉：美国雷尼尔山，第 32 页

» 历史：墨西哥瓜纳华托，第 112 页

北伊柳塞拉岛
巴哈马

宽约 1.6 千米，长约 177 千米，狭长的伊柳塞拉岛（Eleuthera）将蓝绿色的加勒比海与深蓝色的大西洋清晰地分隔开来。这里由 100 多个海滩环抱着，有大片的菠萝田，这里是连锁酒店、购物商场，甚至是交通灯都不见踪迹的原始加勒比海岛。空寂无人的粉红色沙滩和珊瑚潟湖提供了大片的消遣之地，而它距充满趣味的邻居哈勃岛只有 10 分钟的“水上的士”车程。这座小岛曾是前英属巴哈马的首都，这里有五彩斑斓的墙板，还有鹅卵石铺就的街道，宽度刚好够一辆高尔夫球车通行（原始的交通工具）。从温莎公爵夫人到黛安·冯芙丝汀宝（Diane von Furstenberg）这样的时尚女王，贵族们经常到哈勃岛上度假，尽管与其他明星荟萃的海滩目的地不同，但布里兰德（Briland，当地人的叫法）魅力十足，毫不浮夸。顶级餐厅有用手工抛网捕获的鱼，设计师精品店附近的草帽摊，虽然还有豪华海滩酒吧，但小酒店也同样有趣。北伊柳塞拉岛是一个充满对比、惊喜、欢乐的地方，用一个词来概括就是——天堂。

最佳时间

12 月至次年 4 月是旺季，因为在此期间这里不仅天气宜人，而且风光无限好。

下榻酒店

海豚湾酒店：镶嵌在珊瑚峭壁上的两个海滩海湾之间，这个度假胜地是北伊柳塞拉岛的璀璨明星。**金沙珊瑚酒店：**这是一家历史悠久、最近又装修过的精品酒店，坐落在哈勃岛 4.8 千米的粉红色沙滩上。

浪漫之旅

在一幢 18 世纪的避暑别墅中吃晚餐，探索这片土地上别致的种植园风格，或者坐在露台上，俯瞰落日中海港上星星点点的帆船，品尝着龙虾和柠檬草意大利调味饭。

贴心提示

伊柳塞拉岛没有任何公共交通工具，但只要有一条平坦的小路和非常友好的人们，总会有人朝你走过来。没错，这里的确也有出租车，但是试着搭便车吧，与当地人的邂逅可是无价之宝！

通向詹姆斯·普安（James Point）粉色沙滩的小路。

高尔夫球车在哈勃岛的主路上行驶。

情侣探险

在海崖边直立划桨冲浪 ▲▲▲

跳上一个划水板，拥抱海岸线，发现一系列私密性的海滩海湾和令人惊叹的岩层。加勒比海的水是平静的，因此你可以安全地划行很远。格雷戈里镇 [Gregory Town，蓝尼 · 克罗维兹（Lenny Kravitz）的别墅就在这里] 北部的海岸线尤其动人。向你所在的酒店咨询关于冲浪板的事情，或向埃伊柳塞拉岛海滩用具租赁店租用。

泡在皇后浴池中 ▲▲

大西洋的汹涌波涛雕刻着石灰岩峭壁，显现出其五彩斑斓、纹理交错、岩层优美，还塑造了许多的天然泳池。在退潮时前往，探索深邃的海湾边缘，然后顺着岩石爬下来，晒晒日光浴。

魔鬼的脊骨残骸 ▲▲▲

数百年来，这个由浅海珊瑚礁组成的锯齿状海脊一直就如同一块沉船磁铁。这对海盗来说有害无利，但对于想要探索沉入海底的遗迹的浮潜者和潜水员来说却是不可思议的。如果你戴水肺潜水，试着探索一下卡那封（Carnarvon），这里沉睡着一艘有 100 年历史的灯塔维修船，你可以穿梭其中，经过蒸汽锅炉，还能发现鲼、乌龟，甚至是双髻鲨。浮潜者也可前往较浅的土豆和洋葱岛，或是探访火车残骸（实际是美国内战时期从军舰上坠海的一辆汽车残骸）。

乘高尔夫球车进行历史之旅 ▲

作为巴哈马的第一个首都，哈勃岛是巴哈马历史和文化的发源地。跳上一辆加大马力的高尔夫球车，与第五代布里兰德人马丁 · 格兰特（Martin Grant）一起，探索迷人的忠英派小屋、圣约翰圣公会教堂（它是亮粉色的），还有当地最好的消磨时光的去处。

✣ 永不乏味

“你们要去哪儿啊？”一位老太太从高尔夫球车里喊道。当我们说“市中心的西班牙水井”时，她回答说：“你们刚好走过了。”随后，我们意识到于事无补了，于是我们决定接受任何人提供的便车。这时一辆便车过来，车上是抽着烟的理查德和他取名“花生”的哈叭狗。他十分渴望搭载“新面孔”，以至于差点撞到我们。当提到我们是旅行作家时，他坚持要我们“评论”他姐姐开的提供住宿和早餐的家庭旅馆。他姐姐带我们参观了一下，然后在市场上让我们下车去尝尝希娜家的菠萝蛋糕。我们花了一天的时间在岛上兜圈子，吃糕点，饶有趣味地与当地人聊天。

女儿岸（Girls Bank）上的木舟，北梭鱼聚集地。

欲了解更多信息，请查看：

» **海边风貌：伯利兹中美洲大堡礁，第 124 页**

» **自驾游：古巴西部，第 212 页**

不可名状的小岛

自 13 世纪起，这个克罗地亚洛希尼岛（Lošinj）上的小渔村一直是作家魂牵梦萦的地方。这里屋舍五彩缤纷，石阶交错其中。我们在这座诗情画意的小岛上找到一间房子，把它当作这个月的创作室。当我们创作这一章节时，从窗户望去，亚得里亚海上航行的船只来回穿梭，群山镶嵌其中。在这本书中，克罗地亚并不是一个有特色的目的地，但它的海风和日落却美得不可名状。

克罗地亚洛希尼岛的港口和中心

通往桑给巴尔（Zanzibar）历史中心——石头城的大门。

桑给巴尔
坦桑尼亚

这个东非岛屿是历史上的香料之路和奴隶贸易的中心，它是由无数曾涉足该海岸的民族共同塑造的。自公元前 600 年起，航海家们就开始航行至桑给巴尔群岛。与此同时，葡萄牙探险家、英国殖民者、阿拉伯商人、印度的贸易商和阿曼苏丹人情不自禁地居住于此。谁不会被这样一个美丽的地方吸引呢？这里丛林葱翠，沙滩和富饶的大海将其环抱，但是见识广博的游客知道桑给巴尔真正的美更在于它融合的文化和神秘的魅力。直到今天，都没有一幅确切的地图描绘这个极具历史意义的石头城。这里狭窄的街道似乎打成结，向四面八方蜿蜒而行。祈祷的呼声回荡在小巷中，头戴五颜六色头巾的妇女躲在雕刻木门后面向外窥视。太阳下山后，烤海鲜的味道、斯瓦希里音乐的声音、闪烁的灯光将每个人都吸引到海滨夜市。探索咖喱背后的香料种植园，乘着古代商人的木帆船航行，漫步在一个因文化特色突出而丰富多彩的金色海滩上。

最佳时间

12 月至次年 2 月的天气最适合日光浴。6 月至 10 月的空气虽然仍是干燥的，但还有点热，这时正好是大陆上的游猎季。

下榻酒店

巴拉扎度假村：这一东海岸的奢华阿曼风格度假胜地提供了最佳的混合体验，既有其乐无穷的精心护理，又有海边冒险。**桑给巴尔咖啡屋：**石头城最受欢迎的咖啡店旁边有一幢 19 世纪建造的别墅，这是一家提供住宿和早餐的现代风格民宿。

浪漫之旅

在爱默生香料茶屋酒店的全景屋顶上，躺靠在一个五颜六色的枕头上尽享舒适，一边听现场音乐，一边品尝桑给巴尔的美食。

贴心提示

除非你已经在达累斯萨拉姆国际机场了，不然最好选择乘轮渡前往，因为乘飞机比坐轮渡时间更长，轮渡只有约 35.4 千米的路程。除了节省时间和金钱，我们还喜欢乘船时欣赏海岸风光、品味当地文化。

在平圭米札姆维（Michanwi Pingwe）半岛的珊瑚海岸骑行。

情侣探险

石头城徒步游 ▲

在被联合国教科文组织确定为世界文化遗产的石头城里，有一位当地的导游，他可以解密迷宫，给阿曼老堡垒和奴隶市场带来更多的解读。他能指出最漂亮的雕花木门（桑给巴尔的象征）、当地的香料店和最好吃的恰巴提（一种烤面饼），会引领你到岛上的宝藏之地。若是独自一人，一定要去参观奇观博物馆和超大规模的达拉加尼市场。

划独桅帆船驶向沙洲 ▲▲

乘着传统的独桅帆船驶向巴维岛。跳下船在珊瑚和热带鱼之间浮潜，然后一直游到沙洲——一个随潮起潮落时隐时现、超凡脱俗的岛屿。尽享海滩野餐、观赏各种各样的鸟类和滑稽的沙蟹。

参观香料种植园 ▲

通过参观岛上众多的种植园，了解桑给巴尔香料是如何“调味”着这个国家的历史。在像坦加维奇（ Tangawizi ）这样的种植园里，你可以接触并品尝到新鲜的柠檬草、白豆蔻、荔枝、波罗蜜，以及其他充满异域情调、调动欲望、令人愉悦的香料。

骑车去宝石酒店 ▲▲

花一天的时间去平圭米札姆维半岛旅行，在坚硬的海滩上骑自行车，在大海里泡一泡，为在宝石酒店饕餮大餐增加食欲。这个小小的珊瑚礁岛有足够的空间，这里有美食家专用厨房、12 张桌子，还有一家印度洋畔最令人魂牵梦萦的餐馆之一。抵达这里的方式取决于潮汐，或蹚水，或步行，或划船，这些都可以让你在这里收获难忘的海鲜体验。

我们最疯狂的跨岛之旅

谷歌地图显示，从莫桑比克伊博岛（Ibo Island）直接到桑给巴尔没有可行的沿海路线。但是它们之间沿着海岸的距离还不到 805 千米，这能有多难呢？所以我们坐着帆船，搭了一辆装满香蕉的卡车，继而又在泥筑小屋过夜，蹚着水穿过河流，坐着走私杜松子酒的皮卡，沿着 14 条路、历时 4 天后，我们成功到达了。这远非易事，但这是一段令人难忘的旅程，也告诉我们“有志者，事竟成”。

在达拉加尼市场（Darajani Market）上切瓜的当地人。

欲了解更多信息，请查看：

» 瀑布：赞比亚利文斯敦，第 52 页
» 探险之旅：坦桑尼亚火山口高地，第 90 页

莱　利
泰　国

莱利半岛给人一种遥不可及的感觉，因为它只能乘船抵达。茂密的丛林和陡峭的石灰岩峭壁庇护着这片与大陆分隔的乐土。很多游客都喜欢这里喀斯特地貌的群山、悬挂的钟乳石和雕刻般的洞穴，但是更多的人喜欢来这里攀岩。莱利有 700 多条镶嵌在悬崖上的小路，再加上海崖，这里是深水单人表演的绝佳地点——海上自由攀岩和高空跳水。莱利不仅吸引那些寻求刺激的极限爱好者，还有安达曼海的四个海滩满足你的各种需求：莱利西部（度假者）、莱利东部（奢华背包客）、通塞（Tonsai，虔诚的攀岩者），还有帕南（Phra Nang，任何寻找“世界上最佳海滩”的人）。把每一个都试试看，光去那里游泳、徒步、攀岩或海滩漫步就已经其乐无穷了。乘船前往周围的岛屿，在有生物光的大海里夜潜，入乡随俗，像莱利人一样闲逛并享受生活。

最佳时间

11 月至次年 3 月阳光明媚，但并不太热；5 月至 10 月是季风季节。

下榻酒店

普塔旺度假村：一个镶嵌在莱利东部悬崖上、安静又便宜的僻居处。**瑞亚维德度假酒店：**这个世界级的小而奢华的酒店拥有别墅、私人游泳池、管家服务，还有一家位于天然岩洞内的餐厅。

浪漫之旅

在图雷酒吧的海边厨房上一节烹饪课，品尝自己的劳动果实，然后在他们的树屋露台上流连，品味日落鸡尾酒。

贴心提示

注意涨潮退潮的时间，最大化丰富你的时间和体验。做好计划，在高潮时游览帕南海滩和潟湖，在退潮时徒步前往通塞。

长尾船停泊在优美的莱利西部海滩。

攀登通塞喀斯特岩石。

情侣探险

在星光点点的黑夜中潜水 ▲▲

下午晚些时候，环绕着小岛航行，在逐渐消失的沙洲上停下来，来一次日落时分的烧烤。当篝火渐渐熄灭，星星冒出头来，这时候找到最黑暗的海湾，进行一次难忘的潜水。安达曼海这一区域遍布闪着磷光的浮游生物，所以当你在水中游泳时，就像在银河系的星星中穿梭。

徒步前往莱利观景点和潟湖 ▲▲▲▲

在前往帕南海滩的半路上，你会看到一个陡峭、泥泞、蜿蜒的斜坡，勇敢地爬上去，你就可以欣赏到半岛的全景。如果那短途却高强度的徒步旅行并没有难倒你，那就继续沿着这些悬崖穿过丛林吧。在海水高潮时，你会发现一个低处的、翡翠般的潟湖。

深水独自攀岩 ▲▲▲▲

航行到险峻的悬崖底部，游向极限自由攀登处。从水里爬出来，然后像蜘蛛侠一样爬上石灰岩表面。明智地选择你可以抓住的地方——没有绳子可以依赖，大海就是你的安全网。在攀岩时，一定要在岩架上停下来，欣赏一下此处的美景。谨记：你爬得越高，跳水时潜得就越深。

神秘的帕南 ▲▲

这个标志性的海滩钟乳石林立，吸引了很多游客和泰国渔民（这里有一座神殿，供奉着一位神话般的大海女神，里面满是颜色各异的阳具供品）。想拥有一片属于自己的乐园，那就走到海滩的尽头，穿过峡谷，这里将呈现给你一个宁静的港湾。围绕着裸露出来的岩石浮潜，游过拱门，然后回到帕南海滩，一路上将风景尽收眼底。

✣ 新旧传统

我们可能要在一个信仰佛教的国家过圣诞节，但我们不会漏掉自己的传统！我们用一串串玉米花、自制的贝壳装饰品和许多红色绿色的马来苹果装饰了一棵香蕉树。我们用棕榈叶包裹礼物，然后互相交换（碰巧的是，我们收到的都是游泳护目镜和能多益牌巧克力酱）。为了我们的圣诞大餐，我们还上了一节泰餐烹饪课。后来，我们的盘南咖喱尝起来总是有点圣诞节的味道。

装饰圣诞（香蕉）树的我们。

欲了解更多信息，请查看：

» 河流：越南湄公河三角洲，第 56 页

» 海边风貌：印度尼西亚科莫多岛，第 130 页

埃拉之境（Ella's Place）的日落，沙朗（Salang）慵懒闲适的小屋。

刁曼岛

马来西亚

撰写：沃恩和劳伦·曼努埃尔·麦柯肖恩（Vaughan & Lauren Manuel Mcshane）

谈到东南亚的海滩，马来西亚仍然是一个鲜为人知的仙境。系列群岛由64个小岛组成，最大岛屿之一的刁曼岛也只有19.3千米长。在马来西亚住了两年之后，我们可以说这里也是最好的地方之一。美丽的海湾和茂密的热带雨林装饰着这座岛屿，岛上只有一条主干道，船只往往是到达其白色沙滩的最佳方式。作为水上运动爱好者，我们在刁曼岛上感到十分逍遥，每个海湾为我们提供了与海洋亲密接触的不同方式——直立划桨、潜水、浮潜、游泳或是冲浪。这个岛地形优美不说，它还有真正的宝藏藏在28.9℃的水面下。游到近海的珊瑚礁，那里有绿海龟、蝴蝶鱼、礁鲨、裸鳃和鳐在等着你。前往刁曼岛旅行的游客，为这里增加了一分时尚、独特与悠然自得。但游客数量不多，并不会超过这个未经开发的世外桃源的客容量。赶快来欣赏这里神奇的海洋生物和美丽的原野吧。

最佳时间

3月至11月是你前去游玩的最佳时机。在多季风的12月至次年2月，很多地方都不开放，但是冲浪者仍可以乘风破浪。

下榻酒店

1511椰林酒店：坐落于爪拉（Juara），是一座与世隔绝、华贵高端的海滨小屋。**埃拉之境度假村：**沙朗海滩上的田园风小屋，内有吊床和空调。

浪漫之旅

带上野餐和浮潜装备，然后乘船至珊瑚岛或猴子湾看日落。这两个地方都空寂无人，除了骨白色的沙子和水面下光怪陆离的海洋生物之外，什么也没有了。

自助旅行提示

丰盛港的渡船时刻表随着潮汐的变化而变化，所以在出发前记得检查一下。在大陆或泰开村渡轮码头提取现金，这个码头是岛上唯一有自动取款机的地方。

情侣探险

刁曼岛保护区徒步旅行 ▲▲▲

内陆雨林动植物遍布，比如这里有长尾猕猴、马来西亚鼯猴和椰子狸。从泰开村（Tekek）清真寺出发徒步旅行，这里与4×4的公路相连，可以带你穿过丛林到达爪拉（我们最喜欢的海滩）。

阿沙瀑布 ▲▲

阿沙瀑布作为该岛上最大的瀑布而闻名，距穆库村（Mukut Village）步行约30分钟的路程。穿一双适宜徒步的鞋尽享徒步之乐，或租一条船乘船领略海湾风光。

沙朗海岸潜水 ▲▲▲

穿上你的潜水装备，走下海滩，朝沙朗沉船或是沙朗码头潜水点游。沿着鲜活多彩的珊瑚礁，与黑边鳍真鲨、乌龟和五颜六色的鹦哥鱼一起遨游。这里非常适合岸边潜水，而且有机会取得国际专业潜水教练协会颁发的潜水执照，但是如果你只想浮潜，那就离开码头，去寻找生机勃勃的海洋生物吧！

乘皮划艇游海湾 ▲▲▲

乘皮划艇环游这个丛林茂密的小岛。带上充足的水和防晒霜，一大早离开，到ABC海滩、泰开村、爪拉和沙朗的各个海湾开启冒险之旅。在每一个美丽的海滩上都稍作休息，并一定要在那个美丽的海湾——猴子湾停下来看看。

✣ 情侣建议

旅行总是出人意料的，但自然而然发生的事情可以说是相当浪漫的——比如当你们跳上一辆摩托车环游热带岛屿时，紧紧相拥在一起。每当到达一个海滩目的地，我们总会租一辆小型摩托车。这是你在途中最接近大自然的方式。在开阔的道路上，随心所欲地自由探索你喜欢的地方，或是躲进安静的幽僻之处，这样的旅行方式自然会为你增添乐趣。我们曾经骑摩托车翻越过一座小岛上的大山，通常这要乘四轮驱动的越野车才能做到，但是骑摩托车的我们同样做到了，而且我们与大自然有了更加亲密的接触！

与一群金目大眼鲷一同浮潜。

欲了解更多信息，请查看：

» 湖泊：缅甸茵莱湖，第46页

» 雨林：泰国考索，第180页

超能夫妻劳伦和沃恩

在TheTravelManuel.com网站上找到这个二人组，他们的博客连续两年被投票选为非洲顶级旅游博客。作为水上运动爱好者和户外探险的夫妇和家庭（尤其是带着他们可爱的、刚会走路的小孩子），只要有无线网络和浓缩咖啡，他们就会找到任何理由回归热带小岛生活。

萨马纳

多米尼加共和国

萨马纳是位于多米尼加东北海岸的一个葱翠的半岛，那里到处都是山脉、丛林、海滩和岛屿。不知从什么时候起，萨马纳半岛受到了游客的关注。从哥伦布时代英勇抵抗入侵者到独特的文化庆典，这个地区的人总是以邦哥鼓手指挥着前进，比如三个月的丰收节，也会因福音派信仰而留出空间跳起风情万种的莎莎舞。当地居民为该地区的美景感到自豪，正在努力慢慢地、可持续地发展它。圣塔芭芭拉（Santa Barbara）的萨马纳是该半岛的核心区域，所以，大家都称这个小镇为“萨马纳”。早在 1756 年，西班牙人就认为这个被保护的海湾是一个安顿下来的好地方，这里树木葱翠茂盛，群山层峦叠嶂，群岛耸立，海滩袖珍。你将会在这里发现一些有趣的殖民建筑 [不要错过波纹铁教堂——拉乔查（La Chorcha）]，而城镇的建筑标志则是引人注目的人行桥，横跨海湾到岛屿。试试高空滑索、跳岛游、拉丁柔情舞、骑马，以及奢华性与本土性杂糅的体验活动，去发现萨马纳性感的韵律。

最佳时间

2 月至 5 月、10 月至 11 月前往可避过高温期、游客高峰期和飓风期。

下榻酒店

多米尼加树屋村山林小屋：坐落于埃尔巴耶（El Valle）树林间的茅草屋田园味十足，能让你感受到村落的氛围，并有多种探险旅程可供选择。**至尊萨马纳大酒店：**位于可爱的拉斯特雷纳斯小城附近，这里不仅有饮食自理的海滩别墅，也有服务周到的套房。

浪漫之旅

逃离繁杂的一切，在拉斯加勒拉斯的众多海滩上放松自我，在小海岬的悬崖边上品味日落鸡尾酒。在他们质朴别致的酒店中寻找无穷无尽的快乐。

贴心提示

安排好前往圣多明各（Santo Domingo）的航班，以赶上圣弗朗西斯科修道院（Monasterio de San Francisco）的周日音乐会。这里完全就是一个在极具 16 世纪特色的废墟脚下搭建的舞台，整个城市似乎都在舞动着绰约身姿。

利凡塔多岛（Cayo Levantado），又称百加得岛（Bacardi Island）。

高空滑索穿越茂密的埃尔巴耶。

情侣探险

双人高空滑索 ▲▲▲

该滑索搭建在该地区最高的山顶上，有 12 条滑索在丛林树冠（有些树高达 137 米）中蜿蜒前行，萨马纳高空滑索是加勒比海地区最刺激、风景最优美的路线之一。两人绑在一起，试试空翻、旋转和倒立亲吻，同时可欣赏景色优美的山谷、丛林和海滩，

埃尔巴耶海滩游 ▲

一个由山脉环抱的小海湾，点缀着棕榈树林、崎岖的悬崖、金色的沙滩等令人钟情的美景，这是我们在萨马纳最喜欢的沙滩。你可以漫步、游泳，或是在草屋酒吧找个座位，看着渔夫把船拉上岸、男孩们来回扔着棒球、海浪拍打着峭壁。

骑马去柠檬瀑布 ▲▲

跳上马背，在溪流、丛林和山脉中奔驰，将半岛的全景一览无遗。把你的马拴在小吃屋旁边，和当地人一起喝一杯啤酒、玩一次多米诺骨牌游戏，然后再踏上你的短途之行到柠檬瀑布。这是一座高约 40 米的瀑布，水帘落在一个宽敞的天然游泳池里，它完全是由多个岩洞形成的。

哈提斯国家公园跳岛游 ▲▲

乘船穿过海湾，直到你被几十个喀斯特岛和无数猛禽所包围。慢慢在岛的四周航行，然后顺流而下进入内陆，欣赏一片片红树林和一个个洞穴。线绘岩洞（Cueva de la Linea）不仅以其纤细的岩层令人叹为观止，而且还以泰诺族（Taíno）古老的象形文字引人注目。

✣ 杂货店之夜

我们跟随着邦戈鼓、牛铃和欢快的笑声来到安东尼杂货店（杂货店是多米尼加共和国典型的露天街角商店，兼做邻里酒吧）。我们面带微笑地盯着这个只有当地人的聚会，詹姆示意我们过去，后来我们很快成了朋友。“欢迎你们！来喝一杯妈妈胡安娜（有‘多米尼加万艾可’之称）吧！”喝了几口草药朗姆酒后，我们用西班牙式英语交换故事，试着跳梅伦格舞蹈，并计划第二天去看棒球比赛。

周日晚上圣多明各的音乐会

欲了解更多信息，请查看：

» 探险之旅：哥斯达黎加托尔图格罗，第 98 页

» 雨林：圣卢西亚，第 188 页

在墨西哥图卢姆（Tulum）海岸的玛雅遗址。

Top 10

最佳海滩排行榜

各种各样的美丽海滩，总有一款适合你！

澳大利亚

1. 五彩缤纷的沙子：彩虹海滩

昆士兰因斯基普半岛（Inskip Peninsula）上高耸入云的悬崖由 70 多种不同颜色的沙石形成。这些丰富的矿物质自上个冰河世纪以来就一直在演化，并且一如既往的鲜艳夺目。彩虹峭壁前，碧绿的大海和白色的沙滩更是形成了鲜明的对比。

墨西哥

2. 历史：图卢姆遗址

白色的沙子、蓝绿色的海水，还有摇曳的棕榈树足以吸引你到图卢姆一游。屹立在海滩上的前哥伦布时期遗迹，更是吸引了无数游客在此驻足。玛雅人选择此地作为航行中转的休息处，这使得它成为古代商船停泊、现代游泳者游泳的理想地点。

美　国

3. 贝壳：萨尼贝尔

大多数贝壳都曾在佛罗里达的海滩上打过滚；然而，萨尼贝尔岛（Sanibel Island）的南海岸简直就是一张巨网，捕捞从加勒比海而来的斧蛤、海螺和各种珍宝。每一次浪潮都会将来自世界各地的惊喜和捡贝壳的游客带到布莱德帕斯（Blind Pass）的赶海度假村，再到灯塔公园。

新西兰

4. 天然水疗：热水海滩

在涨潮期前后，这个地热海滩都是一个独一无二的温泉浴场。热水（温度高达 64 ℃）从地下的裂缝中渗出——为何不拿起铲子自己挖一个热水浴场呢?

厄瓜多尔

5. 野生生物：艾斯潘诺拉

科隆群岛以野生生物多样而闻名于世，尤其是艾斯潘诺拉岛（Española Island）。这里有 1000 多种象龟，是波纹信天翁的栖息地（世上绝无仅有），有当地特有的熔岩蜥蜴，还有蓝脚鲣鸟，这一切都能让你在海滩度过真正天然野生的一天。

意大利

6. 穿衣不是必选：古瓦诺海滩

古瓦诺海滩（Guvano Beach）是一座被陡峭悬崖和蓝绿色大海环绕的海湾，只能乘坐老旧的隧道火车或是船只才能到达，古瓦诺并不是一个容易前往的地方，但正因此，它是最适合裸泳的地方（也可以在这里第一次尝试裸泳）。不用担心路过的人会盯着你看，来这里的游客都是为享受这五个渔村中最天然脱俗的海滩之一而来的。

圣马丁

7. 不太可能的吸引力：玛侯海滩

你可能觉得直接处于机场飞机航道下的地方可能会令游客们踌躇不前。然而，恰恰相反，波音 747 飞机降落时，以不到 30 米的高度掠过海滩上空这一点正吸引了游客们成群结队地前来，以目睹大型客机的起降，感受飞机的强大气流，为这定期而来的刺激而齐声欢呼。

美　国

8. 潮水潭：莫斯海滩

沿着加利福尼亚州菲茨杰拉德海洋保护区（California’s Fitzgerald Marine Reserve）令人心惊胆战的陡岸，你会看到海葵、海星、螃蟹和海胆遍布这成千上万个岩石区的潮水潭。附近海港中的海豹保育所为海湾地区这蜿蜒十来千米的海岸线增添了一种可爱的元素。

澳大利亚

9. 冲浪：贝尔斯海滩

这里是世界顶级职业冲浪比赛，也是全球为期最长的冲浪赛的举办地。这个维多利亚州海滩源源不断地涌出精彩的波浪。巨大的海浪从南冰洋汹涌而来，冲刷着这块独特的礁石，并将它雕琢得无与伦比。

西班牙

10. 峭壁：大教堂海滩

一个个拱形的岩石墩就像 100 只巨足屹立在大海上，令这个地处加利西亚（Galicia）的海滩给人一种如文艺复兴时期的欧洲教堂般宏伟壮观之感。强大的大西洋将悬崖侵蚀出一些可供通行的通道来，不妨在退潮时前来探索。

肯尼亚马赛马拉的猎豹。

当我看向一只动物的眼睛，我看到的不是一只动物。

我看到的是一条生命。我看到的是一个挚友。

我看到的是一个灵魂。

——安东尼·道格拉斯·威廉斯（Anthony Douglas Williams）

第四章

探险之旅

游猎不再是传统意义上猎杀动物的活动，它已变成一种在野生动物自然栖息地进行观赏的消遣。现在大家唯一“射”（摄）的是“影”，令人惊叹的照片成为挂在墙上的战利品。沿着一条土路穿过金色大草原，为角马迁徙让路，驾驶越野车去参加一场狮子的追逐——这就是我们的游猎。相比之下，徒步游猎给这种体验带来了全新的维度——倾听鸟鸣，追踪动物爪印，品尝当地的药用植物。不是只有非洲才是大型奇异动物的港湾。澳大利亚内陆、北极、热带群岛以及世界各地的筑巢海滩都可以提供同样精彩的游猎活动。在加拿大与北极熊散步，在加拉帕戈斯与企鹅一起划皮艇，在澳大利亚与咸水鳄同航——日落之时，无论你在何地，加入游猎的传统活动吧，坐在岩石上暮后小酌，为自然美景干杯。

徒步至伊莎贝拉岛火热的奇科火山（Volcán Chico）。

加拉帕戈斯
厄瓜多尔

加拉帕戈斯群岛（Galápagos Islands）不仅是稀有物种（如象龟和蓝脚鲣鸟）的家园，还养育着 1000 多个独一无二的物种。这里距厄瓜多尔海岸 970 多千米，长久以来是无人之地，这使之成为达尔文进化论的实验室。岛上的动物并不怕人，这种根深蒂固的天性能让你与许多野生动物邂逅。顽皮的海狮游到潜水员身旁，企鹅在皮艇旁拍水，鬣蜥在你的沙滩巾旁晒着日光浴。虽然野生动物们不知道还有“边界”（你真会发现海狮四仰八叉地躺在公园长椅上，或是在栈桥上昂首阔步），但是人们是不能随意漫步的，因为这个群岛的 97% 都是严格管理的国家公园。乘船虽说是最受欢迎的巡游方式，但陆上旅行却能让你深入探寻火山景观和加拉帕戈斯文化。在神秘的弗雷里安纳岛（Floreana Island）过上一宿，伴着海盗、捕鲸人和消失的男爵夫人的历史入眠。攀爬伊莎贝尔岛上的火山及熔岩荒野，同双髻鲨潜水游离圣克里斯托瓦尔（San Cristóbal），还可以尽可能多地与象龟交谈。

最佳时间

游猎全年适宜，因为总有动物在迁徙、交配或是哺育下一代。若想看到最宁静的大海、最清澈的天空，最好在 2 月至 4 月前往。

下榻酒店

芬奇湾生态酒店：地处群岛中心，这家国家地理别致旅舍是你的终极大本营。**积极探险：**这家经验丰富的旅行社提供探险性的环岛旅行。

浪漫之旅

虽然圣克里斯托瓦尔的拉罗贝利亚（La Lobería）海滩少有游客，但是海狮非常热衷此地。因此，这里是你闲卧、放松、观看这些可爱迷人的动物们在沙滩和海浪中嬉戏的独特之选。

贴心提示

在加拉帕戈斯度假并不会花很多钱。如果你预算吃紧，可以去圣克鲁斯（Santa Cruz），那里短程旅行多，还能搭渡船到有丰富活动的小岛上。

加拉帕戈斯海狮在圣克里斯托瓦尔海滩上笨拙行走。

情侣探险

在基克岩岛潜水 ▲▲▲

这座海拔约 152 米高的小岛一分为二，形成一条名副其实的鱼道。在加拉帕戈斯已经发现了 2500 种海洋生物，备受喜爱的蝎子鱼、太平洋绿海龟和大群的白鳍鲨在这里随处可见。基克岩岛（Kicker Rock）的水下能见度高，是浮潜爱好者和高级潜水者寻找双髻鲨之旅的好去处。

与象龟交谈 ▲▲▲

你可以在广阔的海洋牧场找到乐趣，比如埃尔曼萨尼约，还可以去令人难忘的阿纳尔多 · 图皮扎培育中心。若想看到野生象龟，就请你来到位于圣克里斯托瓦尔的加拉帕戈斯自然保护区。这里只能先乘船前往，再加上往返 4 个小时的路程才能到达。在这片高地上，你可以发现与生活在秘鲁圣木和帕戈斯乳草之间同一种类的百岁象龟，并慢慢地向它们的自然栖息地前行。

内格拉火山 ▲▲▲

徒步穿越热带森林到火山群岛最大的火山口边缘，俯视那茂密的绿色屏障，欣赏黑色岩石中翻滚出的薄雾不断升腾。继续前行至奇科火山，穿过火山口的熔岩区和 20 世纪 70 年代火山爆发的喷气孔。在约 18 千米的徒步路程之后，你就可以领略到一番绝佳风景。

维里亚米尔港皮艇 ▲▲

这群小岛聚集在伊莎贝拉附近，是许多野生动物聚居的家园。当你从艾尔安巴卡德洛海滩（Embarcadero Beach）驶离时，海狮们常常会毫不胆怯地跟着你。到达崎岖的火山岛，你可以看到包括加拉帕戈斯企鹅和蓝脚鲣鸟在内的珍稀鸟类在捕鱼、整理羽毛、抖动尾羽。请你擦亮眼睛仔细观察海鬣蜥——这是在世界上唯一一个可以看到蜥蜴游泳的地方。

象龟的数

1 年：在没有水和食物时的存活时间

11 种：仍在加拉帕戈斯存活

16 小时：每天的睡眠时长

152 岁：已知最长的乌龟寿命

417 千克：巨龟重量，有记录以来最大的雄性龟

15000 只：现存的象龟数量（在达尔文时期为 10 万只，现已成为一级濒危保护物种）

一只象龟在兰乔埃尔曼萨尼约（Rancho El Manzanillo）吃草。

欲了解更多信息，请查看：

» 山脉：秘鲁乌鲁班巴大峡谷，第 36 页

» 自驾游：厄瓜多尔火山大道，第 210 页

最北端

澳大利亚

这里具有十分独特的澳大利亚野生景观和文化认同，在内陆绝无其他地方可与之匹敌。顾名思义，此地处于北领地的北端，是这个国家广阔、偏远、无法穿越的内陆，但其高低起伏的内陆展现出柔美的风情。最北端（top end）紧邻帝汶海，季风气候让此地的湿地遍布鸟兽，潟湖开满荷花，河流奔腾于砂岩峭壁之间，甚至还形成了雨林。这里是澳大利亚原住民文化发祥地，拥有4万多年的传统文化，以激情四射的音乐、艺术和故事代代相传。乌纳族（Wulna）和优琅族（Yolngu）是这里的原住民，他们会引领你在更加深入的文化背景下，领略联合国教科文组织认定的世界遗产之一卡卡杜（Kakadu）及其他众多国家公园的无限魅力。达尔文市（北领地的首府，国家公园的入口）的人口来自50多个国家和地区，原住民特色文化使这个热带大都市有了自己的韵味和特色。如果你要寻找大型湾鳄和声名远扬的内陆毒蛇，别担心，你能在这里找到它们——虽然只有最北端的美景和文化才会为你留下最深刻的记忆。

最佳时间

4月至9月阳光最为充足，公园畅通无阻。虽然1月至2月会有些多雨，但是此时的景色最是葱翠，你还可以借机观赏到壮观震撼的闪电秀。

下榻酒店

探险之旅：这家以乐趣主打的旅行社推出最北端多日行，并在国家公园周围为你提供舒适的营地。**瓦尔德曼瓦尔德斯旅舍：**豪华木屋、游猎帐篷，还有各种从玛丽河湿地出发的短途旅程供你选择。

浪漫之旅

沿着高约60米的加伦瀑布分支前行，到达它的天然广阔泳池。跳进泳池，一边领略卡卡杜的绝艳风光，一边感受水流的温柔按摩。

贴心提示

在周四和周日去达尔文市的明迪海滩“黄昏集市”赶集。尝尝内陆的美味佳肴，比如鳄鱼或袋鼠肉排。晚点儿睡，去喧嚣之处看一场迪吉里杜管（didgeridoo）的多人即兴演奏。

原住民地区阿纳姆地（Aboriginal Arnhem Land）旁的鳄鱼河。

最北端随处可见的沙袋鼠。

情侣探险

克拉博雷水潭的鳄鱼区 ▲▲

玛丽河湿地是稀有候鸟、蟒蛇和湾鳄的避风港——尤其是在克拉博雷（Corroboree）。乘游艇穿过铺满粉色荷花的水潭，请你瞪大眼睛仔细观察约 7 米长、1180 千克重的鳄鱼。

乌比尔古老的岩画艺术 ▲

这个国度拥有历史最悠久、从未间断过的艺术传统。在乌比尔（Ubirr），你可以欣赏到一些保存最完整的岩画。在导游的引导下欣赏原住民岩石艺术，这里可是卡卡杜国家公园备受喜爱的地方。请看那些神奇的符号，岩画以红色和黄色描绘了建造、狩猎、嬉戏的场景和行为规范。然后攀岩而上，到达瞭望台，欣赏纳达布冲积平原（Nardab Floodplain）醉人的日落。

利奇菲尔德白蚁丘 ▲

这些分有通道、拱门、烟囱和孵育室的雕塔是数百万白蚁大军的杰作。前往利奇菲尔德国家公园（Litchfield National Park）欣赏名副其实的磁性白蚁丘之城，以及附近高约 5.2 米的大教堂白蚁丘。

探索凯瑟琳峡谷 ▲▲

进入尼特米鲁克国家公园的砂岩地区，你可以徒步跋涉、乘独木舟或游艇航游，甚至乘直升机来趟空中之旅，探索这 13 个宏伟壮观的峡谷。无论从哪个视角来看，湍急的河水于陡峭的红色岩壁之间奔腾的景象，已经十分令人难忘。而河岸上隐秘的淡水鳄和沿着峭壁跳跃的岩袋鼠更是如此。

✣ 杀手见闻

澳大利亚以其致命性的动物而声名远播。虽然鲨鱼和鳄鱼已经十分具有杀伤力，但是在这里，蜜蜂的致命案例比这两种动物的案例加起来还要多。所以，当你遇到一种危险的动物时，了解它总归是一件好事（此外，还可以当作炫耀的资本）。

东部棕蛇： 被这种细长的蛇咬伤后会血流不止。

悉尼漏斗网蜘蛛： 其毒液比氰化物毒性还强。

巨型蜈蚣： 所有的腿上都是毒刺。

湾鳄： 现存世界上最大的爬行动物，咬力是大白鲨的 6 倍。

一只令人生畏的湾鳄在岸上闲逛。

欲了解更多信息，请查看：

» 海边风貌：新西兰塔斯曼地区，第 122 页

» 雨林：澳大利亚丹特里，第 178 页

萨比森的日落令人想喝点加奎宁水的杜松子酒。

克鲁格
南　非

克鲁格是你的游猎目的地之选。野生动物园遍布狮子、大象、犀牛以及其他具有攻击性的动物，因此观兽旅行中基本不会让游客自驾游。但是克鲁格国家公园有着超赞的马路、护林人和健全的基础设施，就算是两个人租一辆两轮驱动越野车也可以安全地进行自驾游。平坦的马路不仅使驱车游览畅行无阻，也为饥肠辘辘的长颈鹿极大限度地减少了附近树上的尘土，为狮子、狒狒和水牛提供了一个在阳光下午睡的好去处，因而吸引了很多的动物前往。这里有 800 多种动物，你将会惊讶于竟然能目睹这么多的动物，而且只是坐在车内便可尽览。如果你和一个园林管理员一起沿着动物的足迹徒步旅行，在鸟儿的栖息之所度过一夜，在萨比森的狩猎保护区和狩猎专家们一起越野旅行的话，你将会明白这里为什么被称为非洲最好的国家公园之一。克鲁格不仅有非洲五大猛兽（犀牛、大象、非洲水牛、狮子和猎豹），还是非洲拥有大型哺乳动物最多的国家公园。少有的自助自驾游和经典奢华的游猎营，在这里合二为一，首屈一指。

最佳时间

旱季（7—10 月）时，灌木丛变得稀疏，视野便更加开阔。冬季时，这里温度较低，蚊子较少。

下榻酒店

地球度假村：位于萨比萨比保护区度假村，这家生态度假屋提供精品客房和游猎旅行。**穆拉多纳游猎山林小屋：**地处克鲁格国家公园与狮河保护区脚下，这里对于那些想要自驾游猎、喜欢浪漫静居的情侣来说是最物美价廉之地。

浪漫之旅

爬上有着百年树龄的风车木，住在乔克利树屋（Chalkley Treehouse）的露天卧室。床上顶篷飘飘，客厅景色优美，可将狮沙保护区（Lion Sands Game Reserve）度假村的景色尽收眼底，使得这里成为真正的爱巢。

贴心提示

如果你想要在南非参观更多的国家公园，买一张南非国家公园通票，就可以省些门票钱。

我们的游猎导游在给大象让路。

情侣探险

斯威尼野外徒步 ▲▲▲

与园林管理员一起沿着斯威尼河边动物们的路径走，你就能看到成群结队的角马、斑马、水牛来这里饮水，还能看到狮子在这里狩猎。在园内偏僻的小棚屋住上三晚，每天早晨都可以被河马的轰隆声和鬣狗的“笑声”唤醒，这是在克鲁格与大自然最具亲密性的游猎体验之一。这种小团体徒步旅行需要提前在南非国家公园预订。

在萨比森游猎的经典五大兽 ▲▲

在这里不一定每次都会见到五大猛兽，但是在萨比沙的狩猎保护区，看到它们的几率则会更大一些。没有栅栏或是国家公园的限制，你住的豪华旅社里训练有素的导游可以带你越野、夜驾，你可以尽情享受其中。

玛南格冒险之路 ▲▲▲

租一辆四轮驱动越野车，前往野生动物最丰富的与世隔绝之地，即使没有导游你也可以到达这里。这条约 48 千米的土路每天只允许 6 辆车驶过，以使其对这个原始草原的影响最小化，这样也可保证游客与斑马、角马、水牛，甚至是猎豹和狮子的亲密接触最大化。注：只接受在萨达拉休息营（Satara Rest Camp）前夜或当天的预订。

史潘达尼夜宿隐居屋 ▲▲

在千姿河（Tsendze River）河畔的隐蔽小木屋中欣赏绿背鹭鸟、白眉金鹃、紫胸佛法僧，当然还有更多的鸟类。据估计，这里可能有 517 种鸟类在河面盘桓。在这个风景优美又极为隐蔽的地方待上一整天，观看克鲁格国家公园的野生动物，体会这无与伦比的视觉盛宴。装上双筒望远镜、远摄镜头和野餐食物，进行一场世界级的观鸟探险吧。

食物争夺战

无线电对讲机里传来一条说着南非荷兰语的消息，提示我们的游猎导游迅速掉头。当我们到达提示景点时，一只猎豹已把一头纰角羚拖到了树枝上，正在撕咬。每咬一口，它重达 90 千克的晚餐就会滑落得更低。当猎豹试图调整位置时，纰角羚肉从它的口中滑落，垂直地落向下面垂涎已久的一群鬣狗。猎豹和鬣狗立刻朝这块“肥肉”扑去，为一场血战做好了准备。最终还是猎豹先抓住了它，又跃回树上品尝着它的猎物。

一只母狮和她的两只充满好奇心的狮子宝宝。

欲了解更多信息，请查看：

» 沙漠：纳米比亚纳米布沙漠，第 150 页

» 自驾游：南非西开普省，第 198 页

栖息于南非萨比森（Sabi Sand）的紫胸佛法僧。

爱情鸟

驱车横穿南非灌木丛，我们的游猎导游踩了刹车。是因为他看见了一头狮了吗？还是一头犀牛？都不是，只是一只小鸟。他告诉我们，紫胸佛法僧在阿非利卡文化中象征着忠贞。按照当地的传统，人们在求婚时，男性需牵着女性的手，并手持一片这种鸟的鲜艳羽毛。“Troupant”一词是由他们文化中的“trouband”一词演变而来，意为婚戒。一场婚礼的见证仍让当地人心潮澎湃。

火山口高地

坦桑尼亚

角马迁徙、马赛战士、人类摇篮，作为世界上最大的喷火山口之一，火山口高地是一颗镶嵌在东非、闪烁着耀眼光芒的明珠。毗连塞伦盖蒂（Serengeti）平原的恩戈罗恩戈罗火山口（Ngorongoro Crater）是25000种大型动物（包括非洲五大猛兽在内）的家园，它们在死火山的屏障中生活。这座火山口是坦桑尼亚北部最具魅力的地方。形形色色的野生动物广泛分布在该地的雾林、高山、流动沙丘、峡谷和盐湖中。在角马的繁衍期，会诞生超过30万只幼崽，它们会以200万为一群进行迁徙，而捕食者紧随其后。你会感觉到恩戈罗恩戈罗保护区的原生态力量对内心产生的巨大冲击。似乎只有野生动物还算不上超凡脱俗，更令人不可思议的是，从该地挖掘出来的类人猿足迹化石表明，这一地区拥有可追溯到360万年前的人类历史。游牧民族马赛人，披着深红色的布帛，挂着层层的珠子，像几百年来一样，继续赶着他们的羊群和牛群放牧。这是一个永恒的游猎目的地，而这只是个开始。

最佳时间

7月到9月是最凉爽干燥的季节。若想一睹角马迁徙，则需在1月到4月前来。2月则是观看繁衍风潮的最佳时机。

下榻酒店

游民公司的塞伦盖蒂游猎营地：流动营地专门追随角马群，它们在哪迁徙，豪华营地就在那里驻扎。**恩杜图游猎旅馆：**这里是你观看大迁徙绝对合理的最佳选择（包括地理位置和价格）。它有34间石屋，全都朝向广大宽阔的恩杜图湖。

浪漫之旅

带上你暮后小酌的套装，前往恩戈罗恩戈罗火山口边缘。你可以在观看山下的野生动物时，抑或太阳不知不觉滑落至火山后时，啜饮加冰的爱玛乐。

贴心提示

恩戈罗恩戈罗火山口是非洲管理最全面、价格最高昂的公园之一。可在卡拉图镇提前寻找并预订一位出价适宜的当地人做游猎导游。

几十匹斑马在恩戈罗恩戈罗火山口的草地上吃草。

马赛战士站在一个传统的屋子前面。

情侣探险

在火山口草地上游猎 ▲▲

深入恩戈罗恩戈罗火山口600多米处，穿过迷雾森林到达广阔的草原和淡水湖。游猎中的惊喜元素占据了一半的乐趣，具体来说，你能看到火烈鸟遍布马加迪湖（Lake Magadi），大象视拉雷森林（Lerai Forest）为家园，濒危的黑犀牛常常出现在莱玛拉（Lemala）的上坡路上。你可以在恩戈伊托克伊托克泉（Ngoitokitok Spring）边野餐，与河马一同进餐。

在奥杜瓦尔峡谷探寻祖先 ▲

保存于火山岩中，由极具传奇色彩的考古学家玛丽·利基挖掘出土的一系列完整足迹，揭示了关系人类祖先的进化链条。游览正在进行中的拉托利（Laetoli）发掘遗址，参观奥杜瓦尔峡谷博物馆（Olduvai Gorge Museum），这里有信息丰富的展品、讲座和古代版画的铸件。

到恩杜图湖观看野生动物 ▲

前往角马迁徙路线这个活动丰富有趣的地方，这个受到环境保护者简·古多尔和野生动物电影制作人青睐的地方。无论是草食动物还是肉食动物，都被这里丰富的水源、葱郁的林地、肥美的草原所吸引，成群结队地前来。长颈鹿、斑纹鬣狗、大象、猎豹和狮子使得这个100多平方千米的美丽湖区生意盎然。

攀登安帕卡伊火山口 ▲▲▲

从火山口边缘欣赏伦盖火山、纳特龙湖、乞力马扎罗山的美景。步行穿越森林，请你擦亮眼睛仔细观看水牛、鬣狗和大象，然后下行至盐湖，在这里你可以看到成千上万的火烈鸟伫立在岸边。这坦桑尼亚最好的景色足以回馈之前艰难的、长达3—5个小时的徒步旅程。

飞舞的羽毛

我们的游猎导游在一对鸵鸟前停了车（虽然它们是世界上最大的鸟类，但这并不是我们前来非洲寻找的乐趣所在）。“等着瞧！”他说。那只雄性鸵鸟蹲了下来，展开他的翅膀，开始左右摇摆，以一种十分性感的方式扭动着脖子。雌性鸵鸟则羞羞答答地看着雄鸟，评判着他的舞步。雌鸟坐下来表示认可，雄鸟便忘乎所以地朝雌鸟奔来。激情的火花与羽毛齐飞。欲了解更多有趣的求偶行为，请查看本书相关章节。

角马，大迁徙中的明星。

欲了解更多信息，请查看：

» 山脉：卢旺达维龙加山脉，第34页

» 岛屿：坦桑尼亚桑给巴尔，第70页

在沙巴保护区，一群瞪羚的打斗盛会。

桑布鲁
肯尼亚

肯尼亚北部有三个最大的野生动物保护区：沙巴、水牛泉和桑布鲁（Samburu），三个保护区由河流、山川和金色草地相连，形成了非常优美的风景，其吸引力可与这里的野生动物相媲美。埃瓦索恩吉罗河（Ewaso Nyiro River）横穿广阔的干旱地区，孕育了岸上的棕榈林。此河流还吸引了网纹长颈鹿、马赛狮和珍稀动物细纹斑马前来饮水。该地区地处大裂谷，基本上没有受到旅游业或城市发展的影响，因此使得波拉纳、桑布鲁、梅鲁、图尔卡纳等游牧民族得以继续他们传统的生活方式。也许你能看见身裹鲜艳服装的他们在火山口湖的岸边采盐，通过吟唱歌曲来传颂故事。桑布鲁是电影般唯美与激情碰撞的地方，是电影《走出非洲》和《生来自由》的拍摄地。很多看来很平常的游猎景色，比如秃鹫在骨架上啄肉，或是葛氏瞪羚在打斗，经常被展示为达尔文式的戏剧冲突。

最佳时间

12 月至次年 3 月是旱季，7 月至 10 月则是桑布鲁阳光怡人、适合游猎的最佳时期。

下榻酒店

大象帐篷营地：豪华帐篷搭建在郁郁葱葱的河边，这里还提供许多游猎活动。**萨鲁尼桑布鲁山林小屋：**一间极其雅致的小屋搭建在山顶。你可在这里享受水疗、拍摄动物，而露天房间更便于在屋内将外面的景色一览无余。

浪漫之旅

在你所在的旅舍点一份丛林早餐。无论是河边的煎蛋站点还是一顿简单的野餐，在金合欢树与歌唱的鸟儿围绕的地方用餐是一种崇高的体验。

贴心提示

肯尼亚中部有更多的游猎珍宝，比如阿伯德尔和梅鲁国家公园。如果你还有时间，可以去南部的肯尼亚山马萨伊马拉（Masai Mara）看看。

历史韵味十足的欢乐之营中，一间豪华的游猎帐篷。

情侣探险

桑布鲁五大猛兽聚集地 ▲▲

你可以在很多非洲公园看到非洲五大猛兽：大象、犀牛、水牛、猎豹和狮子，但是桑布鲁有它独有的五大猛兽：长颈羚、网纹长颈鹿、细纹斑马、长角羚和索马里鸵鸟。在导游的引领下驾车探险，当地特有的动物就会一一展现在眼前。

在乔伊之营过夜 ▲

以著名的生态环境保护者及《生而自由》的作者乔伊·亚当森的视角来欣赏这片土地。乔伊的故居位于风景优美的沙巴保护区，其内饰有她抚养和放生猎豹彭妮时的纪念品。在这里待上一夜，体会她的心路历程。这个豪华的帐篷营地就是游猎历史中的一个掠影。

色彩缤纷的马加多火山口 ▲

无论从文化上还是地理上，这里都令人震惊。几千年来，梅鲁人一直在黄色、红色、绿色的盐池中手工采盐。在盐层覆盖的盐池周围走走，看看那些矿工，拍下这真正五彩斑斓的美景。

追踪黑犀牛 ▲▲▲

为了保护和恢复这种濒临灭绝的物种，塞拉群落保护组织已经为黑犀牛留出超过 5.4 万公顷的土地，供它们自由游走。花上几天的时间去追踪这些庞然大物（30 年后它们重新回到在肯尼亚的自然栖息地），支持这个非洲首个基于群落为单位的犀牛保护区。

✣ 我们最疯狂的遭遇

我们惊叹于一只猎豹优雅地穿过草原，以寻找一个更有利的制高点。她以超快的速度接近我们的游猎观光车，我们最初的激动渐渐消退，恐惧感涌上心头。猎豹猛地一扑，一下子落在了我们敞开着的天窗边上。当她在炙热的金属上按摩她的爪子时，我们的心都提到了嗓子眼儿上。我们不想吓跑她，但是我想要拍下这难以捕捉的时刻，于是伸手去拿相机。我刚开始拍摄她（好像就在这时），她开始在离安妮头顶只有十几厘米的地方悠哉悠哉地晃悠，然后又跳下了我们的车篷。我们在她离开之后的第一次呼吸是那么的漫长。欲观看视频，请前往 www.HoneyTrek.com/Cheetah。

我们最好的也是最危险的照片。

欲了解更多信息，请查看：

» 山脉：卢旺达维龙加山脉，第 34 页
» 瀑布：赞比亚利文斯敦，第 52 页

北极熊一家在冰封的哈得孙湾上行走。

丘吉尔

加拿大

撰写：达伦和皮特·赫克（Dalene & Pete Heck）

当你和一只北极熊一起紧闭双眼时，就会有什么东西在你的灵魂深处激荡。对世界的沉思清清楚楚地涌上心头：关于我们的身份，我们对彼此的影响，以及所有生物之间的相互联系。没有什么地方能比丘吉尔更好了，它自诩为“世界北极熊之都”，你能够在这里体验人类和野兽之间的亲密交流。这个马尼托巴（Manitoba）省的小镇坐落于哈得孙湾的西海岸，只能乘飞机或火车到达。在深秋，出现在外面的北极熊数量甚至超过了这里的居民，因为北极熊聚集在水边冰面的边缘附近，一旦结冰，它们就可以开始寻找它们的食物——海豹了。到了夏天，北极熊们便“撤退”到北方的森林里，水中则会挤满数万头白鲸。在我们驾驶着“苔原雪车”的多日之旅中，我们导航了岩石嶙嶙的路线，以便邂逅熊和其他难见踪迹的野生动物，比如雪鸮和北极狐。然而，这些乳白色的捕猎者们（北极熊）横穿过我们的道路，竟有 45 只之多！简直抢尽了风头。

最佳时间

10 月至 11 月是邂逅北极熊的最佳时机。1 月至 8 月天气温暖怡人，这里会有许多户外活动，包括观看白鲸，当然也有机会遇见几只北极熊。

下榻酒店

前沿北部冒险：一家值得信赖的旅行社，在镇上和苔原雪车上提供多种住宿选择。**海豹河遗址小屋：**位于北极熊的领地深处，这个乡村别致的小屋与丘吉尔的野外探险相辅相成。

浪漫之旅

没有什么经历比在北极光下接吻拥抱更浪漫了。远离城镇的灯光，去寻找最绚丽多彩的夜空。

贴心提示

别忘了，你要去的可是加拿大最北端的地方之一。穿暖和点儿，多裹几层衣服。

情侣探险

狗拉雪橇 ▲▲▲

从职业雪橇手那里学习如何掌控缰绳，学习加拿大狗拉雪橇的历史，然后去看看你的哈士奇狗队，它们只想跑呀，跑呀，跑呀！乘坐狗拉雪橇穿越苔原的经历是一种蕴含着文化情结、一种令人激动的体验。

直升机之旅 ▲▲

进行一场直升机之旅，俯瞰历史要塞、北方森林、广阔的水道和一群群的野生动物。在秋天，北极熊比你想象中的更容易被发现，因为它们象牙白般的皮毛在冬天的雪地中十分明显。在夏季，你可以看到流水奔腾的美丽景色，还有观赏白鲸的机会。

北极熊徒步之旅 ▲▲▲▲

当它们寻找食物时、照顾它们的孩子时、沿着哈得孙湾测试冰层厚度时，你可以在这些庞然大物间漫步观看。旅游团有经验丰富的导游，他们将安全地带你尽可能近地在北极熊们的自然栖息地接近这些生猛的食肉动物。

与鲸共潜 ▲▲▲

当冰盖在夏季破裂时，4 万多头白鲸迁徙到丘吉尔河，以觅食、交际和繁殖。在这些友好的白鲸中间游泳，倾听它们用独特的声音召唤同伴，观看它们优雅的动作。浮潜能给你带来一种亲密而真切的野生动物体验。皮划艇也是一个令人激动不已的选择。

情侣建议

这一条乍看起来似乎违背了情侣旅行的旅游指导原则，但我们最好的一条建议就是计划分开一段时间。对情侣们来说，可能一天 24 小时每一刻都在一起的时候并不会常有，但是你会突然发现，无论是度假还是全球旅行，你醒着的每一刻都是和对方一起度过的。请记住，有一些自己独处的时间、做一两项单独的活动也无可厚非。这样，你们就可以满足自己的个人兴趣，在临睡前互相分享有趣的故事。分开的时间或许更能激发一点浪漫的火花。

一只白鲸在丘吉尔河上浮出水面。

欲了解更多信息，请查看：

» 山脉：美国雷尼尔山，第 32 页
» 冰川：格陵兰岛西部，第 168 页

超能夫妻达伦和皮特

从 2009 年起，赫克一家就一直在不停地旅行。这对勇敢的加拿大夫妇在 HecktickTravels.com 网站上记录了他们的旅程，并在旅途中获得了许多荣誉，其中包括“2014 年国家地理年度旅行者”的称号。他们也是赫克传媒公司的联合创始人，这是一家成功的、完全虚拟的公司，它支持着他们一直在路上。

南卢安瓜

赞比亚

据说东非大裂谷的尽头是最后一片，也是最广阔的未遭破坏的原野之一，这里荒无人烟——除了见识广博的游猎者。在雄伟的卢安瓜河沿岸，茂密广阔的林地、平原和弯曲的潟湖吸引了大群大群的引人注目、多种多样的野生动物。在少数几条从未修建堤坝的主要河流中，水面可以上升，流入潟湖，改变河道，灌溉这葱翠茂盛的广阔平原。在雨季，道路变成了水道，船只成为游览南卢安瓜国家公园的主要方式。全年都有丰富的游猎机会，只是取决于你时机的把握和首选的通行方式——机动船、四驱越野车或步行。开始一场自驾游，观看正在狩猎的猎豹，以及此地特有的赞比亚长颈鹿正在觅食树梢上的树叶。到水中去和河马、鳄鱼亲密交流，或者开始一段长达几天的丛林徒步。据说南卢安瓜是非洲徒步游猎活动的发源地，也正是此地使得摄影游猎在赞比亚开始流行。

最佳时间

旱季（4 月至 10 月）是观察野生动物的绝佳时机。11 月至次年 3 月的雨水将干旱的荒瘠之地变成一片郁郁葱葱的丛林，你需要为水上游猎做好准备。

下榻酒店

恩塞富旅舍：知更鸟教皇游猎旅社的一处避风港，是河畔一处颇具历史而又幽静私密的僻居处。**姆富韦酒店：**这家酒店是丛林营地公司的精品旗舰店，是一家拥有 6 处相近房产的旅行服务商。

浪漫之旅

俯瞰河马遍布的一片潟湖，在河马的带领下，尽情享受卢安瓜的春季泥浴。紧接着是“丛林水疗”的深层清洁、黄瓜体膜和按摩服务。

贴心提示

最好不要直接乘丛林飞机到达这个国家公园，而是从姆富韦机场下飞机后，乘车慢慢前往。即使身处郊区，你也有可能看到野生景观，邂逅此地迷人的景色。

我们停下游猎车吃顿丛林早餐。

赞比亚长颈鹿有独特的心形花斑。

情侣探险

翡翠季乘船游猎 ▲▲

缓慢地在被洪水淹没的乌木树林中巡游，你会发现大量的鳄鱼、河马和大象。在郁郁葱葱的河岸边停靠野餐，下午时在丛林中散会儿步，然后再前往旅社到旅社间的水上游猎旅程到达下一站。

丛林徒步 ▲▲▲

通过一次 1—5 天的徒步旅行亲近大自然母亲，据说这种消遣方式就是起源于南卢安瓜。跟随爪印，倾听鸟鸣，闻闻药用植物的味道，看看有什么动物横穿过你前行的道路。你很可能会看到公园里的多达 14000 头的大象和 400 种鸟类。

走进卡瓦扎村 ▲▲

体验赞比亚的传统生活：收割蔬菜、磨玉米、打井水，和昆达人分享传统食物。在他们用泥和草搭建的屋子里待上一天或住上一宿，进一步沉浸于此地的文化中。别想打鬼主意：这是一个诚信的群体，他们还为此颁发奖项，这种做法对当地人益处良多。

摄影研讨 ▲▲

游猎为你拍摄野生景观带来千载难逢的机会。与当地的野生动物专家和专业摄影师一起进行为期几天的游猎活动，他们可以授予你最实用的野外技能，向你传授相机设置、巧妙的构图，以及如何让你的拍摄对象看起来生动活泼的经验。睿智的导游总会在最合适的时机带你去最美丽的地方。

✣ 游猎新一代

我们的游猎导游有一个 10 岁的儿子，他超级喜欢用弹弓捕鸟。当他忘乎所以地展示一只紫胸佛法僧时，他的爸爸说了这样意义深重的话："儿子，你这样做不仅夺走了一条生命，也损害着爸爸的工作。我们做个新的游戏吧。"他给了他的儿子一份旧的野外向导图，并标记出那些经常光顾他们附近的物种。"每次当你看见一种新的鸟类，就在这本书上圈出来，我就会给你一个奖励。"我们的向导自豪地说，他的儿子从那以后就再也没有猎杀过动物，他还想长大后成为一名野生动物向导。

两只南红蜂虎安静地坐在树枝上。

欲了解更多信息，请查看：

» 瀑布：赞比亚利文斯敦，第 52 页

» 自驾游：南非西开普省，第 198 页

在海滩与雨林之间的托尔图格罗河。

托尔图格罗
哥斯达黎加

作为世界上最大的海龟聚集地之一，托尔图格罗有“海龟之地”的含义。从 3 月份开始，约 907 千克重的棱皮龟笨拙地行走到海滩上，随之而来的是玳瑁、红头龟和绿海龟，成千上万只海龟纷纷来这里筑巢产卵。一旦孵化出来，小海龟就会纷纷散开，就像大多数来这里的游客一样；然而，该地区的其他 800 多种野生动物全年都在这里生活。哥斯达黎加的东北角有 11 种不同的生存环境（雨林、河流、红树林、潟湖、海滩等），创造了许多令人惊叹的景色，形成了不可思议的生物多样性。在户外时，你基本上是在观鸟探险，你会发现有金刚鹦鹉、巨嘴鸟、翠鸟、拟椋鸟在头顶不断俯冲。许多美洲鬣蜥会在你的酒店附近闲逛，蛛猴在你房间外的树上游走。你可以通过乘皮艇游猎穿越运河网络，参加夜间漫步丛林或高空滑索穿越森林里天篷似的树荫等活动，将你的探索升级到新高度。无论你是在哪个季节到达，你都会明白为什么托尔图格罗被称作“亚马孙河的哥斯达黎加”。

最佳时间

3 月游客较少，雨量也小，你能看到世界上最大的海龟。这里雨量充沛（年均降水量约为 6 米），野生动物丰富。

下榻酒店

海龟酒店：这是一处讨人喜欢的河边僻居处，有质朴别致的房间、葱翠的林地、远足小径和配有导游的旅行。

巨嘴鸟花园：对于没有跟团的游客来说，这里是你在托尔图格罗村庄住宿物美价廉的绝佳选择。

浪漫之旅

开一次私人游艇、在河岸边吃一顿晚餐（可在海龟酒店享受这些服务），为晚上营造一种兴奋的氛围。然后和正在筑巢的海龟一起在星空下漫步。

贴心提示

如果你想在晚上游览海龟们正在筑巢的海滩，那你需要一名向导。但如果是在白天，你可以只身前往（不用管一些当地人怎么说）。只是不要破坏植物并注意脚下安全就好。

一只刚刚孵化出来的绿海龟蹒跚地向大海爬去。

情侣探险

昼夜兼行的丛林徒步 ▲▲

穿上长筒雨靴，嬉闹着走过加勒比低地的雨林，这里树木丛生，有 400 多种树木和 2000 多种其他植物。在这个公园里走上 3 千米多的加维兰小径（Gavilan Trail），寻找卷尾猴和吼猴，或是正在打盹的三趾树獭。在向导的指导下夜间徒步，看看夜间活动的神奇生物们，比如红眼树蛙和正在捕食的螳螂。

海龟志愿者 ▲▲▲▲

海龟保护协会可以说是同类组织中的世界首个成就最显著的组织，从 3 月到 10 月提供 1 周至 3 周时间不等的志愿者项目。调查海滩上大批棱皮龟的产卵数量（每只棱皮龟应产卵 80—100 只）并收集关于新生海龟的数据。这些数据都是为了协助关于保护 4 种海龟的研究方案，这 4 种海龟都以托尔图格罗为家园。

划皮艇穿越运河 ▲▲

静静地划过国家公园的庞大运河网络和两岸密林丛生的潟湖，打开你的眼睛和耳朵去欣赏这些野生动物，比如河龟、眼镜凯门鳄、水獭，甚至还有难见踪迹的西印度海牛。沿河岸望去，喜水的鸟儿随处可见，比如大蓝鹭、翠鸟、白鹭。

观　鸟 ▲

在大自然中与鸟类学家一同散步或乘船前行，你将能看见托尔图格罗的 300 多种鸟类。有了高精度的单筒望远镜和敏锐的感官，你的向导将帮助你像专家一样识别彩虹巨嘴鸟、鹰雕、灰尾美洲咬鹃。

✣ 欢迎来到丛林

向我们在海龟酒店的房间走去时，我们欣赏着沿途的棕榈和火焰色的赫蕉，差点被一只 1.2 米长的美洲鬣蜥绊倒。我们兴奋地向一位工作人员挥手致意，但令我们惊讶的是，她只是对我们的目光略表激动。“它们可真是神奇，”她说，“但是在这里随处可见。”从那时起，我们每次闲逛都能看到鬣蜥——在接待处，在露台上，在一棵树上，或者在草坪上撕着一颗刚落下来的芒果。在我们第五次看到鬣蜥之后，我们不再提醒其他人，但是在托尔图格罗，人类和动物之间的和谐相处总是令人惊讶不已。

一只野生鬣蜥在海龟酒店的泳池旁漫步。

欲了解更多信息，请查看：

» 海边风貌：伯利兹中美洲大堡礁，第 124 页
» 雨林：哥斯达黎加蒙特韦尔德，第 184 页

一见钟情的阿德利企鹅蹒跚着去互相拥抱。

Top 10

野生动物求偶仪式排行榜

为得到心仪的雌性并保持爱的延续，动物们古怪的、可爱的、令人吃惊的策略。

园丁鸟

1. 装饰者

一只雌性园丁鸟对“装饰品味”眼光很挑剔，她以装饰技巧来评判伴侣。雄鸟则不知疲倦地建造一个精致的求偶亭，上面装饰着鲜花、浆果和许多生机勃勃的饰物（尤其是饰以她最喜欢的颜色——蓝色）。他甚至艺术性十足地美化出了一条路，引向他的爱巢。

海　马

2. 迪斯科二人组

尾巴相缠，鼻子对着鼻子，以及令人眼花缭乱的颜色变化，海马才是动物中最深情的伴侣。它们的求偶期持续数天，直至海马妈妈把卵子产在海马爸爸腹部的育儿袋中（你知道这个对吧，海马爸爸需要携带 1000 多个海马宝宝直至孵化）。

阿德利企鹅

3. 寻找石子

这个南极物种用石子筑巢，求偶就从送求爱石开始。为了吸引雌性的母性感官，雄性企鹅将会在海滩上四处寻找他所能找到的最漂亮的石子，把它送给心仪的对象作为求爱的礼物。如果雌性企鹅觉得这就是她的幸运之石，那么这一天就是这个雄性企鹅的幸运日。

育儿网蛛

4. 礼物的馈赠者

就像人类男孩子送给女孩子一盒打着蝴蝶结的巧克力一样，雄性蜘蛛会用它最精致细滑的丝包装一道美味，以表示他的诚意。有的追求者们会随便捆些他们所能找到的东西，然而只有那些精心准备（而且是美味）的礼物才能收到爱的回馈。

科隆群岛上挥舞的信天翁

5. 舞伴

分开了大半年之后的他们重新团聚，几乎无法抑制自己激动的情绪，不得不用舞蹈将这激动之情表达出来。当信天翁交配时，就像表演一个编排好的舞蹈，他们旋转身体，互相噼啪撞击他们的嘴，昂首向天，发出类似于呜呼的鸣叫！

日本河豚

6. 艺术家

这些雄性河豚或许没有绚丽的色彩，但是它们有艺术家般的技能与僧人般的耐性。就像沙曼陀罗一样，他把这些谷类排列成复杂的几何图案（甚至用贝壳装饰），同时为他未来的伴侣建造一个安全而有吸引力的大堂，她就可以在这里分娩。

红顶娇鹟

7. 太空步

这种低调的小鸟在开始求偶时需要先寻找一根平滑的树枝，并把它作为自己的舞池。他耐心地等待着，当他看到一个“美人”时，他释放出藏在内心的迈克尔·杰克逊——他不费吹灰之力地来回滑行，摆出引人注目的姿势，迅速地拍动翅膀，哼出一小段曲子。

草原田鼠

8. 忠实的伴侣

从来没有哪个啮齿动物能像草原田鼠那样忠贞得可爱。雄性草原田鼠不会想着离开他的伴侣，并避开那些不忠贞还试图向他求爱的田鼠。他们互相照顾、互相拥抱取暖，并经常互相整理毛发、彼此打扮，以保持他们的美貌。当幼崽们降生之后，他们会一起抚养。

孔　雀

9. 诱惑

这种漂亮的雄鸟炫耀着它长长的尾屏，尾屏上缀有蓝色、绿色和金色，闪闪发光。展开尾屏的雄孔雀在求偶时卖弄风骚，以求得良配。当他找到一位感兴趣的雌性时，他会把眼睛状的羽毛展开成一个高耸竖起的扇形，然后不断摇动，简直是一场极具诱惑力的表演。

倭黑猩猩

10. 爱人，不是斗士

这些古怪的灵长类动物并不仅仅为了繁衍而求爱；它们交配也是一种打招呼、消除冲突、嬉戏打闹并欣赏彼此的方式。对倭黑猩猩来说，它们没有蜜月期；一旦爱上，便是一生。

缅甸仰光大金塔

建筑是生活之魔镜。只需将目光投向楼宇厅堂，
便能觉察历史之沉浮沧桑，感受一方水土之风采神韵；
建筑即为社会之生动反映。

——约翰·缪尔

第五章

历史与建筑

凝视着一座拥有千年历史的庙宇，看着那残破的外观和褪色的壁画，不禁令人浮想联翩。你会梦见国王穿着丝绸长袍祈祷，圣歌回荡，香火缭绕。就在你以为自己已踏进博物馆之时，一位女士在佛陀脚下留下一朵花。凡伟大之建筑都充满生命力，其反映出社会的繁荣、民众的团结，其建筑本身更体现了技术的高超和工艺的精湛。即使社会变迁，大多数统治者也懂得不去摧毁一座美丽的建筑。相反，他们会在此之上增添个人风格。随着时间的推移，始于 10 世纪的庙宇成为一个经久不衰的文化象征。我们爱那些历史遗址。保护历史不是用绳索围住它们，而需要我们真实地去感受。在辛特拉，国家宫殿的庭院就是城市广场；卡帕多西亚将罗马洞穴改造成旅馆；经历过数次战火和硝烟之后，中国已将古老的建筑视若珍宝。去探寻那些充满历史气息的地方吧！

蒲 甘

缅 甸

想象一下，2000多座佛教寺庙坐落于一条河流边上，点缀着67平方千米的平原。现在，再试着想象一下，10000件建筑放在同样大的空间内。自10世纪至13世纪，蒲甘王朝（缅甸第一个统一王朝）开始了一场史诗级的修建浪潮，为庆祝缅甸的第一个首都而修建了金色的佛塔、绚丽的壁画和高大的佛像。

斗转星移，侵略、地震和恶劣的气候条件已经夺去了那里近80%的古迹，那些令人惊叹的寺庙圣殿你永远都无法想象。蒲甘因其不良的修复和糟糕的维护方法而留在联合国教科文组织的世界遗产预备名单中，但这或在某种程度上增添了一种吸引力。其独特之处不只在于那成千上万的庙宇，更在于农作的人们、食草的牛群，以及与所爱之人在塔顶感受到的平静。

最佳时间

蒲甘炎热和雨季的时候。最理想的是在11月至次年2月间，尤其是满月前后。

下榻酒店

泰拉巴之门酒店：位于古城墙旁，该地区最豪华的度假胜地。**蒲甘坦德酒店：**位于古建筑区河畔，氛围浓厚，位置绝佳。

浪漫之旅

在瑞山陀塔（Shwesandaw Pagoda）拥挤的人群中欣赏日落，沿河骑行探索更僻静的寺庙。友好地询问，或许场地管理员会让你站上最高处。

贴心提示

乘火车从仰光出发或从曼德勒乘坐渡轮，为当地的有趣体验和经典的缅甸经历增添舒适和畅快之感。

无数庙宇覆盖着蒲甘平原。

新旧佛像填满寺庙壁龛。

情侣探险

乘马车游览东北走廊 ▲

花些时间在阿难达（Ananda）参观，它是蒲甘最古老、神圣而又最华丽的寺庙。从这里出发，乘一辆传统马车前往瑞山陀塔和古雅克依寺（Gubyaukgyi Temple）参观雄伟的金色佛塔。这里有保存最完好的壁画。在这之后，向司机询问他最爱的僻静庙宇和当地食物。

城外骑行 ▲▲▲

泰拉巴之门（Tharabar Gate）的旧城墙内，达宾纽塔这座最高的宝塔和闪烁金光的卜帕耶寺总会吸引着你。然而，这个王国最好的参观点却在远离中心的地方。迷失方向，攀爬废墟，与僧侣畅谈，参拜被遗忘的圣殿。租一辆电动车吧，你会欣赏到更多美景。

蒲甘热气球 ▲▲

你不可能看到全部 2000 座庙宇，但乘坐热气球是个绝佳的观赏众多庙宇的机会。飘浮在晨雾掩映的多层塔海之中，你会看到古建筑区的宏伟规模，看到当年蒲甘王朝国王的雄心壮志。即使不乘热气球，你也可以伴晨曦野餐，遥望漫空的热气球。

攀登波巴山 ▲▲▲

普帕奥林斯克修道院（Popa Taungkalat Monastery）位于一座陡峭的火山顶，是这个国家最神圣、最美丽的地点之一。它是伟大神灵的归处，其中融入了 37 名泛灵论者的灵魂。山上神社林立，信徒络绎不绝，当然也不乏顽皮的猴子，值得一看。清晨，徒步游览波巴山火山口，穿越郁郁葱葱的山谷去欣赏天空映衬下修道院的终极景观。

✣ 奶奶，拿起你的弹弓

正当我们观赏塔贝茂克塔（Thabeik Hmauk）之时，周围突然爆发出一阵笑声，原来是三代场地管理员在练习弹弓。当爷爷看到我们灿烂的笑容时，他挥手示意我们过去。我用力地向后扯那橡皮筋，可恨的是，我的石头却掉在了地上。当我第二次尝试打锡罐时，一位奶奶走了过来。她点了点头，仿佛在说“记笔记”。她皱着眉头瞄准目标，把带子拉到最长，随后就是“砰”的一声。此刻欢笑声不约而同地响起来，这就是世界共同的语言。

安妮在普帕奥林斯克修道院上弹弓课。

欲了解更多信息，请查看：

» 山脉：中国峨眉山，第 26 页
» 湖泊：缅甸茵莱湖，第 46 页

黎明时分，热气球飘过爱情谷。

卡帕多西亚
土耳其

卡帕多西亚笼罩在火山凝灰岩之中，其壮观的岩石塔（被称为精灵烟囱）、褶皱的山谷、城堡状的悬崖和其中最超凡脱俗的风景都在慢慢受到侵蚀。似乎其地质之美仍不够迷人，这些熔岩还形成了无数手工雕刻的房屋，这里居住着赫梯人（Hittites）、罗马人、奥斯曼人和现今的安纳托利亚人。圆锥形岩石房屋的门窗摇摇晃晃，这成了卡帕多西亚的标志，可那只不过是表面的伤痕罢了。

卡帕多西亚陷于波斯和希腊的战争中，位于拜占庭帝国的边缘。持续不断的战争促使当地人在地下建立和平城市。沿着崎岖的隧道前行，探寻地下城市。探索基督徒秘密行事的5世纪的岩石修道院，之后在悬崖上的五星级酒店和饭店探寻洞穴豪宅。长期以来，卡帕多西亚都是避难所，并且一直是冒险家和浪漫者的完美逃生之所。

最佳时间

即使在同一天，卡帕多西亚也会相当炎热或寒冷。4月到6月是个不错的时间，但9月和10月会有更多的文化节日。

下榻酒店

博物馆精品酒店：土耳其唯一的罗莱夏朵精品酒店和城堡山最好的洞穴住宿之处。**蝴蝶特窑酒店：**无论是标间还是套房，格雷梅山坡酒店都会带你免费体验洞穴。

浪漫之旅

乘热气球穿过火山山谷和古老民居。降落地面，好好享受一顿吐司香槟的早餐。这不只是浪漫，也是领略复杂景观的最佳方式。

贴心提示

广阔的卡帕多西亚有着令人难以置信的历史层次感。像马蒂纳旅行社（Matiana Travel）员工这样熟悉交通的导游绝对是很宝贵的。

城堡山上由火山凝灰岩雕刻而成的民居。

情侣探险

卡伊马克勒地下城 ▲▲

这座地下城位于地表深处，有近 100 条隧道，都通向一个古代世界，这里曾经约有 3500 人居住。从一个小房间到另一个小房间时，要注意避免碰到头部和腹部。这里是探寻制作葡萄酒和铜制工艺品的地方。尽管地下城的一部分是博物馆，但当地人仍然使用一些洞穴作为地窖和马厩。

爱情谷到玫瑰谷的徒步旅行 ▲▲

从爱情谷出发，沿白色城墙向下，仿佛看到一个迷幻的伊甸园。漫步于野生水果园，从熔岩流到蘑菇尖塔的每一个弯曲处都能发现地质杰作。在恰乌辛的拜占庭岩石庄停留，再次欣赏玫瑰谷美不胜收的景色。

格雷梅露天博物馆 ▲

联合国教科文组织认为，这里是世界上后反传统主义拜占庭艺术的最好范例。即使宗教绘画不够吸引你，悬崖雕刻得如迷宫一般的寺庙，也会驱使着你去探索。爬到 10 世纪的洞穴教堂，凝视着伫立在峭壁中的食堂，上千僧侣曾在这里就餐。当然，如果想欣赏伟大的绘画，你就不要错过托卡利教堂（Tokali Church）。

越过乌奇西萨尔城堡 ▲▲

村民们将这座山雕刻成堡垒状，以躲避向平原进攻的敌人。漫步于多层网状的岩石避难所，沿城堡山下探索废弃的圆锥形洞穴住宅，爬上手工雕刻的楼梯，在古老的阁楼里闲逛。

✣ 卡帕多西亚时间线

卡帕多西亚有着悠久而曲折的历史文明。时间点大致如下：

公元前 1700—前 1200 年：赫梯帝国

公元前 1200—前 700 年：新赫梯和图巴尔王国

公元前 500—前 300 年：波斯帝国

公元前 300—公元 17 年：卡帕多西亚王国

公元 17—1071 年：罗马帝国到拜占庭帝国

公元 1071—1400 年：塞尔柱土耳其人

公元 1400—1922 年：奥斯曼帝国

1922 年至今：土耳其共和国

格雷梅露天博物馆中黑暗教堂的拜占庭艺术

欲了解更多信息，请查看：

» 海边风貌：希腊基克拉泽斯群岛，第 132 页

» 神奇景象：土耳其帕穆克卡莱（棉花堡），第 222 页

挪威松恩-菲尤拉讷郡（Sogn og Fjordane）的木板教堂。

天生一对

900 年来，木板教堂忍受着白蚁的侵蚀、狂风火焰的肆虐和严冬的残酷无情。其位于挪威最大的峡湾内陆。尽管它是现存最古老的教堂之一，少有木质杰作可与之媲美，却往往不引人注意。它旁边的橡树几乎和它一样孤独。我们坐在伞状的红色树冠下，抬头看着那扇形瓦和精雕的北欧图案。教堂和橡树好似一家人，一个精雕细琢，另一个浑然天成，二者真是完美的伴侣。

凤凰古城

中　国

翠绿的河流从郁郁葱葱的群山中倾泻而下。建成于明代的拱桥架于水上，棚屋坐落在岸边，行人用竹篙划着独木舟，淳朴的妇女在河边浣洗。这座有着1200年历史的湖南城市风景如画，被誉为中国最美丽的城镇之一。凤凰在中国人中广受欢迎，但不知为何，那些心气骄傲的海外侨民却对它知之甚少，只是将它看作一个放松身心、令人愉悦的地方。白天，你受邀去寺庙、古宅和祠堂；到了夜晚，霓虹闪烁，照耀着燕尾屋顶、石拱门和宝塔，霓虹倒影在水中，闪闪发光。人们在岸边品味着咖啡，与爱人漫步，陶醉在节日气氛之中。凤凰的美景足以让你目眩两天了，而像南长城和武陵源森林这样的景点将带给你充满冒险的一周。

最佳时间

3月到5月、9月到11月是亚热带气候最温和的季节。如果你不喜欢人潮，那就带上大衣，12月到次年1月再去吧。

下榻酒店

凤凰美乐地酒店：最高档、传统的河畔酒店。**凤祥江边楼酒店：**房间舒适，配置齐全，带阳台。两个酒店都有友好的会说英语的员工（比你想象的要少）。

浪漫之旅

傍晚，沿南华路向西北走到山顶公园。买些青岛啤酒和饺子，观看着古城建筑渐渐灯火通明。

贴心提示

看着人们陶醉在自己国家的美景之中是一种文化体验，在这里，人们的爱国热忱被点燃。如果你渴望独处的空间，那就沿着水边走吧。不管怎样，这里的拍摄效果更好。

古老的沱江穿过凤凰古城。

每天晚上，街边都有湖南风味的小吃摊。

情侣探险

通票宝藏 ▲

进入老城区需要票；票的有效期是两天，可以参观 10 个景点，包括历史建筑、城堡、寺庙和远处的景点。东门城楼、杨氏家族祠堂、沈从文故居和崇德堂是游览的最佳组合，尤其是搭配上狭窄的石板老街。

竹船漂流 ▲

相传，这是城里最受欢迎的活动。的确，这样的漂流提供了一种欣赏凤凰古城的独特视角，展现了桥下的风景、吊脚楼风化的支柱和渔民撒网的情景；此外，你也可以划得稍微快些。

黄丝桥堡 ▲

镇外 24 千米处有中国保存最完好的石头城堡之一。它建于 7 世纪的青光巨石上，以糯米稀饭拌和石灰为砌浆灌缝，墙体坚固牢实。

南方长城 ▲▲

中国的另一道长城，长 190 千米，穿过凤凰山脉和峡谷，有 800 多个军事结构。这个 16 世纪的建筑作品基本上是重建的，但其宏大规模和探索的机会仍令人惊叹。

服装拍照

看到中国游客纷纷换上苗族服饰，在无数小贩的热情拉拢下拍照，我们终于崩溃了，穿着花哨的服装加入拍照的行列。我不确定是谁更受欢迎，是我们还是那群中国游客，而他们却看着我们这两个穿着长袍的外国佬咯咯地笑了起来。不能打败他们，就加入他们吧。

和一位照相小贩成了哥们。

欲了解更多信息，请查看：

» 山脉：尼泊尔安纳普尔纳禁猎区，第 22 页

» 神奇景象：中国武陵源，第 232 页

拉巴斯广场（Plaza de la Paz）宏伟的纪念碑。

瓜纳华托
墨西哥

峡谷两旁是多彩的房屋，蜿蜒的楼梯井、隧道和小巷与之相连。瓜纳华托像个迷宫般的宝藏，转个弯便可看到购物、居住和餐饮之所。下坡时，你可以到拉巴斯广场，这里宽阔的马路足以让建筑师大展拳脚。阿兹特克人和西班牙人都为淘金而来。16 世纪到 19 世纪，瓜纳华托拥有全球 2/3 的白银产量，这个时候殖民者也不惜代价来到此地。奢华的教堂、华丽的剧院和大都市般的矿山集体出现在联合国教科文组织的地图之上，而瓜纳华托大学和国际塞万提斯艺术节依旧保持着生机和活力。流浪乐队也好，游街音乐会也好，瓜纳华托的街头充斥着音乐的气息。游街音乐会是 17 世纪当地的一项传统，音乐家们会打扮成唱小夜曲的路人。真诚地感受瓜纳华托，你一定会爱上这里。

最佳时间

山区的环境令该地凉爽而没有过多的雨水。你可以随时来，最好能赶上 10 月的塞尔瓦蒂诺节（Festival Cervantino）。

下榻酒店

玛丽娜克里斯蒂娜别墅：一座 19 世纪的联排别墅，位于典雅的林荫大道上，拥有自己的罗莱夏朵（Relais & Châteaux）条纹。**阿隆索 10 号：**酒店历史悠久，位于市中心，拥有 8 间现代化的套房。

浪漫之旅

在贝索小巷偷偷地亲吻吧！传说，这里禁止情侣分别住在街两侧，但阳台相隔很近，他们仍可以亲吻到对方。

贴心提示

在皮毕拉（El Pipíla）山顶纪念碑开始你的城市探索之旅吧。这里有瓜纳华托最佳的观赏角度，或许你可以在这里解开这个迷宫的结构。

大教堂内墨西哥巴洛克式的建筑风格。

情侣探险

瓦伦西亚的采矿世界 ▲▲

瓜纳华托的财富要追溯到一条银矿山脉，山脉贯穿整个瓦伦西亚村庄。步行 200 米深来到圣拉蒙矿山（San Ramón Mine），参观圣卡耶塔诺（San Cayetano）博物馆，那里有几代矿工作为向导。在 18 世纪的瓦伦西亚教堂看看采矿这个又脏又累的工作是如何得到回报的吧！它是联合国教科文组织承认的拉丁美洲巴洛克式建筑最好的范本之一。

迭戈·里维拉故居 ▲

迭戈·里维拉（Diego Rivera）是墨西哥著名的壁画家，也是弗里达·卡罗（Frida Kahlo）的丈夫。迭戈出生在瓜纳华托老城。在这里我们可以游览他童年的住所，里面有 19 世纪的家具和纪念品。参观附近的博物馆，里面藏有 100 多件里维拉的原创作品——可以研究他的壁画，以及受其影响的毕加索立体派绘画作品。

内部街头食品 ▲

跟随美食家进行墨西哥街美食游，游览最好的运货马车、面包店和充满活力的菜市场。穿过熙熙攘攘的伊达尔戈市场（Hidalgo Market），闯进隐蔽的厨房，品尝奶奶们正做着的辣酱馅饼，再尝尝街车里酥脆的玉米饼。来一杯墨西哥咖啡和一个欧洽塔冰淇淋回味这一整天吧。

华雷斯剧院演出 ▲

自 1903 年华雷斯剧院开业那天起，这里的人们就在这宏伟的剧院里欣赏音乐会、戏剧或者芭蕾舞。即使没有表演，仅仅是欣赏这个新古典主义的杰作——凝视这容纳 902 个座位的空间，从镀金的浮雕细工到镂空的垂花装饰，观摩建筑的每处细节，这一切都是值得的。

“沙发因缘”

我们知道，要独自驾驶游历墨西哥特大城市是很困难的，因此通过 Couchsurfing 这个网站联系了罗德里戈和玛丽亚·约瑟夫。这个网站将思想开放的游客与当地人配对，为他们免费提供住宿地点。“欢迎光临！”罗和玛丽亚呼喊着，给了我们一个拥抱。新婚夫妇、建筑师和骄傲的市民，都想向我们展示他们城市的最好之处。他们带我们参加街头艺术节，参观他们最爱的博物馆、当地的龙舌兰酒吧，甚至还为我们举办了小型派对。即使是付费的导游也不会这样做，而他们只是为了文化交流。我们迫不及待地想让他们看看我们的家乡。

共享经济往往碰撞出友谊的火花。

欲了解更多信息，请查看：

» 沙漠：墨西哥杜兰戈，第 146 页
» 自驾游：美国西南部，第 204 页

根　特

比利时

撰写：克里斯 · 亨宁和汤姆 · 巴特尔（Kristin Henning & Tom Bartel）

乌云消散，居民们停下手中的工作开始沐浴阳光。风景秀丽的弯曲河道、如诗如画的桥梁、自行车、一所大学和可爱的建筑点缀着这个年轻的城市。这里有布鲁日的历史气息，却没有成群游客。在中世纪，根特繁忙的港口和蓬勃发展的纺织业使其成为北欧第二大城市。自那之后，商业与工艺并驾齐驱，这里既有世俗的力量，又有宗教的权力，同时又融合了传统和流行文化。如今的根特因“三塔连线”而享有盛名：圣巴夫修道院、圣尼古拉斯教堂和联合国教科文组织认可的著名的城市广场钟楼。

莱斯河沿岸，一排排陡峭的屋顶、阶梯式外墙和铰接砖砌的佛兰德式建筑倒映在水中。当地人和游客都被吸引到香草岸与谷物岸欣赏美景。历史悠久的城市中心，是比利时最大的无车区，而像我们这样热情的行人是特别受欢迎的。找个地方小憩一会儿，配上一碗热腾腾的淡菜薯条，这一天简直完美极了。

最佳时间

4月至8月的天气最好，7月还会有一年一度的爵士节。而我们更喜欢秋季和10月的电影节。

下榻酒店

根特河大酒店：拥有两座历史建筑，其中，一座是文艺复兴时期的房子，另一个是一座棉花工厂。这是唯一一家位于市中心的酒店，水路便利。**根特万豪酒店：**这家四星级酒店位于河畔，地理位置优越，提供新旧融合的高档服务。

浪漫之旅

水中波光闪烁，在深夜去河边散步是个很好的选择。清晨醒来欣赏第一缕阳光，之后再享用正宗的比利时华夫饼。

贴心提示

阅读《盟军夺宝队》（*The Monuments Men*）或去看这部电影，仔细欣赏范艾克的画作《神秘羊羔的崇拜》（*The Adoration of the Mystic Lamb*）。这幅圣巴夫（St. Bavo）祭坛画是欧洲最令人向往的艺术作品之一。

格拉斯莱（Graslei）中世纪港口周边热闹的餐厅。

情侣探险

骑行探索 ▲▲▲

了解根特市自行车友好文化。沿着城市的绿道骑行较短的车程，沿斯凯尔特河（Scheldt River）的城堡大道行驶，游览 50 多千米外的莱斯区，欣赏美丽的乡村景色，甚至你还可以骑上越野自行车到比利时其他主要城市。

乘舟游览 ▲▲

租个独木舟欣赏根特的美景吧，只有早起的商贩才看得到这样的根特市。内河运河是原始的城市通道，中世纪令人难忘的美景在此尽收眼底。这里有大量带导游的内河水上游览体验。

品尝当地啤酒 ▲

比利时的啤酒文化可以追溯到古罗马时代。随着基督教的兴起，这里酿造的啤酒也越来越好。如今的修道院啤酒 [比如智美（Chimay）] 仍然由其中的僧侣生产而成。镇上的酒馆提供各种啤酒服务，并搭配适当的酒杯。拜访于格啤酒厂（Huyghe Brewery），看看著名的粉象艾尔酒酿造的地方。

漫步涂鸦街 ▲

涂鸦街的小巷包括各种主题，涂鸦者既有当地的艺术大家，又有无名的从业者。除此之外，这种自由形式的艺术展览总是在不断发展演变。小镇承载着历史的文明，根特的街道却依旧保持光明，充满活力和开放的心态。

情侣建议

旅行常常意味着生活在狭小的空间里。彼此相处一段时间后，我们已经找到了一些避免相互干扰的简便方法。首先，尊重对方的隐私，给予对方独处的空间。严肃的谈话可以等到双方心平气和的时候；其次，不时地自己去闲逛。独自漫步，按照自己的步调前行，观察不同的事物，而不因对方的理由停下；最后，善于倾听。认真聆听，连一个老故事都会有新鲜的感觉。

运河边的佛兰德建筑。

欲了解更多信息，请查看：

» 河流：德国莱茵河峡谷，第 54 页

» 自驾游：爱尔兰和北爱尔兰北海岸，第 206 页

超能夫妻：克里斯和汤姆

自 2010 年，克里斯（Kris）和汤姆（Tom）交换自己的家来进行旅游生活，他们已经旅行了六大洲 60 多个国家。他们喜欢一些历史文化的中心、国家公园，喜欢长途跋涉和美味的食物。他们是来自明尼阿波利斯的前出版商，发现旅行的乐趣是在他们的博客 Travel-Past50.com 上分享他们的故事和照片。

辛特拉
葡萄牙

辛特拉坐落于高山上，距里斯本仅 32 千米，气候凉爽，可眺望大海。辛特拉一直处于时尚的前沿，无论是摩尔人还是中世纪的皇室，抑或欧洲的喷气式飞机，每代统治者都在这里留下了自己的独特标志，人们纷纷涌向这个迷人的地方。这座城市也是名副其实的建筑 101。以 10 世纪摩尔人的城堡为起点，沿山脊蜿蜒而行。城堡构造来自童话故事中的美景，宛如一片迷人的森林，而一部分原因则是国王费迪南德二世要使它与邻近的宫殿相映衬。19 世纪末浪漫主义在欧洲蔓延，费迪南德二世受其启发开始了他的奇思妙想。辛特拉也就成了建筑精英们大展拳脚的地方，他们在夏宫融入国际风格，发挥无限想象力，展现出自己的创造力。你可以徒步前往佩纳宫，欣赏彩虹般的奇幻建筑。骑电动自行车穿过山丘，融合世界经典图案和过去几十种浪漫主义风格的豪宅就在眼前。乘一辆马车，来一杯葡萄酒，在自己的宫殿睡上一晚，享受空气中弥漫的浪漫气息。

最佳时间

4 月到 6 月或 9 月到 10 月最为适宜，避免炎热气候和夏季的人潮。

下榻酒店

提里帕拉西奥德瑟特阿斯酒店：一座真正的 18 世纪的宫殿，奢华高贵的五星级酒店。**辛特拉布利斯别墅酒店：**位于城市中心，是一家现代的舒适酒店，配有自助早餐。

浪漫之旅

去当地人约会的地方用餐。坐在露台或石拱门下，享用着普拉斯式鳕鱼等传统菜肴，细细聆听葡萄牙的吉他声。

贴心提示

辛特拉是里斯本主要的旅游目的地，特别是在夏季。趁旅游巴士不在，你可多逗留几天，享受清晨的宁静和夜晚的神奇。

俯瞰辛特拉的不同寻常的佩纳宫（Pena Palace）。

坐落在海边悬崖上的滨海阿泽尼亚什（Azenhas do Mar）村度假屋。

情侣探险

建筑速成课 ▲

辛特拉的国家宫殿是这个国家保存最完好的中世纪风格的建筑之一，哥特式、摩尔式和曼努埃尔式的建筑都有。花些时间参观 14 世纪国王迪尼斯的礼拜堂，其中的几个细节令人眩目。仰望天花板上国王约翰的翅膀，找到手绘的帆船和美人鱼。留意绳索和锚相互缠绕的曼努埃尔标志。

乡村海边骑行之旅 ▲▲▲

跟着懂行的导游从公园骑自行车穿过道路崎岖的乡村，在宁静的 16 世纪的卡普楚斯（Capuchos）修道院停下，经过科拉里什葡萄园，前往阿泽尼亚什海滩。回山上之前，先在同名的悬崖餐厅享用晚餐吧，以免来回奔波。

宫殿远足 ▲▲

沿拉帕小径走 45 分钟，再沿森林小路行走，不要乘坐人力车。到达佩纳公园，这里有经过精心挑选的 500 多个树种。游览费迪南德富丽堂皇的顶级佩纳宫，之后继续步行到摩尔城堡（Moorish Castle）。探索蜿蜒的城垛，享受城市海边之美，然后沿圣玛利亚小径回城。

雷加莱拉庄园 ▲

这个 20 世纪的概念花园和豪宅充满了象征意义，是由一位回到葡萄牙的巴西富人所建。沿螺旋阶梯进入启蒙之井（Iniciatic Well），在洞穴中沿石头跳跃，漫步于这神的长廊中，凝视那布满神秘图案的礼拜堂。

✣ 辛特拉的爱与信仰

这座古城堡名单中 16 世纪的别墅曾经是僧侣们的休息之所，其原始的石教堂和香草园曾吸引了我们的家庭朋友娜塔莎和泰勒在葡萄牙结婚。他们从未来过这个国家，甚至大多数客人都没有听说过辛特拉，但突然间我们的 60 个朋友横渡了大西洋。几个月来，未知的旅途充斥着我们的神经，当辛特拉宫殿出现在眼前时，我们明白这一切将充满幸福。

圣保罗金塔塞巴斯蒂昂酒店婚礼现场，新郎新娘互相亲吻。

欲了解更多信息，请查看：

» 海边风貌：希腊基克拉泽斯群岛，第 132 页
» 雪：挪威特罗姆瑟，第 166 页

印度温达文（Vrindavan）洒红节弥漫的色彩。

Top 10

历史节日排行榜

世界各地都有其传统节日，在这些特殊的节日里，庆祝活动精彩纷呈，到这些地方就知道如何举办派对了。

意大利

1. 普蒂尼亚诺狂欢节

它是意大利持续时间最长的狂欢节之一，而普利亚则是这场全球盛事的引领者。同 15 米高的花车游行，装饰纸漫天飘散，孩子们抛洒着五彩纸屑，这不禁让人联想到里约热内卢，两地却又有些不同。斋期前，在化装舞会上打扮得性感些，可以多吃些冰淇淋。

印　度

2. 布拉吉洒红节

在克利须那神（Lord Krishna）的家乡，印度教徒欢送春天，这个色彩缤纷、充满爱的庆典就在这里举行。充满生机和活力的马图拉（Mathura）和温达文的村庄会将节日延长至 40 天，人们在古老寺庙之间进行有趣的粉末战斗和游行。

乌兹别克斯坦

3. 纳吾肉孜节

2500 多年来，波斯历元旦（3 月 21 日）在西亚和中亚地区盛行，但是布哈拉（Bukhara）的塞伊尔（Seyil）节日是最有趣的节日之一，整个星期，这座城市遍布篝火，到处在举行摔跤、赛马和祈祷福音等活动。

苏格兰

4. 塞雷斯高地运动会

自 1314 年布鲁斯 · 罗伯特同意这项活动以来，塞雷斯村一直在举办这种充满力量、节奏和优雅的竞赛。观看穿短裙的苏格兰人进行抛杆赛、掷长木柱和拔河比赛，中间还有风笛乐队和高地舞助兴。

中　国

5. 格东节

格东节是藏传佛教寺院专门组织的一种宗教活动。每年藏历 11 月 26—29 日，松赞林寺都举行格东节。节日分为预演、诵经法会、跳面具舞几个阶段。舞者戴的面具多种多样，有马、鹿、猴、牦牛、狗、乌鸦、猪、虎等，舞蹈由唢呐、鼓、钹等器乐伴奏。

西班牙

6. 圣费尔明节

人们穿上白衣服，戴上红围巾，准备好在潘普洛纳街头奔跑（或至少参加派对）。节日中不仅有奔牛活动，还有 400 多项赛事。在这 9 天的狂欢里，到处都是民俗音乐、街头表演、烟火和游行活动。

阿根廷

7. 大地之母祭祀节

安第斯人每年 8 月祭祀大地母亲，在地上挖洞填满食物、古柯叶和吉开酒。最好乘“云之列车”去圣安东尼奥德洛斯科夫雷斯（San Antonio de los Cobres）参加这场丰收的仪式，见证这洗涤心灵和美好的典礼。

泰　国

8. 宋干节

也称泼水节。每年 4 月，泰国人都会带上巨大的水枪和水气球上街游行，以庆祝新年的开始。清迈用清洗佛像、建造沙雕和兰纳式舞蹈等仪式来平衡愚蠢和神圣。

墨西哥

9. 亡灵节

为逝去的人游行、唱歌和摆上他们喜爱的食物，以此庆祝。哈尼齐奥岛中异教和天主教节日的融合最具传统性，这里曾经是前哥伦布—布达佩查人的家园。观看烛光船游行，看渔民们旋转蝴蝶网引诱亡灵来这盛大的嘉年华。

缅　甸

10. 帕瑞佛塔节

数百名渔民站在船上单腿摇桨，巨大的金色佛像在茵莱湖上游行，形成一道靓丽的风景。为期三周的游行到达娘瑞，加入当地充满活力的欢迎圣浮的山地部落，并观看单腿赛艇锦标赛。

莫桑比克的基林巴群岛（Quirimbas Archipelago）。

大海一旦施展咒语，将永远拥有奇迹之网。

——雅克·库斯托（Jacques Cousteau）

第六章

海边风貌

我们生活的地球 71% 是海洋，我们真应该花些时间探索这些海洋。它使人平静，充满冒险性，又不失神秘感，是人们逃离城市喧嚣的最好去处。若你听见海的旋律，感受到阳光的温暖，看见面前无尽的地平线，那生活也就变得悠闲自得。纵然凝视得太久，好奇心仍然驱使着你前行。来一场革命性的海上旅行吧，船不因崎岖地形而受制，也不受道路影响，可以绕开不可逾越的地方。一旦探险者环游世界，世界便不再遥远，而它只是个连接你我的圈子。朝着没有脚印的海滩航行，观看顽皮的海狮和翱翔的鹈鹕；与潮汐和时间相伴，感受其中的文化；潜入海中的珊瑚花园，与鱼群嬉戏；潜进海底深处，看那里双髻鲨在巡逻古代沉船；回到船上，找一对躺椅，欣赏海上落日的美景。

白蛉湾（Sandfly Bay）和亚伯塔斯曼国家公园（Abel Tasman National Park）的蓝绿色水域。

塔斯曼地区

新西兰

碧绿的海水，金色的沙滩，翠绿的棕榈树，你会认为亚伯塔斯曼国家公园（Abel Tasman National Park）是加勒比海的某个地方。荷兰探险家在 1642 年发现了南岛海岸线的这一部分，直到 19 世纪中叶，它几乎没有任何变化。海豹、企鹅和蝠鲼早已生活在这里，而在新西兰进步公园系统的帮助下，它们依然如此。近 60 千米的海岸步道将徒步旅行和坐皮划艇、骑自行车和划船活动相结合，使其与众不同，这里沿岸拥有花岗岩海岬、茂密的森林和沙滩海湾，被列为新西兰九大步行道之一。“水上的士”来回穿行，步道各部分之间有许多旅行用品商店，你可以购买所需物品去体验划桨游览，并在历史悠久的旅社度过难忘的夜晚。在公园外探险，你会发现新西兰一些最好的葡萄园、最大的沙丘和最风雅的新西兰人。

最佳时间

新西兰阳光最充足的地方全年都可参观。5 月到 8 月温度适宜，海岸平静，动物繁多，人群较少，最宜出行。

下榻酒店

亚伯塔斯曼旅馆：位于玛拉豪公园门口，价格合理，是一家现代化的旅馆。**威尔森亚伯塔斯曼：**一家旅行用品商店，提供优异的冒险用品。许多人用其商品在公园内过夜。

浪漫之旅

租一艘私人船，来场美食航行。游览风景优美的海岸线，然后在他们准备丰盛午餐时，出去游泳或徒步旅行。

贴心提示

下载 Janszoon 项目软件，以便了解公园的地图、历史、潮汐、植物和动物。这就像手中有个旅游指南一样。

新西兰海狗在海岸线上晒太阳。

情侣探险

皮艇洪流与树皮海湾 ▲▲▲

在海湾间划行，与岛上的海狗嬉戏。从大海穿入河流，划桨顺流而上来到树皮海湾（Bark Bay Inlet），周围瀑布飞溅，卡奴卡树长势茂盛。

皮特头徒步旅行 ▲▲

步行于安克雷奇平台（Anchorage landing），穿行于山毛榉森林，只听原生鸟类声音婉转悠扬，沿海视角多样，沿小径直达混合着蓝绿和金色的普卡提湾（Te Pukatea Bay）。花一个半小时原路返回，或是沿着这顶级步道的最后一段徒步 3 小时到达玛拉豪（Marahau）。

绝味三重唱 ▲▲▲▲

你可以沿塔斯曼的美食小径骑行数日，游览酒庄、果园、富有艺术感的飞地和绵长的海岸线，尽情享受这里带给你的乐趣。告别金特尔自行车公司，与威尔森亚伯塔斯曼的员工在这享受五天的旅程，可以在豪华公园徒步旅行和划皮划艇。

费尔韦尔沙咀 ▲▲

它是个狭长的沙洲，长达 24 千米一直延伸至大海。一直以来，这里以失事船只、搁浅的鲸和鸟群栖息之地著称。从科林伍德（Collingwood）乘四驱沙丘巴士到 19 世纪的灯塔，从巨大的沙丘滑下，观察 90 种鸟类，了解该湿地不寻常的历史。

✣ 超级鸭子

当我们划到巴克湾入口时，我们的导游怀特喊道：“蓝色的鸭子！一只蓝色的鸭子！！！”对我们来说，它看起来像是一只相当可爱的小鸟，而从导游激动的声音来看，这样的景象确实值得注意。蓝色鸭子像专业桨手一样冲过急流，在岩石周围旋转，从水中蹦出，沿途捕食。这是十多年来亚伯塔斯曼第一次有此发现，我们的照片甚至登上了当地的报纸。

划行近 13 千米成功抵达苹果瓣岩石。

欲了解更多信息，请查看：

» 探险之旅：澳大利亚最北端，第 84 页
» 神奇景象：新西兰罗托鲁阿，第 226 页

中美洲大堡礁

伯利兹

中美洲大堡礁系统从墨西哥延伸到洪都拉斯，穿越整个加勒比海，长约 965.6 千米。它是世界第二大堡礁群，其中的伯利兹走廊是最佳、最有吸引力的景点之一。由于不受海浪和强风的影响，这里清澈的海水是水手、潜水者和太阳崇拜者向往的场所。大蓝洞和鲨魟巷（Shark Ray Alley）是潜水者的朝圣地，你不需要潜水证就可以进入活跃的珊瑚礁。珊瑚群和约 500 种鱼类只在水面以下繁衍生息。看着铰口鲨从山洞里窥视，小丑鱼在海葵的触角间翩翩起舞，鹰鲼拍打着巨大的翅膀，你会感觉自己像雅克 · 库斯托一样浮潜。航行于 450 个环礁岛间，于船中垂钓，喝口朗姆酒，惬意自在，最终驶向白色沙滩。

最佳时间

7 月到 9 月的暴雨季，以及阳光充足的时间。潜水员喜欢 12 月到次年 5 月，期间能见度（近 40 米）最高。

下榻酒店

科琳达小屋：库尔克岛（Caye Caulker）上的一家海滨民宿，提供免费的自行车和皮划艇服务。**玛雅海滩酒店：**位于珀拉什奇亚的海滨度假胜地，地理位置优越，适合海上和陆地冒险。

浪漫之旅

去斯普利特（Split）观赏库尔克岛的日落、雷鬼音乐演奏和鸡尾酒仪式。寒冷的氛围令人陶醉。

贴心提示

带上自己的面罩和潜水装置。作为自己携带装置的回报，他们会带你进行水下探险。

驶向拉加穆芬海（Raggamuffin）之旅的岛屿营地。

库尔克岛（Caye Caulker）的住所和岛上风光。

同鲸鲨浮潜 ▲▲

从珀拉什奇亚（Placencia）宁静的海滨小镇出发，向东驶向格拉登沙嘴（Gladden Spit），这里是鲷鱼和石斑鱼的产卵场。自 3 月至 6 月，这种鱼类的“自助餐”引来大量鲸鲨靠近水面。若有幸，你可以和这里 18000 多千克的滤食动物一起游泳，这会让你看起来就像小虾一样。

✣ 鱼还是花生酱？

我们的帆船从库尔克驶入环礁迷宫。在三天旅行的简报中，船长举起一根鱼竿和大约 4.5 升的一桶花生酱，说道：“今天的菜单你们来定。”无数个小时过去了，仍然没有捕到鱼。这时大副抓起矛枪，问我是否需要帮忙捕一些鱼做晚餐。接受了大副的好意后，我们一同潜入海中，在一群梭鱼后游泳。我们游到剃刀齿梭鱼的下面时，他无所畏惧，我鼓足勇气。就这样，我们带着比葡萄果冻更好的东西回到船上，感觉就像个捕捞英雄。

刚捕获的梭鱼，伯利兹人用它来炖煮美味菜肴。

情侣探险

船宿潜水之旅 ▲▲▲

对所有潜水员的动员令：这可能是船宿的圣杯。在特尼佛岛和莱特豪斯礁环状珊瑚岛畅游 3—7 天，那里拥有世界级的围墙，可以漂流和去珊瑚花园潜水，包括去大蓝洞、罗密欧之肘和前廊，你可以在这里无限体验。

浅水飞钓 ▲▲

忘记深海垂钓之旅吧！在这里碧绿色的浅滩可以找到活跃的鱼群，也可以欣赏到棕榈摇曳的风景。在安比格瑞斯、特尼佛或约会珊瑚礁等世界级旅游目的地，学习如何捕捉灵活机敏的北梭鱼、大鲳鲹和大海鲢。

航海漂流 ▲▲▲

在库尔克岛的拉斯塔岛上，与拉加穆芬海之旅（Raggamuffin Tours）的专业人员共度三天，航行至偏远礁石，以及到原始小岛上野营（或豪华野营）。像水手一样在珊瑚中浮潜，用鱼叉捕鱼，架起篝火，品尝朗姆酒。乘风驶向斯坦克里克，体验向南旅行的最佳方式。

欲了解更多信息，请查看：

» 探险之旅：哥斯达黎加托尔图格罗，第 98 页
» 历史：墨西哥瓜纳华托，第 112 页

在新西兰米尔福德峡湾（Milford Sound）的双重彩虹下划船。

一桶金

“看！”我们的皮艇导游惊呼：“米尔福德蓝云！”在新西兰的峡湾地区，晴朗的天空甚是罕见，顽皮的当地人为这消散的阴云起了个气象术语。在新西兰人积极态度的激励下，我们在一阵雨中划船而过，深入更为巨大的峡湾。蓝云逐渐变大，一道淡淡的彩虹愈见明亮。然后第二条彩虹出现，就像我们周围的光环，远胜过阳光。

LOOKSHA

海上探险的邦加船和岛屿住所。

北巴拉望岛
菲律宾

展开拥有 7641 个热带岛屿的菲律宾地图，寻找隔开苏禄（Sulu）海和中国南海的群岛。现在你已经找到了天堂。从卡拉棉开始你的旅行，这里拥有黑色石灰岩山脉、绿松石湖和沉没的战舰。尽管多数人会继续乘飞机飞往爱妮岛（El Nido）那片公认的“世界最好海滩”，而你可以慢慢游览这个菲律宾风格的群岛，在邦加船上探索周围偏远的岛屿，浮潜或划船经过利纳帕坎海峡（Linapacan Strait）的原始海域，睡在白色沙滩上，这里人迹罕至。篝火和星空下，用阿斗波（adobo）香料烤些新鲜的蛤蜊，此时你会认真思考这漂泊的生活方式。抵达柏库德群岛（Bacuit Archipelago）和其豪华度假地后，做个按摩，喝杯鸡尾酒，身心舒畅。你用你的微笑证明你做到了。

最佳时间
最佳旅行时间为 10 月至次年 5 月。4 月到 5 月适宜潜水。

下榻酒店
乌舍：完美的野生动物园风格的帐篷装饰，远眺爱妮岛玛丽麦格麦格海滩（Marimegmeg Beach）。**大自然度假酒店：**房间安静，配有泳池和旅游产品，靠近科隆（Coron）的探险中心。

浪漫之旅
在爱妮岛卡瓦尼亚斯海滩的最北端，探寻漂亮的海贝，之后进入度假村，来杯鸡尾酒，欣赏岛屿的日落美景。

贴心提示
爱妮岛的船舶运营商计划将最好的岛屿分散在不同的旅行计划中。在私人游中游览所有你喜爱的海滩。你值得去做！

藏于科隆岛山峰中的凯央根湖（Kayangan Lake）。

情侣探险

卡拉棉到柏库德的群岛短途之旅 ▲▲▲

陶菲位于科隆镇与爱妮岛之间，你可以在这里畅游5天，在荒芜的岛屿或是传统的渔村之间扎寨露营。在秘密浮潜点潜水，享受粉沙海滩充足的阳光，在船中垂钓，这是体验偏远的巴拉望岛的终极方式。

“二战”沉船潜水 ▲▲▲▲

1944年，一队日本军舰在美国的一次空袭中被击毁，沉于科伦湾海湾。技术好的潜水员可以游过“奥林匹亚”号（Olympia Maru）沉船的舵手室和走廊、“伊良湖”号（Irako）和更多地方，而浮潜者可以轻易地在较浅的水域中窥探“芦淞”号（Lusong）和“东坦吉特”号（East Tangat）的炮艇。

探寻科隆的透明湖泊 ▲

凯央根湖被黑色喀斯特山脉包围，其湖水呈蓝绿色，是菲律宾最清澈的湖泊之一。你可以看到水下悬崖的每一处细节，眼中浮现类似于埃舍尔艺术作品的幻觉。可以水下倒立攀岩去探索超现实主义景观，然后远足到它美丽的姐妹湖——梭鱼湖。

柏库德群岛站立划水 ▲▲

船上载满爱妮岛的游客，你可以站在桨板上自由欣赏蔚蓝的海水。游览完基本的景点，导游会拉你到风景最优美的海湾，享受最大的宁静和极限的冒险。

跳岛游之变

我们飞到布桑加（Busuanga）参加陶菲岛（Tao Philippines）的群岛之旅，却被告知预订满了。虽然每个人都说没有别的办法，但是为了5天的跳岛游，我们去了码头，对一个邦加船长甜言蜜语了好久。带着一艘皮划艇、一套浮潜装备、一条钓鱼线和一瓶朗姆酒，我们凭直觉制定了自己的浮潜水域。每当我们看到一个叫作我们名字的礁石或荒芜小岛时，我们就会停下来，尽情地探索。我们抵达爱妮岛，就像库克船长或是一群带有秘密珍宝的海盗乐队，那宝藏永远属于我们。

在海葵周围游过的小丑鱼。

欲了解更多信息，请查看：

» 山脉：菲律宾中科迪勒拉山，第24页

» 沙丘：越南美奈，第142页

科莫多
印度尼西亚

印度洋的寒流遇上太平洋的温暖水域，为海洋生物的繁衍创造了一场完美的风暴。科莫多国家公园的建立是为了保护世界上最大的蜥蜴的唯一栖息地，但岛上的生态系统也同样重要。这里珊瑚礁三角区仅占世界上海洋面积的 1.6%，却拥有着 76% 的已知珊瑚种类。在珊瑚礁三角的中心，科莫多的 29 个岛屿和无数的珊瑚礁拥有最多的生物种类。当然，鲨鱼、蝠鲼、海龟、海豚等这些逗人的生物都在这里。潜水员在其间来回穿梭，真是奇妙又不可思议。豆丁海马、儒艮、小丑鱼和一些裸鳃类动物，这些生机勃勃的动物令人迷恋，特别是它们的栖息地也同样令人振奋。潜水时像坐过山车一样，环绕顶峰，遍览滩涂，蜿蜒穿过珊瑚洞，最后绕过山顶和粉色沙滩浮出水面。

最佳时间

4 月至 6 月季风过后，高山葱郁，海面平静，能见度高。1 月至 2 月有湍流不宜出行。

下榻酒店

湾景花园酒店：客房别致、幽静，可欣赏拉布汉巴焦的壮观景色，它是公园的门户小镇。**科莫多潜水酒店：**一家船宿潜水运动用品店，员工可靠，设备齐全，可住宿。

浪漫之旅

去西拉雅小岛（Seraya Kecil）享受蜜月旅行。这座小岛约有 1600 米长，酒店醒来可欣赏到小岛全景，还可沿西拉雅未商业开发的珊瑚礁游泳。

贴心提示

科莫多的洋流带来种类惊人的海洋生物，同时也构成危险。选择安全标准高的操作员，只在自己的能力范围内进行水上活动。

徒步游览马蹄湾（Horseshoe Bay）上方起伏的丘陵。

珊瑚三角区海墙潜水。

情侣探险

船宿潜水 ▲▲▲

航行到美丽的群岛三天或三天以上，花时间来探索潜水地点、原始岛屿山脉和隐蔽的海滩。将罗克堡（Castle Rock）、石头洞（Batu Bolong）、“大碗”（Cauldron）（参见本页下面介绍）、马卡萨珊瑚园（Manta Alley）和黄金通道放在愿望清单的前列。

“大碗”潜水 ▲▲▲▲

下潜 23 米到一个陡峭的海沟，周围软硬珊瑚环绕，之后融入鱼群之中。你无须游泳，强大的洋流自然会将你拉到巨鲹、石鲈和黑鳍鲨的鱼群中去。放好你的礁钩，来欣赏这海底世界吧。

徒步赏巨蜥 ▲▲

尽管科莫多岛以其巨蜥为人所知，但林卡（Rinca）岛上巨蜥分布密集，地形较好，更宜观赏。徒步两小时到达水洞，便可欣赏到一望无际的岛上美景，很是值得。此外，这也是在野外看到这些 9 尺长巨蜥的最好机会。

登陆帕达尔岛 ▲▲

帕达尔（Padar）是印度尼西亚国家公园中的“超级名模”岛屿，拥有火山形成的陡峭山峰、四个弧形海湾和三色沙滩。可先远眺那不可思议的美丽地形，之后到世界上少数的粉色沙滩之一游览。

船宿的五个理由

在海上连续多日的水肺潜水会令人恐惧（而且价格昂贵）。但下面是你值得去潜水的理由：

1. **远途游览：**很多最好的景点无法在一天之中到达。
2. **夜间和日出潜水：**并非所有鱼都在白天活动。
3. **资格认证：**参加现场课程和培训，可提高你的潜水技能。
4. **内含帆船之旅：**潜水探索偏远的岛屿。
5. **友情：**与分享你忧郁情绪的人密切联系。

夜间潜水装备。

欲了解更多信息，请查看：

» 河流：越南湄公河三角洲，第 56 页

» 神奇景象：印度尼西亚弗洛雷斯中部，第 220 页

航行到波罗斯（Poros）和加拉塔斯（Galatas）的姐妹村。

基克拉泽斯群岛

希　腊

撰写：艾莲娜·卡拉苏和赖利·怀特卢姆（Elayna Carausu & Riley Whitelum）

我们在世界各地的帆船之旅始于这个历史悠久的群岛，即使经过 3 万海里，放下了怀旧之情，我们仍可以说基克拉泽斯是航海的首选。人们已经在希腊群岛间航行了数千年，然而当你被神话般的历史包围时，这是一种更深层次的旅行。站在阿波罗诞生地得洛斯（Delos），探索公元 9 世纪以来繁荣昌盛的安德罗斯（Andros），每一步都如此庄严。基克拉泽斯群岛是名副其实的爱琴海风格的象征，白色和蓝色的圆顶建筑，让人联想起泡沫般的大海和万里无云的天空。我们承认，这不可抗拒的美丽来自与游客的分享，但这也是要带自己的船的理由！无论你是船长还是水手，基克拉泽斯群岛都是各级水手的完美之选。阳光、平静的船锚、较近的距离、没有渡船的诸多岛屿，都使你轻松前来。跳下去来个浮潜，或者坐在船头，抛下钓线，然后来顿晚餐，在船只的摇晃中安然入睡。

最佳时间

6 月到 9 月条件最佳，偏北风美尔丹以平均每小时 15 海里的速度送你出行。

下榻酒店

亚森瓦斯酒店：距离奥林匹亚宙斯神庙只有几步之遥，这是一个别致宁静的城市，为你的海上旅程画上句号。**太阳帆技术商店**：一家国际旅行用品店，提供前往雅典的包机、船队或基克拉迪游轮旅行的服务。

浪漫之旅

停泊在基斯诺斯（Kythnos），正可以放松一下你的心情。于凉爽的海水中游泳，于甲板之上眺望星空，这座原始的岛屿将你与大自然相连。

航行“流浪者”号贴士

花时间在当地的游艇俱乐部准备你的旅程。经常有帆船赛事来满足其他帆船爱好者，他们乐于分享自己的知识。交些朋友，跳上船板，去感受一望无际的大海吧！

情侣探险

游览波罗斯 ▲

航行于岛上西南侧受保护的锚地，惊叹于 19 世纪俄国海军基地的废墟。将船锚定，换一艘小艇着陆，搭一辆顺风车去钟楼，以 360° 的视角欣赏波罗斯岛（Poros Island）和希腊大陆。

伊奥斯的疯狂 ▲▲▲

在这个派对岛（艾莲娜的住所，也是和我们相遇的地方）尽情欣赏这里的海岛风光，享受快乐吧。潜水探索伊奥斯遗骸，在墨西哥和谐酒吧领略日落时光，聆听现场音乐，欣赏海上美景。日出前来到迈洛波塔斯海滩（Mylopotas Beach）串游酒吧。

阿莫尔戈斯捕鱼 ▲▲

阿莫尔戈斯岛 (Amorgos) 很少有渡轮服务，一直保持其小镇的氛围。沿码头漫步去任何海鲜餐馆，品尝希腊美食，如酿鱿鱼。许多当地人会带你去捕鱼来换取一点点你的收获。你会看到他们在岸上捕鱼，所以不要害羞，去介绍自己吧。

情迷帕罗斯 ▲

靠近纳乌萨 (Naousa) 码头的旧渔船，迷失在这神奇的旧港口。这里是基克拉泽斯群岛最美丽的村庄之一。漫步于曲折小巷，听听鲁特琴音乐，在科利比斯雷斯海滩 (Kolymbithres) 或是莫纳斯蒂利海滩 (Monastiri) 放松心情，这是这个金沙小岛上我们最爱的沙滩。

情侣建议

一旦上船，总会有一些重要的工作和责任需要承担。为了避免任何戏剧性事件，最好提前给每个人指定任务（艾莲娜负责供应、烹饪、导航和普通水手的工作，而赖利负责天气查询、调整风帆和大事决策）。海上的空气足够清新，但有时也会很麻烦。共同努力，彼此微笑，始终保持积极的态度是非常重要的。

希腊重要考古遗址中的得洛斯（Delos）。

欲了解更多信息，请查看：

» **历史：土耳其卡帕多西亚，第 106 页**
» **自驾游：格鲁吉亚中部，第 208 页**

超能夫妻：赖利和艾莲娜

自 2014 年以来，这对澳洲情侣在一艘名为“流浪者”号的单体船上环游世界。他们穿越了地中海、大西洋、加勒比海和太平洋，已经航行了 5.5 万余千米，他们的航程还在不断地增加。他们在 YouTube 和“流浪者航行”（Sailing-LaVagabonde.com）网站上记录自己的旅程，帆船航行和摄影成了他们的全职工作内容。

挪威峡湾

挪 威

在哥伦布第一次航行之前的 700 年里，维京人在遥远的土地上探索，而当时只有少数的星星和鸟类指引他们。超过 24000 千米的海岸线和 1100 个峡湾和你一起成长，而航行就是你要做的，这点挪威人就做得很好。据说，从中世纪首都卑尔根 (Bergen) 到俄罗斯边界的旅程是世界上最美丽的海上航行。这点我们确实无法反驳。大西洋沿着与世隔绝的渔村在冰川山脉间流动。渔村里戴着针织帽、饱经风霜的男人们照料着一架子晒干的鳕鱼。他们站在色彩鲜艳的房子前，涂上油漆，迎接无日照的月份。航行到更靠近北极圈的地方欣赏北极光，看它那绚丽的粉红色、绿色和紫色爆发出的耀眼的光芒。进入夏季，前往斯瓦尔巴群岛（Svalbard Archipelago）看北极熊巡逻冰盖，在午夜的太阳下远足冰川。维京人扎根于此，挪威人未作巡航，他们只是探索。

最佳时间

11 月到次年 3 月北极光和日光充足，这里位置最佳。5 月到 8 月有全天候的徒步旅行和冰冻的斯瓦尔巴德岛的开放通道。

下榻酒店

海达路德游轮：国家渡轮是一艘常年出发的探险船，登船港众多，价格不一。**G 探险店：**这个探险旅行用品店提供 1—2 周的全包旅程，并全程积极关注。

浪漫之旅

乘缆车到达卑尔根的弗洛伊恩山，欣赏迷人的中世纪城市和峡湾的壮丽景色，尽情享受这海上旅行。在弗洛伊恩餐厅享用特浓咖啡或在夏季享受民俗音乐会。

贴心提示

无论是在黑暗的白天还是阳光充足的夜晚，你都需要一些助眠的工具。眼罩、褪黑素和茶都是必备品。

挪威约伦峡湾内的海滨村庄乌尔克（Urke）。

卑尔根码头的中世纪建筑。

情侣探险

约伦峡湾和挪威最狭窄的山谷 ▲

沿陡峭的阿尔卑斯山顶的蜿蜒小路行进，经过历史悠久的石头房，欣赏林斯托尔湖、山口，以及远处海洋上夺目的景观。在回来的路上，你可以在 19 世纪建筑的奥耶联盟酒店（Hotel Union Øye）品尝驯鹿肉炖菜，在异想天开的房间里闲逛。这家酒店是欧洲皇室的最爱之地。

罗弗敦群岛漂流 ▲▲

越过北极圈，到达罗弗敦壁，这是一座在海平线上方 1000 多米的高山。尖叫声在花岗岩峰海岛和白色沙滩间回响，请留意大西洋海雀和海鹰，然后漫步于被时光遗忘的渔村。

北角悬崖 ▲

到达北纬 71° 10′ 21″，停靠在离北极只有近 2100 千米的霍宁斯沃格（Honningsvåg）。观察栖息在悬崖上的 25 万只海鸟，其中包括许多特有的北极高寒地区物种。观看北角博物馆的精彩纪录片，在世界顶端的巨大地球旁边拍下照片。

斯瓦尔巴德岛北极野生动物观赏 ▲▲▲

去海象、海豹、驯鹿、北极狐和北极熊生活的冰冻苔原地带。像罗尔德·阿蒙森（Roald Amundsen）一样，走遍群岛冰山和冰川，以便发现其他地方找不到的野生动物踪迹。

当地旅游路线

群高中摔跤手登上了我们的游船，他们不是为了实践或度春假，而是去参加比赛。拥有 125 年历史的海达路德游轮是连接挪威北部峡湾的唯一公共交通工具，这让我们更加喜爱它。我们从卑尔根到希尔科内斯的航程不仅仅是一个旅游活动，更是一项信息传递、捕鱼以及一天结束后带家人回家的任务。在 34 个迷人的港口小镇驻足，这里有很多很好的旅游路线，我们有体验峡湾真实生活的机会。

黄昏时分经过的一艘海达路德（Hurtigruten）游轮。

欲了解更多信息，请查看：

» 雪：挪威特罗姆瑟，第 166 页

» 自驾游：爱尔兰和北爱尔兰北海岸，第 206 页

在帕劳的德国海峡与蝠鲼交流。

Top 10

必游地点排行榜

穿越七大洋发现最大的鱼、最美丽的珊瑚和最偏远处的失事船只残骸

马来西亚

1. 梭鱼角

西巴丹岛周围环绕着 580 米深的峡谷，吸引了大量的大鱼，而梭鱼角就在其旋涡中。除了成群的双髻鲨和豹鲨之外，还有数以百计引人着迷的剃刀齿梭鱼。

澳大利亚

2. “永嘉拉”号轮船

它是世界上最大的沉船之一，你可以在世界上最大的珊瑚礁旁潜水。你还能期望什么？这艘长 109 米的船于 1911 年沉于海底，有了充足的时间成为条件适宜的珊瑚园，吸引了蝠鲼、章鱼、牛鲨和大量的鱼类。

南　非

3. 沙丁鱼汛

每年 5 月至 7 月，数十亿沙丁鱼从南非的开普角海域向北洄游至夸祖鲁—纳塔尔省（KwaZulu-Natal）。仿佛单一物种的数量还不够令人惊叹，数以千计的鸟类、海豚、鲨鱼和鲸都紧紧跟随。

哥斯达黎加

4. 巴霍阿尔雄

科科斯岛（Cocos Island）是一个海岸线长 547 千米的火山岛。从垂直的峭壁到漂流潜水，它拥有大约 20 个原始地点。船宿的亮点无疑是巴霍阿尔雄（Bajo Alcyone），其拥有真正的双髻鲨、鲎鲛、黑鳍尖鲨，还有阳光蝠鲼清洁点。

牙买加

5. 罗亚尔港

这个早期欧洲探险家和海盗的罪恶之城已经沉到金斯顿（Kingston）海底。1692 年遭受过地震海啸的冲击后，这座城市的宏伟建筑、酒馆和高大的船只现在被珊瑚覆盖，尚待探索。

加拿大

6. 拜洛特岛

这个加拿大北极地区的潜水地点比多伦多更靠近格陵兰岛，只能乘雪地摩托车和因纽特人雪橇。在浮冰和冰山下腹间潜水，须留心独角鲸、海豹、北极熊和海象。这不仅仅是一次愉快的冷水下潜，更是一次在水面上和水面下的北极游猎。

帕　劳

7. 埃梅利斯群岛

帕劳估计有 1300 种鱼类和 500 种珊瑚。人们为此来到这里，潜入这个大型的远洋游乐场。蓝角和德国海峡是世界上最著名的两个潜水点，拥有 13 种鲨鱼，能见度高。

意大利

8. 海王星溶洞

阿尔盖罗（Alghero）海窟的淡水起源赋予其辉煌的石笋结构和超大的鱼类。受食肉动物的保护，海鳗和龙虾可以生长到正常大小的 2 倍大；此外，这个石窟足够宽敞，你可以在没有特殊认证的情况下参与一流的洞穴潜水活动。

埃　及

9. “蓝蓟花号”轮船

红海拥有一流的能见度、26.7℃的沐浴水、近 1000 千米充满活力的珊瑚，以及一副充满危险的失事船只残骸。这艘英国运输船在第二次世界大战期间沉没，陆军坦克、机车、摩托车、步枪、大量飞机和汽车备件在海底堆积如山。

厄瓜多尔

10. 兄弟岩石

这个火山形成了珊瑚中色彩斑斓的裸鳃类动物和加拉帕戈斯海马等自然奇观，同时其深处也带来了成群结队的巨大鱼类，可谓两全其美。除此之外，好奇的海狮经常在你的停靠处向你打招呼。

纳米比亚的纳米布沙漠（Namib Desert）。

我渴望在荒芜的沙漠漫步，孤身一人，平静无比。

——鲁米（Rumi）

第七章

荒漠与沙丘

沙漠是个极端之地。那些敢于追逐烈日、抵抗寒冷夜晚、承受干涸的人都会得到美丽的回报。这里只有热情和乐观，是个自我选择的地方。干涸的湖泊？这是一片闪烁着盐晶体的海洋。无花的土地？这是仙人掌的天堂。无情的风？这是不断变换的风景。沿沙丘漫步，从斜坡滑落，清晨回来找块干净的石板，把食物放在上面，等待沙漠的高温将其加热煮熟。这里空无一城。大自然把它变成开发者的禁区，只为冒险者保留。在安第斯山脉和马德雷斯山脉的高处，那些沙漠虽有充足阳光，却没有强烈的高温，会出现绿洲。那些喜欢撒哈拉沙漠风景但更喜欢清新海风的人是幸运的，巴西和越南的海滩是他们出行的最佳目的地。越过沙丘，远足峡谷，追赶海浪和流星。你们是沙漠等待的最勇敢的一对。

拱门国家公园里呈爱心形的平衡石。

摩　押
美　国

摩押像个远离父母的野孩子，位于犹他州的东部边缘。来过这里，你就会梦想开一家自行车店、啤酒厂、珠宝工作室，或者醒来就能看到蓝天和赤壁的任何小店。这里经常被称为美国西南的冒险之都，攀岩、越野、山地自行车和极限跳伞都吸引着人们。摩押拥有史诗级的拱门和峡谷国家公园、死马点州立公园，汹涌的科罗拉多河就流淌在其背后。摩押这个小城市在20世纪50年代首次被发现，当时是因为山上发现了铀矿。那些日子已经过去了，现在，古老的采矿道路因四驱车和自行车道而闻名，尤其是它那具有抓地力的“光滑”砂岩。经过一天的旅途跋涉，你可以前往这里的镇上寻找厂家自酿啤酒和现场乐队，或者在沙漠之旅露营地享用星空下的晚餐。在摩押，你可以做自己喜欢的事情。

最佳时间

一年中约有250天阳光充足，天空湛蓝。4月到5月、9月到10月温度适宜（21.1—26.7℃）。

下榻酒店

摩押帐篷酒店：位于风景如画的拱门和峡谷地带，配有精致的野生动物风和圆锥形帐篷。**豪尔牧场：**马场靠近科罗拉多河，可欣赏到费舍尔塔的景色，拥有两座壮观的自炊式住宅。

浪漫之旅

在犹他州最大的酒厂“城堡溪”（Castle Creek）品尝葡萄美酒。坐在河边甲板上，享用一杯备受赞誉的岩石白葡萄酒（Petroglyph White）和纪念碑红葡萄酒（Monument Red）。

贴心提示

谨防中暑。带好水合物（每天约4升），穿浅色衣服（不要仅穿背心），戴宽边帽，注意休息，认真涂防晒霜。

穿越沙漠的山地自行车小径。

情侣探险

越野地狱般的深渊峡谷 ▲▲▲

乘四驱越野赛车于这传说中的 10 千米有余的小径奔驰，穿越砂岩穹顶和滑岩。在深渊峡谷急剧升降，犹如乘过山车掠过拉塞尔山脉（La Sal Mountains）和科罗拉多河（Colorado River）的壮观景色。停下来看看恐龙化石足迹，拍些美景照片。

飞越峡谷地和拱门国家公园 ▲

在空中一小时，你就可以了解这两个国家公园山谷、山峰和高原的规模。在塞斯纳（Cessna）低空飞行，俯瞰迷宫、天空之岛、科罗拉多河和绿河的交汇处，以及你从未在陆地看到的岩层。

绕死马点山地骑行 ▲▲▲

如果你有必要的骑行技能，那就在滑岩小径骑行吧。对于我们其他人来说，入门级的死马点（Dead Horse Point）线路是摩押地区最好的地形和神奇的景观。沿平顶山向上，靠边缘骑行，顺着整洁的小径行驶 22.5 千米（或更短）。

恶魔花园徒步 ▲▲

拱门国家公园的这一部分包含全美国乃至世界最大的自然拱门集中地。从两个砂岩鳍间出发，到达 93 米长的景观拱门。欣赏分区拱门中的沙漠景观，以及这个 12 千米环路上的无数其他奇观。

✣ 着迷于开阔的道路

我们第一次的大型公路旅行是参观从拉斯维加斯到摩押的 6 个国家公园。在布莱斯峡谷露营，攀岩到国会礁的野餐地点，沿泥泞车道驶向无尽的红色岩石全景，我们在经过 10 天的冒险之后到达了摩押，期待着更多的冒险。犹他州和公路旅行吸引我们到了蛮荒的西部。

红葡萄酒杯仙人掌生长在摩押红砂岩上。

欲了解更多信息，请查看：

» 历史：墨西哥瓜纳华托，第 112 页

» 自驾游：美国西南部，第 204 页

美　奈
越　南

美奈是个充满活力的地方。它与位于邻近海崖的一个度假胜地相交错，但实际上真正的美奈在以东6.4千米处。这是个棕榈树环绕的渔村，有一个圆形的竹船港，它最初是为了逃避法国的殖民征税而设计的，造型奇特。这里还有越南南部最好的一些海鲜。前往内陆，你会发现大量红白沙丘，这不禁让人想起撒哈拉沙漠，但这里有闪闪发光的淡水湖，湖中长满莲花。沙丘形成了一种小气候，称为越南季风季，其降雨量只有周边城市的一半。而横向陆地风一直是风筝爱好者的梦想。朗滩（Rang Beach）的海风有200天达到12节以上的速度，这吸引了大部分游客来到朗滩。但他们不知道，海风同样吹过平顺省更美之处，比如柯加文（Kê Gà）19世纪的灯塔、白色沙滩和巨大的岩层。订好加入的旅行团和酒店，骑上摩托车在沙丘间探索，寻找美奈中心的莲花。

最佳时间

10月至次年3月阳光和风力适宜。注：大多数风筝冲浪活动在4月至9月结束。

下榻酒店

风筝冲浪之源旅馆：一家悠闲的海滩酒店，房间通透，配有屋顶露台，是马里布海滩（Malibu Beach）可靠的风筝冲浪学校。**安南公主温泉度假村：**位于僻静的柯加文海滩，是世界小型豪华酒店的成员。其提供中南半岛式风格别致的别墅，还有梦幻般的短途旅行。

浪漫之旅

观看红沙丘上的落日在每一个水波纹上反射倒影，火焰般的沙子更引人注目。租个滑板，享受那份独特的刺激吧。

贴心提示

沙丘可能会刮风，这也意味着沙子会漫天飞舞。穿上轻便的裤子，戴上太阳镜，带上防水的相机或盒子，以避免沙子进入。

日落时分白沙丘上的滑沙者。

美奈港造型独特的小船。

参观美奈鱼市 ▲

从黎明到上午 10 点左右，渔民们从他们满载大量鳕鱼、黄尾鱼和其他鱼类的船上纷纷上岸。他们的家人在挂有竹竿的篮子里筛选、称重，并用力拉起捕获的鱼。带污迹的圆形帽子、色彩缤纷的小船、精力充沛的渔民，一片美景尽在眼前。

小莫斯科

越南对俄罗斯人免签证，所以海崖（美奈以西的度假胜地）已成为俄罗斯人的派对游乐场。看见这里的菜单多是用西里尔文写成而不是越南文字时，请不要惊讶。我们乘摩托车沿沙丘林立的道路行进，寻找美奈的真正意义。

风筝冲浪者涌向海崖海滩。

情侣探险

探索白沙丘 ▲▲

沿山脊漫步，从海边沙漠的山坡上一跃而下。继续往莲花湖寻找开花绿洲与沙山相映的对比。如果你觉得冒险，可以试试四轮摩托车（事先还价，并商定细节）。

参加风筝冲浪课 ▲▲▲

在美奈，你可以在海崖西端的“风铃”或马里布海滩的“风筝之源”五星级学校（也适合中间商）学习使用绳索。如果你已经很专业了，那就享受美丽的柯加文海滩吧，尤其是灯塔的左侧。

仙女溪嬉戏 ▲

混杂沙粒的溪水轻轻流淌，露出色彩缤纷的沙子、石灰岩和泥土。到达瀑布前，在郁郁葱葱的河岸和滴水城堡间漫步半小时。

欲了解更多信息，请查看：

» 山脉：菲律宾中科迪勒拉山，第 24 页

» 河流：老挝南乌江河谷，第 58 页

在巴西杰里科科拉（Jericoacoara）的日落中嬉戏沙丘。

滑　沙

在镇中心30.5米高的沙丘顶端，我们远望夕阳滑落于海。当余晖褪尽，人群中发出口哨声和欢呼声，而后卡波耶拉舞圈的鼓声开始，吸引我们回到城中。我们将手握紧，跃过沙丘边缘，仿佛有沙尘暴和重力在推着我们前进，我们的身体犹如失控的火车一样移动。在笑声中我们努力保持着优雅或平衡感，尽管没有效果，但这是下坡的最好方式。

杜兰戈
墨西哥

杜兰戈（Durango）位于奇瓦瓦州马德雷山脉交界处，是墨西哥最孤立和神秘的城市之一。远足 3048 米高的山峰，徘徊在令人敬畏的德拉索莱达沙丘，探索位于马皮米的联合国教科文组织世界遗产，思索着为何很多游客没有听说过这里。尽管如此，它的声望是当之无愧的，这里有像 16 世纪的鬼镇乌胡埃拉（Ojuela）和沉默区（Zone of Silence）的景点，据说那里没有电波。在原始的西班牙殖民地首都待上几天去了解杜兰戈，骑在马背上探寻潘丘·维拉（Pancho Villa）的革命足迹，了解这里惊人而又强大的电影史（曾有超过 150 部电影在这开阔的沙漠中拍摄），沿着传奇山路“恶魔的脊梁”行驶约 3200 千米，弄清楚杜兰戈为何是真正的狂野西部。

最佳时间

高海拔的地形使沙漠没那么炎热。10 月到次年 5 月阳光最为充足。期待凉爽的夜晚。

下榻酒店

麦斯奎洛酒店：一家家庭经营的旅店，服务优良，毗邻麦斯奎洛生态公园（Mexiquillo Ecological Park）。**统治者酒店：**杜兰戈市最好的酒店和餐馆之一。

浪漫之旅

徒步到麦斯奎洛消防员的瞭望台（询问当地人）。小心地爬上 15 米的梯子进入你在空中的私人小屋。边享用墨西哥面包，边欣赏日落美景。

贴心提示

杜兰戈经常有旅游警告，但我们在这个地区度过了好几个月，感觉很安全。要小心，不要天黑后开车，也不要在外面呆得太晚。

麦斯奎洛生态公园的岩石花园。

杜兰戈市的殖民地街道。

被重新命名为娱乐性游乐园：旧西部散步公园。

情侣探险

约“恶魔的脊梁”公路旅行 ▲▲

在墨西哥的工程奇迹 40D 公路上行驶，这是一条拥有 61 个隧道和 115 座桥梁的道路，包括世界上最高的斜拉桥之一，高度为 403 米。从原来的 40 号公路返回杜兰戈，这是一座名副其实的螺旋形山脉，其绝顶在马德雷山脉通向“恶魔的脊梁”的陡峭悬崖上。

游览岩石花园 ▲▲

麦斯奎洛生态公园的火山岩像玉米饼一样一层层摞起来。这个有着月球般景观的迷宫正在等待探索、攀爬和拍照。清晨游览，之后继续在针叶林欣赏巨大的瀑布，探索“魔鬼列车隧道”。

好莱坞的荒野西部 ▲

尘土飞扬的街道，在酒馆与州长办公室之间展开了一场经典的西部对决，这里就是对决的发生地。探索 19 世纪 60 年代的公园设施，那里因约翰 · 韦恩（John Wayne）、克林特 · 伊斯特伍德（Clint Eastwood）等人而出名。现如今被重新命名为娱乐性游乐园：旧西部散步公园。

神秘的马皮米 ▲▲

联合国教科文组织的生物圈保护区以及其殖民小镇会令你着迷几天。沿这座 305 米长的悬索桥徒步进入乌胡埃拉的矿山迷宫，看看你的指南针是否在马皮米沉默区旋转，从德拉索莱达沙丘滑下，然后睡在墨西哥受人尊敬的魔法露营地。

✣ 当地提示

一时兴起，我们申请在墨西哥的马萨特兰居住，两个星期之内，我们就住到一个海滨别墅，并结交了 20 个当地的新朋友。我们沉浸在这群体氛围之中，听他们说起驱车前往邻近的杜兰戈州的神奇之旅后，我们离开了这里，前往“恶魔的脊梁”。我们承认本来不打算去杜兰戈的，但现在要去探索这个秘密之地了。

环抱“恶魔的脊梁”的山路。

欲了解更多信息，请查看：

» 海滩：多米尼加共和国萨马纳，第 76 页
» 雨林：哥斯达黎加蒙特韦尔德，第 184 页

位于耶利（Jeri）沙丘间的潟湖。

杰里科科拉

巴　西

砂石小路在山间的沙丘中蜿蜒穿过，通向大西洋，其距最近的铺设道路约有 22.5 千米。之后，杰里科科拉的海滩小镇就出现在那里，像是一片绿洲。塔法里教信徒、冲浪者、艺术家和精明的旅行者在沙街漫步，两旁摆满了有机咖啡馆和巴西国酒的摊位。天空中点缀着风筝冲浪者的滑翔伞，风筝冲浪者破浪前行。黄昏时分，数百人来到镇中心 30.5 米高的沙丘上。夕阳西下，每个人都欢呼雀跃，乘沙板滑向有音乐的地方。人们点燃火把，鼓声齐鸣，卡波耶拉舞圈随之逐渐变大。在这种“武术芭蕾”中，长腿在空中回旋翻转而过。乡村的巴拉卡酒吧混合着酸橙、糖、甘蔗酒和百香果汁的味道。街道灯光闪烁，铁板海鲜的味道刺激着你的味蕾。很快，桌子被推到一边，热舞点燃全场。你开始以一种不熟悉的方式与别人跳舞。这就是杰里科科拉。

最佳时间

7 月至次年 1 月阳光充足，微风习习，最宜风筝冲浪和帆板运动。若希望游人较少，请避开 12 月至次年 2 月。

下榻酒店

杰里科科拉别墅酒店：一家巴西和欧洲混合风格的酒店，是欣赏沙丘美景的最佳选择。**堡巴酒店：**一家迷人而经典的杰里科科拉迎宾馆（宾馆），就位于主街道旁边。

浪漫之旅

周三或周六，在多纳阿梅利亚（Dona Amélia）享用晚餐。午夜临近，灯光照明的地方变成了镇上最好的舞蹈派对。观看几个性感舞蹈的舞步，然后随他们旋转。

贴心提示

杰里的浪漫氛围和传统方式是不允许有路灯的，你要装好手电筒。你的黎明徒步旅行也会需要它。

日落鸡尾酒的首选——凯匹林纳（Caipirinha）鸡尾酒。

情侣探险

捕捉海上日出日落 ▲▲

黎明前一小时，徒步前往佩德拉富拉达，它是海浪中雄伟壮观的石拱门，是杰里科科拉的象征。经过一天的冒险之后，加入杰里的攀登日落沙丘仪式，庆祝巴西独有的海洋日落美景。你甚至可以看到“绿光”现象。

参加卡波耶拉舞课程 ▲▲

这项巴西武术舞蹈是由非洲奴隶创造的，用音乐和舞蹈掩饰他们的战斗训练。人们至今仍然每天在杰里科科拉海滩练习这个舞蹈。在日落时分看完大师们优雅的表演后，你会想在早上的课上学习一些杂技。

风沙中冲浪 ▲▲▲

涉猎杰里两项最大的板上运动——帆板运动和沙板运动（俗称“滑沙”）。在国际风筝冲浪协会认证的学校学习风帆冲浪课程，之后在日落沙丘骑行来结束一天的旅程。你可以在主街上按小时租用滑板。

诺瓦塔塔胡巴沙漠越野 ▲▲

在私人沙丘越野车旅行中探索沙山、蓝色潟湖和渔村。在前往托塔礁湖吊床绿洲的途中，在诺瓦塔塔胡巴（Nova Tatajuba）路线上探索更多地形，攀登巨大的沙丘和溪流。

✣ 杰里风格骑行

我们漫步到沙滩马厩骑马。我们跳上马，期待着“向导”也这样做。相反，他给了我们马鞭，拍了拍马屁股，并叫了声“嗨噢”！我们为了经典的杰里游而奔向夕阳。

杰里标志性的岩石拱门——佩德拉富拉达（Pedra Furada）。

欲了解更多信息，请查看：

» 瀑布：阿根廷和巴西伊瓜苏瀑布，第 44 页

» 雨林：巴西马瑙斯，第 192 页

纳米布沙漠

纳米比亚

撰写：丽娜 · 斯托克和大卫 · 斯托克（Lina & David Stock）

纳米布（Namib）是最古老的沙漠之一，从大西洋向内陆延伸，覆盖整个纳米比亚沿岸，并流入安哥拉和南非。纳米布经历了大约 5500 万年到 8000 万年的干旱环境，包含了一些世界上最干燥的地区。由于其古老和独特的环境，这里约有 25 种地方性爬行动物，还有如斑马和大羚羊这些标志性的非洲野生动物在这里栖息。荒漠的美景仿佛将我们置身于另一个星球。沙丘的巨大规模和色彩对比让我们渴望从各个角度体验它们，我们体验了沙滩滑板、跳伞等各种冒险活动。尽管大部分沙漠只可远观不可亵玩，但纳米布—瑙克鲁夫特国家公园（Namib-Naukluft National Park）内有许多必看的景点。其中最著名的是索苏维莱（Sossusvlei）地区，这里拥有高耸的橙色沙丘，周边是纯白色盐沼。你可以通过砾石路或从温得克（Windhoek）乘轻型飞机进入公园。冒险从这一刻就开始了。

最佳时间

唯一需要避开纳米布沙漠的时间是 12 月至次年 2 月，这时沙漠的气温可能近 50℃。

下榻酒店

索苏维莱旅馆：塞斯瑞姆（Sesriem）是纳米布探险的起点，其豪华游猎帐篷是沙漠住宿的终极之选。**纳米布沙漠旅馆：**高于乡村露营体验的级别，旅馆设有餐厅、游泳池和私人别墅。

浪漫之旅

站在“45 号沙丘”欣赏落日美景，它是纳米布沙漠最标志性的沙丘，高达 152.5 米。观看阳光照射沙漠。

贴心提示

深夜观星，并至少攀爬一个沙丘。这些美景绝对值得你这样做。

在索苏维莱晨雾中攀登 45 号沙丘。

情侣探险

死亡谷徒步旅行 ▲▲

徒步走向纳米布沙漠中最著名的盐沼，在死亡谷感受脚下沙子的移动。抵达一片洁白区域，背靠着橙色的沙丘，那900 年历史的石化骆驼刺树错落其间。清晨早点出发，你会发现适宜拍照的美景。

海上和沙漠跳伞 ▲▲▲▲

从 3048 米高空的飞机上跳下，以一个难忘的视角俯瞰纳米布。乘飞机飞行，这是你欣赏沙漠与大西洋交汇的唯一途径。此外，你可以加入一个爱冒险刺激的圈子。

穿越索苏维莱之旅 ▲

乘一辆四驱越野车于沙漠中飞驰，探寻地球最大的沙丘。清晨的徒步旅行会有观看比赛的机会（能看到长角的大羚羊在沙滩上打斗的画面），然后步行游览该地区。

沙丘滑沙 ▲▲▲

类似于单板滑雪，你可以在山地地形中滑沙。变换动作滑沙这项运动率先在纳米布海岸开展起来，立桩标出六个不同形状约 100 米高的星形沙丘，迎合初学者和高级车手的不同需求。可以大胆尝试跳跃，沙子是柔软的。

情侣建议

旅行时，不是所有的事情都会很浪漫。你会汗流满面、疲倦和饥饿。保持乐观的态度，一切都会没事的。轻松点，承认你此刻的感受。你会惊奇地发现这对你们有什么好处，并且更容易接受现实。最后，不要太放在心上。记住，你只有一次淋浴或一次用餐去体会那美妙的感觉。

石化的树木坚定地站在死亡谷盐沼中。

欲了解更多信息，请查看：

» 岛屿：坦桑尼亚桑给巴尔，第 70 页

» 探险之旅：南非克鲁格，第 86 页

超能夫妻：丽娜和大卫

这些来自威斯康辛州的高中情侣抛弃了美国梦而去环游世界。他们那些较大的冒险活动包括从开普敦到开罗 119 天的露营、中国长城的徒步旅行和菲律宾的海上皮划艇之旅。请在差异旅行者网站（DivergentTravelers.com）上查找丽娜和大卫的获奖摄影作品、视频和旅行建议。

遍地是盐的迷人月亮谷。

阿塔卡马沙漠
智　利

阿塔卡马（Atacama）地区位于安第斯山脉 5182 米高的山峰和智利的沿海山脉之间，平均年降雨不足 25mm。这是世界上最干燥的沙漠，有些地区从不降雨，人迹罕至。它似乎是一个荒凉之境，但其极端严酷的环境也有令人快乐之处。古老的湖泊干涸成大片的盐滩，坑洼处闪烁着明亮和天青色的光。火山喷泉喷射出 21 米多高的蒸汽，其富含矿物质的水融入千变万化的地壳中。这里的生活远离欢乐，然而从 2 世纪的文明到当今，这里吸引了天文学家、寻求刺激的人们和到圣佩德罗·德·阿塔卡马（San Pedro de Atacama）的温泉享受者，这里从未阻止任何人的到来。虽然那些土墙后面是精品酒店、山地自行车商店和皮斯科酸酒吧沸腾的生活，这个城镇的土坯墙和坚固屋顶的建筑却显得十分原始。无论是雨水的珍贵、环境的艰苦，或是冒险活动的惊险，阿塔卡马都名列榜首。

最佳时间

气候稳定，通常为白天 21℃，夜间约 4.5℃。想要获得最佳观星体验，应避开满月时到访。

下榻酒店

阿瓦斯酒店：一家罗莱夏朵旅馆，提供冒险活动、独特美食和私人导游服务。**特兰台酒店：**一家有着 200 年历史的殖民地住宅，安第斯和现代风格，位于市中心，价格相对较低。

浪漫之旅

火山阿塔卡马度假村加水疗旅行。徒步到月亮谷，做个有灵气的水晶按摩。在清凉的早晨探索塔提奥间歇泉（Tatio Geysers），享受热石按摩。

贴心提示

目前为止，南美洲最好的冒险之旅是从阿塔卡马到玻利维亚的乌尤尼盐沼的四驱车旅行。你可以在圣佩德罗预订。

从塔提奥间歇泉冒出的滚滚蒸汽。

情侣探险

骑马从月亮谷前往死亡谷 ▲▲▲

穿过红色洞穴、悬崖和隧道的“月球迷宫”，聆听盐粒噼啪作响。到山脉边缘吃顿午餐，然后在死亡谷的沙丘上驰骋。这是探索这两个热门地点最亲密的方式。

塔提奥间歇泉观赏日落 ▲

在圣佩德罗天黑而凉爽的时候，驱车前往南半球最大的地热田。观看纯白蒸汽从坚硬的土地滚滚冒出，直到阳光将其驱散。在浅水池周围漫步，欣赏几何形态的彩虹。

阿塔卡马盐滩和潟湖 ▲▲

在3000平方千米的洛斯弗拉门戈国家保护区内，陆地粉碎成一块块结晶瓷砖和水池。去阿塔卡马盐滩观赏四大种类的火烈鸟在浅水域昂首阔步。在拉古纳萨拉达（Laguna Salada）欣赏日落，那里有漂浮的盐分和安第斯山脉的玫瑰色倒影。

与天文学家瞭望星空 ▲

阿塔卡马的湿度为零，几乎没有光污染，拥有世界上最清澈的天空。与南美最大的公共天文台之一的天体探索组织进行一次天空观赏之旅，并通过高倍望远镜观看隐藏的恒星、星系和宇宙。

做个浮标

阿塔卡马的塞哈斯潟湖（Cejar Lagoon）盐分含量可与死海媲美。人们可以在水面上漂浮，但几乎不能游泳。你也可以做一回歇斯底里的尝试，然而你会发现自己的肢体每一次都会不受控制地浮起来，捧腹大笑也无法令你前进。放弃来回游泳吧，身体后仰，就像躺在躺椅上，伴着火山美景和免费的去角质盐思索冥想。

在塞哈斯潟湖来回踢腿。

欲了解更多信息，请查看：

» 山脉：智利百内国家公园，第38页
» 神奇景象：玻利维亚波托西省，第218页

埃及底比斯神庙（Thebes Temple）的热气球。

Top 10

荒漠与沙丘冒险地排行榜

滑沙、沙丘撞击、探索迷人景色，只能在干旱绿洲实现。

墨西哥

1. 奇瓦瓦滑道骑行

奇瓦瓦—太平洋滑道（Chihuahua al Pacifico）不像火车，更像一辆过山车，环抱着世界上最深峡谷之一的铜峡谷的曲线和悬崖。经 12—18 个小时的车程，穿过这超级景观，在塔拉乌马拉印第安村落和远足仙境停留。

埃　及

2. 国王谷热气球

漂浮在郁郁葱葱的尼罗河三角洲，沿沙漠边缘进入公元前 16 世纪的皇家墓地，看看卡纳克和卢克索的广阔庙宇，惊叹精巧的法老墓地鸟瞰图。

约　旦

3. 佩特拉徒步之旅

沿阿拉伯、埃及和叙利亚历史悠久的十字路口徒步，这 80 千米的长途跋涉是到达这个世界闻名的车队城市的终极途径。漫步在狭窄的红色峡谷中，欣赏岩石雕刻的外观，惊叹于其丰富的背景及其历史价值。

摩洛哥

4. 骑骆驼跋涉撒哈拉沙漠

骑着沙漠里最传统的交通工具，沿着古老的车队路线经过珊瑚沙丘、火山和摇摇欲坠的城堡。你可稍作停留，漫步在露天剧场和柏柏尔村庄之中，体验真实的撒哈拉沙漠。

美　国

5. 海岸沙丘滑沙

俄勒冈州沙丘国家游乐区有 64 千米的沙丘，是个巨大的游乐场。绑上滑沙板，在哈尼曼的海洋和潟湖中徜徉，或者在原始沙板公园中乘沙地车碰撞跳跃、摩擦前行。

玻利维亚

6. 盐宾馆留宿

在地球最大的盐滩中间过夜。露娜萨拉达酒店几乎都是白色的物品，包括墙壁、地板、床、书桌以及相关的所有事物。睡在这个建筑奇迹之中，最好之处在于给了你在乌尤尼盐沼充足的时间，以体验超现实的广阔沙漠。

美　国

7. 见证速度记录

犹他州波利维尔盐洼的平滑小路见证了汽车行驶速度记录的打破。千万不要错过每年一度的“速度周”，在这个天然的阻力带上，你将有机会看到时速 965 千米的改装汽车、腹式坦克和流线型飞机。

蒙古国

8. 戈壁滩寻找恐龙蛋

探索巴彦扎格。它是古生物的发源地。在这里，人们发现了 140 种新的恐龙和第一批恐龙蛋。那些少有人参观的火山悬崖附近仍然能找到 8000 万年前的化石，所以在戈壁滩南部这片令人惊叹的地方，敏锐地观察吧。

秘　鲁

9. 飞越纳斯卡线

乘坐飞机才能真正地看到纳斯卡沙漠（Nasca Desert）中古老的人形石刻。辨认巨型蜂鸟、蜥蜴、鲸和十几种地球上的动物化石。然后，继续沿着最近发现的帕尔帕线飞行，那里有同样迷人的人物描绘。

阿拉伯联合酋长国

10. 冲沙

尽管迪拜的汽车文化是最负盛名的，但是穿越沙丘的变换行驶是整个沙漠中最受欢迎的消遣娱乐。在悍马或陆地巡洋舰上滑行、旋转、反弹，并开辟一条小路穿越阿拉伯沙漠。

新西兰南阿尔卑斯山。

忽如一夜春风来，千树万树梨花开。

——岑参

第八章

冰雪景观

如果你能承受冰点的温度，世界上将有更多的地方等待你去探索。穿带上合适的装备，徒步白雪皑皑的森林是最理想的选择。冰川待你攀登，冰山覆盖的湖泊激发你皮划艇运动的乐趣。寒冷只是一种心情，而那些不克服冰冷的人将会错过极光闪烁划过天空、冰川雷鸣般的崩裂，或是企鹅啃他们的相机背带。严寒之地拥有珍贵的秘密，并将其与勇敢之人分享。萨米驯鹿的牧民、南极科学家和佛蒙特枫树采摘者了解冬天的美丽，知道如何用火焰、毛毯、热奶和搂抱来降服料峭的冬寒。而你并不总是需要严寒天气来享受冰川，有些冰川的目的地更适宜在夏季探索，那时阳光和温泉刚好驱走寒意。找个凉爽的出游地，会有多种方法拉近你和冰雪的距离。

安妮划过普雷诺海湾（Pleneau Bay）的碎冰。

南极半岛
南极洲

最寒冷、干燥、多风的南极洲好似个乌托邦。南极洲并非由任何国家拥有或开发，而是由很多国家共享科学进步成果和人类的共同利益。大自然经营着这个地区，这里拥有海洋、风和野生动物，创造了地球最令人惊叹的景观之一。距离南美洲一角约 965 千米处是世界上最危险的海域之一，这段前往南极洲的航程只为勇敢者保留。7.6 米高的海浪中，几乎没有生命迹象。在德雷克海峡（Drake Passage）漂泊两天后，一群驼背鲸出现了。跟着它们可以走向冰川。企鹅正沿着山脊蹒跚而行。白色大陆闪闪发光，清晰可见。这仅仅是个开始。从这里，你可以划船游览巴布亚企鹅栖息地，划过冰川环绕的群岛，徒步探寻极地探险家走过的足迹。

最佳时间

11 月至次年 3 月是探险季。11 月至 12 月允许雪上运动。1 月是最温暖的，平均 1.1℃，也是“企鹅宝宝季”。2 月可以看到鲸。

下榻酒店

夸克探险队：这是其中最冒险、最有趣的，也是价格合理的船队。**“一片海”探险队：**专注于冒险和环境考察的豪华船。注：从阿根廷的乌斯怀亚（Ushuaia）或智利的蓬塔阿雷纳斯（Punta Arenas）出发，大多数车程是 8 到 11 天。

浪漫之旅

很少有人能做到这一点：前往顶层甲板，为庆祝爱情，在冰川和企鹅的家乡来场香槟酒会。

贴心提示

不要全额付款。注册探险时事通讯，追踪限时抢购的活动。11 月和 3 月的旅行往往会更便宜。在乌斯怀亚查找最后的限时优惠。

在迪塞普逊岛（Deception Island）玩耍的海狗。

情侣探险

皮划艇旅行 ▲▲▲

为了以最亲密的方式探索南极洲，请预订划桨套餐。租个双人划艇探索一周，你将有额外的空间和自由享受白色大陆的宁静。悄悄环绕岛屿和山脚划桨，企鹅会穿过你的航路，好奇的海豹会和你一起游泳。

极地跳水 ▲▲▲▲

跳入冰冷的海洋是南极的仪式。穿着泳衣站立在跳板边缘，眺望严寒景象，你可能会心存怯懦和疑虑。不顾一切跳下去吧！-1℃的海水刺激你的感官，而这种经历会带给你炫耀的权利。

环冰川站立划水 ▲▲▲▲

在避风港踩着站立式桨板滑向冰冷海域，找到自己的平衡点。在蓝色冰川间交错划行，尽量不要做第二次的“极地跳水”。探寻有野生动物足迹的岛屿，陶醉于那幻想中的回旋曲。

与企鹅面对面 ▲▲

在不同群落停留，你会看到巴布亚企鹅、帽带企鹅和阿德利企鹅。它们蹒跚而行，慢慢移动、跳水，十分可爱。你不应该接近企鹅，但如果你跪下来静静地待着，好奇的小企鹅就会经常来到你身边。在充满生机的艾秋群岛（Aitcho Islands）或是历史悠久的夏科港（Port Charcot），你可以为锚地祈求好运。

登陆第七大陆

我们登陆上岸，踏上了延伸到南极的土地。我们爬上了陡峭的山峰，享受着每一个滑步和拍打着我们脸部的小粒冰雹。在冰川林立的纳克港（Neko Harbour），我们站立在岩石裸露的地表。这种感觉像是我们四年的蜜月旅行要到此终结——这一刻应该来杯香槟庆祝。我们弹出软木塞，大风将气泡酒洒向天空，呛了我们的鼻子。我们对着那易碎的泡沫爽声笑了起来，全然喜悦，充满敬畏，庆祝这里程碑的时刻。

自豪地拿着南极洲的旗子。

欲了解更多信息，请查看：

» 山脉：智利百内国家公园，第 38 页

» 瀑布：阿根廷和巴西伊瓜苏瀑布，第 44 页

韦斯特兰
新西兰

数千米的冰川从南阿尔卑斯山最高的山峰流向温带雨林和金色沙滩——似乎在一个国家公园内看到如此多样化的地形是不可能的，然而在威斯特兰的泰普提尼国家公园（Westland Tai Poutini）确实可以。沿着南岛的西海岸行驶，穿过罗汉松森林后便可以看到一个冰谷出现在了眼前。福克斯冰川就像一排排数也数不清的鲨鱼牙齿，散发着珍珠般的白和发光的蓝，似乎你从未见过。也就是说，开车行驶约 22.5 千米后，你才会遇见它的双胞胎：弗朗兹 · 约瑟夫冰川。这两条冰川都向南阿尔卑斯山延伸近 13 千米，需要直升机和冰爪才能攀登上去真正探索。但这不是个问题，而是个冒险体验。弗朗兹 · 约瑟夫和福克斯的村庄已经准备好了所有可能用上的雪上运动（冰山攀登、跳伞、冰川徒步旅行等）装备和温泉，等待你的到来。探索冰川和海滩后，可以开车沿美景到吉尔斯皮斯（Gillespies）欣赏新西兰采矿时期的海豹殖民地和遗迹。因此，无论你是否喜欢冬天或是夏天，你都可以在一个地方享受两个季节中的最佳时光。

最佳时间

任何时间都可以。若想避开人群，日照较充足，冰情又相对稳定的时候出游，可以考虑新西兰的冬季（6 月到 8 月）。其温度通常是 4.5℃，甚至超过 10℃。

下榻酒店

特瓦诺伊森林酒店：现代生态环保的豪华度假胜地。

阿斯彭庭院汽车旅馆：位于弗朗兹 · 约瑟夫村庄的中心，现代化的客房，配有小厨房和专业人员。

浪漫之旅

冰川温泉池的热带雨林，温泉中提供双人热石按摩和私人浴室。

贴心提示

当天报名参加冰川游览活动，这样可以降低旅行的风险。查看当地环境保护局最准确的预测，你能在最好的天气预订航班和冰川徒步旅行。

弗朗兹 · 约瑟夫（Franz Josef），冰川与雨林在这里相遇。

直升机飞越冰川和南阿尔卑斯山。

情侣探险

直升机之旅 ▲▲

呼叫直升机到达新西兰最大山脉和冰川的中心地带。飞越无法通行的福克斯（Fox）、弗朗兹·约瑟夫和塔斯曼冰川（Tasman Glaciers），盘旋在超过 3050 米的库克山上空，降落在冰川上嬉戏，你将体验到联合国教科文组织世界遗产蒂瓦希普纳穆（Te Wahipounamu）最洁白的地带。

明尼哈哈萤火虫步道 ▲

相信你的夜间视力，步行 1.6 千米环道穿过福克斯冰川下的热带雨林。把它当成寻宝之旅。环顾倒下的树木和沟渠，数百只发光的萤火虫幼虫出现，像星星般闪烁。

福克斯冰川攀登 ▲▲▲▲

攀登冰墙和蓝色尖峰石阵，来一场亲密又刺激的冰川体验。经过专家的指导培训，在装备完成后，乘直升机从森林飞往福克斯的冰冻绿洲（独自往返是值得的）。用斧头和冰爪挖掘冰面，像攀登者一样寻找黄金宝物。

卡纳万斯圆丘徒步 ▲▲

沿着 3000 多米的小径穿过一片蕨类植物、兰花和藤蔓缠绕的雨林。这些树木将开启另一片美景，小冰山流淌在塔斯曼海和怀奥霍河中。继续向上攀登以另一视角欣赏，与“弗朗兹·约瑟夫”面面相对。

✣ 极为脆弱的强者

徒步于弗朗兹·约瑟夫冰川的冰碛石，瀑布的滴水形成一道墙，有人提醒我们冰川融化的程度如何。弗朗兹·约瑟夫冰川自 19 世纪 80 年代以来已经损失了近 3.2 千米，其中 1/3 是自 2008 年以来发生的。尽管汹涌河流和蓝色湖泊的美景可以转移气候变化的问题，但是这表明积雪融化的速度比积累的速度还要快。长达 10 年的大降雪可能会引发另一个时代的进步，但我们不能仅仅去祈求上天；我们需要尽我们所能来保护这些珍贵的风景。

位于弗朗兹·约瑟夫冰川脚下的特瓦诺伊森林酒店。

欲了解更多信息，请查看：

» 自驾游：新西兰南岛，第 200 页

» 神奇景象：新西兰罗托鲁阿，第 226 页

企鹅舞步

我们停靠在布斯岛，这里有成千上万的阿德利企鹅、巴布亚企鹅和帽带企鹅。我们沿着这条小路一直走着，可似乎这些胖乎乎的少年毫不知情。它们向四面八方奔波着，练习腹部滑行，转着圈游泳，独自过着自己的生活。我们弯腰从视平线了解他们的世界，而好奇的小企鹅围绕着我们。它们仔细观察我们，甚至在我们的裤子上咬上一口，期望这是它们喜爱的鱼。

企鹅在南极洲的布斯岛（Booth Island）寻找自己的路。

从基灵顿（Killington）度假村看到的被冰霜覆盖的绿山。

佛蒙特中部
美　国

佛蒙特州可能不像巴塔哥尼亚那样狂野，也不像落基山脉那么陡峭，但是这片新英格兰地区的枫糖农场和廊桥以其独有的方式凸显了它的特点。佛蒙特州是美国人口第二少的州，佛蒙特州人常被低估，但他们确是一群精明的人。这个州仍然有将近80%的森林覆盖，他们修建的徒步公路比高速公路还多，这并不是偶然。他们十分热爱户外运动，尤其是外面覆盖着厚厚的积雪时。佛蒙特州是美国雪量最多的州之一，这里的人将冬天看作最好的季节。当地的孩子们会在体育课上学会穿雪靴自如行走，而许多成年人会在他们的斯巴鲁牌汽车的后备厢里放一双雪鞋。这里拥有相当一部分密西西比东部最好的滑雪胜地，包括滑雪场经营的麦德河峡谷和基灵顿，也是这个国家为数不多的5月开放滑雪的地区之一。来佛蒙特州吧，虽然你的头发上会挂着雪，但是你的脸上会挂着微笑。

最佳时间

12月至次年4月是冬雪季节，而2月的雪量最大。3月下旬会有春季滑雪和体验制枫糖的活动。

下榻酒店

山顶宾馆：这个湖畔度假胜地占地约1.4平方千米，配有溜冰、马拉雪橇活动项目和舒适的活动场所。**伍德斯托克酒店：**酒店历史悠久，位于迷人的城镇广场，设有临时客房、水疗中心和北欧中心。

浪漫之旅

裹上毯子，乘着雪地履带车雪橇登上基灵顿山，前往利奇伍德蒙古包（Ledgewood Yurt）。点燃蜡烛，架起篝火，享用五道菜的地方美食。

贴心提示

享受在佛蒙特州最后的时光：去标志性的“自杀6号”（Suicide Six）度假村滑雪；品尝枫林农场的枫糖；试试19世纪克劳利奶酪（Crowley Cheese）的食谱；品味长径啤酒厂（Long Trail Brewery）的精酿啤酒。

伍德斯托克酒店（Woodstock Inn）散发着迷人的佛蒙特州风情。

情侣探险

马德河峡谷滑雪——如果你可以！ ▲▲▲

乘着 20 世纪 40 年代的滑雪缆车前往大师地形，这里是美国唯一一个滑雪者拥有的山脉。你可以在“粉末日”或是“时光倒流日”去马德河峡谷感受其独特的体验，这两天滑雪还可按 3.5 美元的原价收费。

漫步米德尔伯里品酒径 ▲

一些佛蒙特州最好的啤酒厂、酿酒厂和葡萄酒厂都挤在这个 8000 米长的地方。在英式谷仓品尝黑麦威士忌，在林肯峰廊品尝星耀红葡萄酒（Starlight rosé），在酿酒公司品一杯“阳光与幸福”。

越野滑雪 ▲▲

奇滕登（Chittenden）的山顶宾馆位于美国最古老的越野滑雪区之一，其提供 61 千米长的小路，沿途经过连绵起伏的丘陵、湖岸和桦树林。“北欧中心”拥有你所需的所有装备、用法说明和热巧克力。

雪鞋鹿跃 ▲▲

在距离酒店数千米处，体验美国最伟大的两条徒步旅行线路——阿巴拉契亚小径（Appalachian Trail）和长径（Long Trail）。穿过白雪皑皑的森林，沿着柯立芝山脉（Coolidge Range）和谢伯恩山脉（Sherburne Pass）远足。漫步于美国最古老的长途步道，在麦克格拉斯的爱尔兰酒吧（McGrath's Irish Pub）用啤酒暖身。

✣ 心之所系——佛蒙特

迈克要求我加入他的基灵顿滑雪场时，我们已经约会了一个月。我从未去过佛蒙特，也几乎不知道如何滑雪，因此承诺六个月的租约（关系）可能是个冒险的举动，但我毫不犹豫地接受了。五个滑雪季过后，我们漫步在佛蒙特的雪地步道，誓言要在世界各地度蜜月。无论我们在哪里定居，或者如果我们选择定居下来，佛蒙特州将永远是我们的冬季仙境。

我们在山顶宾馆外的冬季婚礼。

欲了解更多信息，请查看：

» 探险之旅：加拿大丘吉尔，第 94 页

» 冰川：美国和加拿大尼亚加拉大瀑布，第 170 页

特罗姆瑟
挪　威

特罗姆瑟拥有许多令人印象深刻的称号，如“通往北极的门户”“北方巴黎”，以及“世界上最北端的城市之一”。在北极圈内的一个岛上，作为一个边境小镇，这是个令人惊讶的复杂之地。特罗姆瑟靠近斯瓦尔巴特群岛上的北极熊和海象不仅吸引了猎人，而且也受到尊敬的探险家和科学家的青睐。如今，这座城市拥有挪威极地研究所、特罗姆瑟大学和 100 多个民族的居民，文化生活活跃（这里声称人均酒吧数量比挪威任何地方都多）。你不需要远行去寻找旷远的阿尔卑斯山脉和巨大的峡湾。远离市中心的灯光，极光爆发出霓虹灯般的绿色和紫色。萨米族（Sami）部落人放牧驯鹿，雪地摩托是最好的出行方式。乘坐狗拉雪橇穿过苔原，追逐北极光，北极的美景振奋人心。

最佳时间

11 月和 12 月适宜观赏北极光、鲸和雪。特罗姆瑟位于墨西哥暖流地带，温度高于冰点。

下榻酒店

泼乐松恩酒店：位于特罗姆瑟的中心，是一家奇特的精品酒店。**塔莫营地：**距离市中心约 80.5 千米，配有林斯菲尔德冒险团的鹿皮帐篷和北极小木屋，还备有雪地摩托车、驯鹿和狗拉雪橇。

浪漫之旅

搭乘梦幻般的沃卡纳温泉船。你可以在芬兰桑拿浴室放松身心，或在甲板上的热咸水浴缸中泡泡澡。二者都有全景视野。

贴心提示

大部分旅行用品店都提供御寒外衣，所以不必带上所有的滑雪装备。特罗姆瑟的街道有冰，你要准备好冰爪；另外，拍摄北极光要有三脚架。

北极光洒向特罗姆瑟岛（Tromsøya Island）。

塔莫营地（Camp Tamok）探险休息所的鹿皮帐篷。

狗拉雪橇 ▲▲▲▲

一群因纽特人拉着雪橇在拉普兰苔原驰骋，越过白雪皑皑的森林和冰冻的溪流。他们轮流驾驶着雪橇。无论你做什么都要懂得坚持！林斯峡湾探险队和“活跃的特罗姆瑟人”探险队都拥有专业的户外用品，适合各种绝妙的地形。

Friluftsliv：如自由空气般的生活

“friluftsliv”是个没有英文同义词的挪威词汇。它是个北欧的哲学理念，意指追求大自然中的幸福，认为户外生活对生存至关重要，在外面生活犹如回家。我们前往松恩菲尤拉，待在我们的朋友帕尔的小屋，这是一间没有电或水的度假屋，周围却有大片的雪，有时他们必须用探测仪找寻房屋，但这是户外生活的意义。

屡获殊荣的特罗姆瑟图书馆是个文化中心。

情侣探险

城市徒步旅行 ▲

探索城市景观、18 世纪的木制房屋、现代冰雪建筑和舒适的咖啡馆。参观极地博物馆，走进北极大教堂，参观历史悠久的麦克啤酒厂，在时尚的希尔德盖斯特酒吧用餐，在传奇的蓝色岩石场地欣赏现场音乐。

观赏驼背鲸和虎鲸 ▲

乘船经过挪威峡湾、岛屿和雪山到达鲱鱼滩。近年来，这些温柔的巨鲸已经在此过冬了。观赏驼背鲸最好是在 11 月至次年 1 月，壮观的北极风光是必然能欣赏到的。

追逐北极光 ▲▲▲

查看挪威光网站（Norway-Lights.com）上的极光预报，以最大限度地增加欣赏北极光的机会，然后与专业人士一起预订。走向城外太阳风吹拂的地方，停下来瞭望它们在空中旋转。想要看到最佳景色，可以考虑在偏远的旅馆或海上度过几晚。

欲了解更多信息，请查看：

» 河流：德国莱茵河峡谷，第 54 页

» 海边风貌：挪威挪威峡湾，第 134 页

巨大的冰山漂浮在伊路利萨特冰湾（Ilulissat Icefjord）。

格陵兰岛西部

格陵兰

撰写：戴维·布斯基尔和黛布拉·考贝尔（Dave Bouskill & Debra Corbeil）

格陵兰岛覆盖着 80% 的冰川，并不在普通旅行者的愿望清单中，这也就成为我们要来到这里的理由。在遥远的北大西洋，这里拥有除南极洲以外最大的极地冰盖，它可能只是冒险旅行的最后边界。沿着格陵兰西部从伊路利萨特开始旅行，有个小镇距离北极圈约 250 千米，是联合国教科文组织伊路利萨特冰湾的所在地，而伊路利萨特冰湾是世界上最活跃的“产犊冰川”。看看冰盖在何处变成大海，形成雪崩和巨大的冰山，这足以成为构成格陵兰岛的原因之一。乘船继续向南探险，你可以巡航冰川海湾，乘皮划艇穿过无名峡湾，徒步穿越北极苔原，了解迷人的因纽特人。格陵兰岛充满了壮观的风景、丰富的文化和冒险的无限可能。

最佳时间

全年都可参观。6 月至 8 月会有赏鲸、航海活动，以及夜半太阳。11 月到次年 3 月是观赏北极光和冬季运动的最佳选择。

下榻酒店

夸克探险队：冒险的航海旅行，可以前往偏远的村庄和峡湾。**汉斯艾格德酒店：**在努克（Nuuk），这是独立旅行者希望像在餐厅点菜一样计划冒险旅程的理想基地。

浪漫之旅

乘船前往乌纳托岛（Uunartoq），这是绿地（Greenland）最有乐趣的温泉池。进行冰山漂浮，在温泉中品尝香槟。何其浪漫！

旅行提示

由于格陵兰岛的规模和未开发的性质，你最好将旅行相关事宜提前办好，这样可以有助于解决住宿和交通问题。尽量停留两周或更久的时间。

情侣探险

雅各布港冰川徒步 ▲▲

漫步于这个被列为联合国教科文组织世界遗产的冰川，欣赏这里伊路利萨特多彩的建筑和雪橇犬的城市。木板路盘旋于冰冻地区，延伸向坚实的冰川。它每天以 18—30.5 米的速度移动，每年以 350 亿吨的冰量填充峡湾。

划向无名峡湾 ▲▲▲

伴着阵阵碎裂声，泛舟于碎冰中。高山和冰川环绕着托斯卡塔克峡湾（Torsukattak）、永恒峡湾（Evighedsfjorden）这样的峡湾，而那些无名的峡湾正等待着你的探索。

探寻格陵兰风格 ▲▲▲

该国道路很少，狗拉雪橇和雪地摩托仍然是主要的交通方式。前往凯凯塔苏瓦克（Qeqertarsuaq）岛，那里有火山和壮丽的山谷，你可以在一天内享受到那欢愉时光。乘一辆品种古老的爱斯基摩犬拉的雪橇穿越偏远地区，然后驾驶雪地摩托车追逐北极光。

因纽特村消遣时光 ▲

在西西米特（Sisimiut）品尝当地的美食，如小须鲸和海豹。参观帕米特历史悠久的教堂，逛逛当地的鱼市。在伊蒂里格（Itivdleq），你有机会和友善的老人闲谈，与孩子们一起踢足球。在格陵兰，原住民社区以优雅的姿态将古今世界融为一体。

情侣建议

探险爱好者往往是杰出人士，他们忙着完成自己的愿望清单。他们经常担心，如果这次不去，恐怕会错过。虽然一起旅行，但有时重要的是“恰到好处”，停留几天，除了放松，什么也不要做。不用手中的相机欣赏夕阳西下，领略地球之美；不为冲浪或浮潜，只是前往海边。停下来深呼吸，你会意识到你是命中注定来到这里的。

西西米特附近废弃的因纽特人渔村。

欲了解更多信息，请查看：

» 探险之旅：加拿大丘吉尔，第 94 页

» 雪：美国佛蒙特中部，第 164 页

超能夫妻：戴维和黛布拉

一对加拿大的情侣，也是ThePlanetD 网站的创始人，他们已经遨游了七大洲的 105 个国家。他们骑自行车穿越非洲，开着小型汽车从英格兰到蒙古国，激发了每个人的冒险精神。他们曾获得美国旅游作家协会颁发的两枚金牌，并且作为受尊敬的探险旅行专家，经常出现在电视、广播和印刷刊物上。

尼亚加拉大瀑布

美国及加拿大

这个属于美、加两国的瀑布是北美洲最大的瀑布，也是世界上到访量最大的瀑布之一，但在冬季少有人问津。寒冷的气温令游客望而却步，这也正是尼亚加拉如此特别的原因。在伊瓜苏瀑布、天使瀑布、维多利亚瀑布等全球最大的瀑布中，它是唯一一个可冻结的瀑布。可以欣赏瀑布冻结成层层冰川，巨石埋在冰冻的薄雾中，树上滴着冰柱。这景色让人难以置信，而你已置身其中。这里被称为“世界蜜月之都”，自 18 世纪后期开始就吸引了无数情侣来到此地，其中也包括阿伦 · 伯尔（Aaron Burr）和拿破仑 · 波拿巴（Napoleon Bonaparte）的亲戚。而如今这里仍然以其奢华的水疗中心、一流的餐厅和几十个酒庄而享有浪漫盛名。虽然一些景点在冬季关闭，但该地区的探险活动不会停止。穿上你的雪地靴，紧紧地抓住彼此；这是你从未体验过的瀑布。

最佳时间

12 月到次年 1 月是加拿大的灯光节。1 月至 3 月的冰量最多。

下榻酒店

贾科莫酒店：尼亚加拉大瀑布公园附近的精品装饰艺术酒店。**跨越尼亚加拉温泉酒店：**位于纽约迷人的刘易斯顿（Lewiston）村，房间配有壁炉，可欣赏尼亚加拉峡谷的美景。

浪漫之旅

在刘易斯顿的卡梅洛餐厅享用美味，而后漫步于瀑布间，欣赏耀眼色彩照亮的夜景。这壮丽的景色至少会持续到夜晚 11 点。

贴心提示

尽管加拿大这闪耀的一侧美景引人注目，但你也可以在美国尼亚加拉大瀑布州立公园度过时光。这座公园由弗雷德里克 · 奥姆斯特德（Frederick Olmsted）设计，是美国第一个州立公园，拥有从探索中心到山羊岛的修剪整齐的小径，长约 24 千米。

乘坐直升机掠过马蹄形瀑布。

夜晚的光线为瀑布增添了魅力。

烹饪学院品尝 ▲

尼亚加拉烹饪学院是尼亚加拉蓬勃发展的餐饮业背后的秘密。你可以免费参观这令人印象深刻的 8300 多平方米的空间，在学生经营的塞渥餐厅（Savor）享用美味，或是为约会之夜学习调酒或糕点课程。如果你是个真正的美食家，请查看坎农烹饪剧场（Cannon Culinary Theatre）的时间表，以与名厨会谈。

✣ 尼亚加拉瀑布：有趣的事实

更多数据和怪事为尼亚加拉增添名气：

- 自 1859 年以来，就有冒险家走钢索跨过尼亚加拉峡谷。
- 第一个越过瀑布的人是一位 63 岁的女教师。
- 鱼群游过 60 多米高的瀑布，大约有 90% 幸存下来。
- 感谢尼古拉·特斯拉（Nikola Tesla），使尼亚加拉成为商业水力发电的诞生地。

情侣探险

乘直升机俯瞰瀑布 ▲▲

翱翔于安大略湖、乔治堡、葡萄酒之乡和尼亚加拉河，从各个角度环视瀑布，欣赏美景。空中俯瞰为这壮丽的景色提供了全新的欣赏视角——特别是你的飞行员作为区域向导时。尝试在冬季乘国家直升机，尝试飞行最长的时间。

尼亚加拉河两岸的加拿大鹅。

穿雪鞋漫步葡萄园 ▲▲

先品尝雷司令和冰葡萄酒，它会令你出现灼热感，然后穿上雪鞋绕尼亚加拉葡萄酒产区的葡萄园、河流和森林漫步。如果想要集体旅行和在雪地上用餐，你可以查看三十席酒庄（Thirty Bench Wine Makers），如果想自己穿雪鞋探险，舒尔泽酒庄（Schulze Winery）很高兴让你在他们的溪畔葡萄园里嬉戏。

瀑布背后的探险 ▲▲

往下走 45 米进入加拿大马蹄形瀑布的基岩。每秒约有 2800 立方米的水飞过冰柱入口，步行于风道，你能听到雷声。

欲了解更多信息，请查看：

» 岛屿：巴哈马北伊柳塞拉岛，第 66 页

» 探险之旅：加拿大丘吉尔，第 94 页

著名的菲茨罗伊峰（Fitz Roy）。

冰川国家公园
阿根廷

冰川国家公园位于南安第斯山脉和世界上最大冰盖之一的巴塔哥尼亚冰盖之间，是冬季运动爱好者的天堂。它拥有结霜的山峰、冰山填满的湖泊和 200 多条冰川，其中包括传说中的佩里托莫雷诺冰川（Perito Moreno）。虽然世界上许多冰川正在退缩，但佩里托一天的行进速度可达 3 米。伫立在 4.8 千米宽的终点前，聆听冰裂的声音，并观察其崩裂并迅速融入拉戈阿根廷（阿根廷湖）。这些都是南美洲最令人惊叹的经历之一。或许你认为这是最美的景色，那你一定还没看到公园的另一边。菲茨罗伊山是巴塔哥尼亚名副其实的象征，是其前沿和中心。查尔滕是巴塔哥尼亚的一个小山村，是装备店、素食餐馆和啤酒厂的绿洲。它的存在只为拜访和崇拜这座“吸烟山”。城镇的每一个角落都会留下痕迹，你不禁要跟着前行。巴塔哥尼亚的美丽让你情不自禁地去欣赏更多的美景。你的身体或许不会对此感恩，但你的内心将永远充满感激。

最佳时间

巴塔哥尼亚的天气难以预料，12 月至次年 3 月往往温暖，阳光充足，风速较小。寒冷的 4 月或是 11 月更适合你前往。

下榻酒店

桑德罗斯旅舍：一家舒适的当代酒店，款式适宜，价格合理，位于宜人的查尔滕中央。**洛彭朝精品公寓：**一家位于查尔滕边缘的精品酒店和自助式套房，俯瞰着阿根廷湖。

浪漫之旅

来一场冰川到冰川的三日游，提升你的探险旅程。登上精美的马帕特游轮，它从斯佩嘎齐尼冰川（Spegazzini）航行到兀沙拉冰川（Upsala），你会在游轮上发现豪华客房、美食和无数场香槟酒会。一日游也可。

贴心提示

为巴塔哥尼亚探险保持好体魄。当你看到这些壮丽的山脉和冰川，你会想一直徒步旅行。准备好在你家附近的小径上进行几次 16 千米的徒步旅行吧。

徒步到生长中的佩里托莫雷诺冰川。

情侣探险

佩里托莫雷诺冰川徒步 ▲▲▲▲

跳过那些"触摸冰川"的远足，到达冰原的中心。将阳光留下，踏入正在生长的冰川的野生小气候。在迷宫般的冰隙航行，躲进蓝色的冰洞，带着兴奋，用你的冰爪征服那崎岖的地形吧!

夜间徒步去往拉古纳德洛斯特雷斯 ▲▲▲▲

到菲茨罗伊的花岗岩山峰和绿松石潟湖底部的旅程可以说是世界上最好的一日徒步旅行，甚至两天更好。在波因斯诺特营地（Camp Poincenot）过夜可以让你有时间欣赏任何云彩（这是它们被称之为"吸烟山"的原因），看日出日落时分山峰露出天际，并探索周围的里奥易莱切克（Rio Eléctrico）山谷和冰川。

乌普萨拉冰川探险 ▲

首先乘船沿阿根廷湖的冰山去往巨大的裂冰乌普萨拉冰川（Upsala Glacier）。继续沿运河前往克里斯蒂娜大庄园（Estancia Cristina）。自 1914 年以来，它就是冰川之间的一座富有活力的庄园。享受酒店的美食，欣赏戈乔博物馆，然后或徒步，或驾驶四驱车，抑或骑上马背以更高的角度欣赏乌普萨拉的美景。

拉古纳托雷徒步旅行 ▲▲

从查尔滕村穿过南部的山毛榉森林，朝着 3100 多米高的塞罗托雷山谷（Cerro Torre）行进，这是标志性四山链中最高的山峰。捕捉潟湖中冰盖尖顶的倒影，之后前往美丽都梅斯特里探寻更美的冰盖景观。相对于轻松的 13 千米旅程来说，这需要花费巨大体力。

难找的花生酱

我们在南美第 107 天，这是在第 4 个国家、第 22 次尝试情侣徒步寻找花生酱。它是奶油色的，富含蛋白，无需冷藏，是徒步旅行的终极食物，防止我们铅中毒。我们走进查尔滕的市场，希望这个嬉皮士小镇能够理解我们的困境，并问店主："有花生酱吗？"当他回答"当然有"时，我们像学童一样尖叫，而实际上我们拥抱了这个男人，并购买了三罐。这是徒步旅行者心中的宝贝。

在花生酱过道里表现出发自内心的快乐。

欲了解更多信息，请查看：

» 山脉：智利百内国家公园，第 38 页

» 瀑布：阿根廷和巴西伊瓜苏瀑布，第 44 页

日本名花之里（Nabana no Sato）的数百万盏照明灯。

Top 10

终极冬季节日排行榜

通过这些娱乐文化节日对寒冷的冬季更加感兴趣

加拿大

1. 魁北克嘉年华

魁北克举办的世界上最大的冬季狂欢节之一，由博诺姆（一个巨大的雪人）主持。这个音乐节在 300 吨重的冰宫中开幕，随后是甜酒游行队伍，以及冰上签名轻舟赛，这是一场由 50 人参加的冰山跳台比赛。

日　本

2. 名花之里冬季灯光节

为了展现日本对细节的不可思议的关注，桑名市将其原本休眠的植物园利用起来，并用超过 800 万盏 LED 灯使其恢复生机。从迷幻的“隧道之光”到“黎明中的富士山”等雕刻技艺，它让每个人都感受到了光芒。

美　国

3. 安克雷奇皮草节

朗迪（The Rondy）起源于安克雷克还是个矿场和狩猎城镇的时期，继承了这座城市的开拓精神。驯鹿赛跑、狗拉雪橇赛跑、雪鞋垒球赛，这些户外竞赛和胡须锦标赛一起，成为一场独特的阿拉斯加风情盛宴。

俄罗斯

4. 莫斯科冬季节日

这座俄罗斯首都欢迎假期的到来，在革命广场和伊斯梅洛沃公园到处都是夸张的灯饰、冰雕、三轮车雪橇、滑冰场、圣诞市场，以及各种节目表演。这是一种庆祝俄罗斯文化的冬季狂欢，恍惚中带给你一种故乡的感觉。

匈牙利

5. 面具步行节

这个列入联合国教科文组织世界遗产的节日的历史可以追溯到 1526 年，当时村民们试图用怪物装扮来吓唬土耳其军队，而如今这个节日作为吓跑冬季的有趣尝试。市民穿着毛茸茸野兽般的服装在多瑙河上航行，乘奇异的马车冲上街道，喝一杯帕林卡白兰地抵御严寒。

美国和加拿大

6. 池塘跳跃杯

在山坡底部建一个池塘，试图穿上古怪的服饰越过池塘，这是一种奇特的春季滑雪传统，现在已是公认的竞赛。在北美排位赛之后，滑雪场将最好的跳跃者送到“世界杯”，这不仅仅要求参赛者横跨过池塘，还要累计积分成为获胜方之一。

瑞　士

7. 雪地自行车节

山地车手和雪上运动爱好者聚集在一起，参加首屈一指的冬季自行车节。骑手们装配更宽的轮胎和更深的胎面，每年 1 月在格雷晏阿尔卑斯山（Gstaad Alps）的“死亡斜坡”进行四阶段比赛，尽情享受这狂欢。

中　国

8. 哈尔滨国际冰雪节

哈尔滨将冰雪雕塑发展为一个冰雪都市的规模，每年 1 月份建成一座占地61万余平方米的冰冻城市。其中建筑高达 15 层，从大本钟的复制品到佛教寺庙，其雕刻的细节令人难以置信。漫步于这冰雪世界，甚至可以来一场高山滑雪或见证北极熊游泳。

秘　鲁

9. 太阳节

印加的冬季庆典被西班牙人扼杀，直到 20 世纪中期才秘密举行。如今这个安第斯山区的节日已在库斯科盛大地举行，身着古装的游行队伍穿过古老的萨克塞华曼堡垒，派对将全城的热情点燃。

德　国

10. 罗滕堡的圣诞市场

这个中世纪的村庄自 15 世纪以来就开始举办圣诞节市场，装扮了许多姜饼风格的房屋。这里是个异想天开的地方，可以购买手工制作的珍品，品尝甜酒，并与圣诞老人互动。

厄瓜多尔亚苏尼（Yasuní）。

深入自然，你会更好地了解这一切。

——阿尔伯特·爱因斯坦（Albert Einstein）

第九章

热带丛林和雨林

穿过一片古老的雨林，路过古老的蕨类植物和针叶树，它们自恐龙时代就已经开始蓬勃生长了。看看这棵高大的雪松，它的树干上长满了苔藓。走近细看，这棵大树竟然滋养着凤梨、青蛙、鸟儿和成百上千个其他物种，雨林内部的生态运作真是令人难以置信。从原住民守护者和忠诚的自然学家那里学习雨林的秘密。一开始嗡嗡有声的昆虫、鸣叫的鸟儿和沙沙作响的树叶混合的杂音很快就变成了一曲交响乐。这些标志性的声音可能会引领你看到绚丽夺目的格查尔鸟、蛛猴或粉色河豚。放大你的所有感觉，包括冒险的感觉，你就会发现一个充满着无限奇迹的地方。划船穿过森林底部的大量积水，有时爬上树冠看看，大家不惧日夜远足。我们的雨林是十分珍贵的，但是它们总遭到破坏。我们应该给予它们应得的爱护。

古老的雨林与大堡礁在这里交汇。

丹特里
澳大利亚

丹特里有着1亿多年的历史，是世界上最古老的雨林之一。虽然澳大利亚的大部分土地都变得贫瘠，但昆士兰的这个角落仍能保持葱翠茂盛，还保留着古老的蕨类植物、针叶树，以及原生的被子植物家族（地球上现存19种中的12种）。这里动植物种类繁多（如昆虫就有12000种），使丹特里（Daintree）如此独特的就是这里特有的昆虫品种。作为博伊德森林龙（Boyd's forest dragon）、白氏树袋鼠、南方鹤鸵（一种1.8米高、86千克重的大鸟）的家园，用稀世罕见和不同凡响来形容这里最合适不过了。除了丰富的历史之外，丹特里的原始居民仍然是它的守护者。澳大利亚原住民是世界上延续最久远的文化，库库雅拉尼（Kuku Yalanji）通过成为护林人、向导和艺术家来发扬他们的传统。然而另一个值得去游览的原因是：丹特里与大堡礁相毗连，你可以轻而易举地同时游览被联合国教科文组织列入保护名单的两处世界遗产。雨林与海滩、文化的交汇，丹特里可以满足情侣们的所有旅行愿望。

最佳时间

雨季之后前往就好，5月到9月天气更加凉爽、晴朗，平均气温只有25.6℃。

下榻酒店

丹特里生态水疗别墅酒店： 15间注重可持续发展的豪华树屋别墅供你选择。**苦难角海滩屋度假村：** 在雨林边，为你提供悠然闲适、价格合理的房间。

浪漫之旅

享受热带雨林瀑布为你按摩，或者更好的是，在瀑布里享受水疗。丹特里生态酒店运用原住民的植物知识和一个神圣的环境带来令你满意的服务。

贴心提示

水母和鳄鱼的危险性可不是开玩笑的。如果你想要无忧无虑地游泳，可以试试莫斯曼峡谷的河流浴场和梅森百货后面的游泳池。

气质优雅的南方鹤鸵。

情侣探险

杜布吉木板路 ▲

走在扇形棕榈树的华盖下，前往三种不同的动物栖息地：雨林、淡水沼泽和红树林。这 45 分钟的漫步结束于米亚尔海滩（Myall Beach），那里有纤细的红树林、礁岩池和广阔的海岸线。

漫步于莫斯曼峡谷 ▲

在公园的南端，莫斯曼河（Mossman River）在不计其数的巨石间流淌，你可以通过原住民库库雅拉尼人的视角感受这片雨林。在一趟 90 分钟的自然漫步中，会有一位长者讲述丛林的药用价值、实际价值和精神价值。

驾驶四驱越野车在布隆菲尔德路上穿行 ▲▲▲

在澳大利亚进行一场最冒险的自驾游，去那些只有驾驶四驱越野车才能到达的地方。在海岸和雨林之间穿行 30.6 千米，你就会发现与世隔绝的海滩、山景瞭望台、瀑布、交错的小溪，还有从苦难角到库克敦的狂野旅程。

在丹特里河巡游中观赏鸟类和鳄鱼 ▲▲

沿河而下就能看见该地区 400 多种鸟类中的一部分。你能看到小翠鸟、乌灰鹭、巴布亚蟆口鸱，如果足够幸运的话，还能看到高大的鹤鸵。退潮时，安排时间乘船游览，去欣赏在河岸上晒日光浴的湾鳄。

✣ 迅速结交的好朋友

我们在酒店的早餐餐厅里遇到一对荷兰夫妇。在一块华夫饼、两杯咖啡、一阵大笑之后，我们就马上做出了一个从凯恩斯到丹特里的公路旅行计划。相识和计划还不到 24 小时，我们就坐上了他们 1994 年款的丰田凯美瑞汽车，出发去昆士兰的野外。海滩漫步、丛林徒步、池塘游泳、围着篝火讲故事，我们度过了一个令人难忘的周末。当然，与完全陌生的人一起进行公路旅行是信任的飞跃，但未知的是哪里才是冒险的真正起点。

和我们的新朋友一起漫步在杜布基木板路上（Dubuji Boardwalk）。

欲了解更多信息，请查看：

» 探险之旅：澳大利亚最北端，第 84 页

» 冰川：新西兰韦斯特兰，第 160 页

考 索
泰 国

泰国喀斯特地貌的群山从考索国家公园（Khao Sok National Park）的湖水和雨林中拔地而起。这些古老的珊瑚色地貌被枝繁叶茂的丛林覆盖，山上还凿有洞穴，使得该地成为印在泰国明信片上的目的地之一。在这座引人瞩目的巨山脚下，有着一亿年历史的常绿雨林，它是这类森林中最古老的之一。稀有的棕榈树、野生山竹、杀手树和藤蔓植物构成了一个繁茂的生态系统，使得这里成为老虎、大象和貘的家园。公园占地 738 平方千米，分为两个截然不同的部分。考索村是到秋兰湖"陆路"的入口，而拉查普拉法大坝则是"水路"的入口。秋兰湖由 100 多处裸露的石灰岩和 6 条主要支流环绕，这片翡翠般的湖水给古老的考索雨林带来了额外的光芒。可以乘一艘长尾船去探索各种有着喀斯特地貌岛、广阔洞穴和野生动物保护区的海湾，乘独木舟或汽车内胎做成的橡胶船沿着风景优美的索克河顺流而下，睡在漂浮的平房、树屋或大象保护区，在古老的雨林中享受罕有的寒冷的岛屿环境。

最佳时间

12 月至次年 4 月是最无趣的几个月。在季风季节，一些小径和洞穴会关闭，但是你将会看到更多的哺乳动物和更少的游客。

下榻酒店

我们的山林小屋度假村：树屋主要集中于考索村河边大约 10 公顷的地方。**大象岭酒店：**这里有搭建在僻静处的豪华游猎帐篷，还有大象保护区（这里的大象是被保护的，而不是被当作坐骑的）。KhaoSok Lake.com：当地的旅社会提供住在浮动平房的体验，有不同的价位。

浪漫之旅

正宗的泰国按摩是最具吸引力的身体疗法之一，通常被称为"有他人辅助的瑜伽"。通过室内或室外的活动使你的身体更加柔软、精力更加充沛。

贴心提示

扼制住提前预订旅程的冲动。为确保最佳的徒步旅行和沿湖游览，你最好到那里之后再评估那些选择。而且，你会得到更经济的价格。

长尾船停泊在秋兰湖的浮动平房边。

空盛野生动物保护区正在洗澡的大象。

情侣探险

全天湖游 ▲

预订一次经典的湖游，前往空龙、空卡或空派。早点开始，去看云雾缭绕的喀斯特山峰，看动物们外出吃早餐。乘长尾船沿峭壁巡游，你将路过三兄弟群岛，这是一个绝佳的游泳之地。停下来，在水上木筏屋里吃些午饭，拖出独木舟出去划船，然后到丛林里进行山洞游览。请注意：如果你只有一天的时间在湖面游览，那么就请沿空派航线去探索泰南塔鲁山洞。

探察泰南塔鲁山洞 ▲▲▲▲

徒步穿越雨林、浅水河，到达考索最狂野的探险地之一。依靠你自己的力气和几根绳子进行洞穴探险，穿越一条地下河，攀爬并游到远处的石笋夹道上。你永远也不会忘记这样的经历。

远足于偏远的雨林 ▲▲

这里有许多赏心悦目的远足活动，可以穿越竹林、层叠的瀑布和遍布山坡的大王花（被称为“世界上最大的花”）。你也可以另辟蹊径，到更远的地方去，带着一位能带领你进行最佳徒步旅行的向导，以你游览时的地点、季节和兴趣而引导你远足。

空盛野生动物保护区 ▲▲▲

空盛是泰国最好的野生动物保护区之一，在偏僻的湖区东北角。珍稀亚洲物种如云豹、马来貘、野生象、眼镜王蛇、马来熊在这片栖息地漫步。在乡村风格的水上浮屋住上一宿（三宿最佳），一睁眼就能看到白掌长臂猿的家庭。在雨林中与园林管理员一同远足，说不定就会有一场激动人心的偶遇。

✣ 和其他情侣同游

我们和一群朋友一起探索考索，这是一场热闹的狂欢。我们成功的秘诀是：

确定每个人的旅行目标和期望。

分别研究住宿、活动、饮食、交通等。

每个人写下他们最想做的三件事。

先进行集体活动，请记住偶尔分开游览也不错。

安排一个约会之夜，这天晚上每一对夫妇都做些特别的事情。这会为你增加浪漫气息，让每个人都有不同的故事可以分享。

随心所欲，尽情享受吧！

和我们亲爱的朋友及同行的情侣一起旅行。

欲了解更多信息，请查看：

» 海滩：泰国莱利，第 72 页

» 建筑：缅甸蒲甘，第 104 页

我们胆大的向导在巴西乌鲁布河（Rio Urubu）里划船。

生存技巧

在导游克里斯托弗（Cristóvão）的引导下，我们将手中的木桨浸入墨黑深邃的乌鲁布河中，并一起划桨。导游从小生长于亚马孙热带雨林，做什么都是手到擒来——用一把砍刀就可以搭一个避雨的棚子、用手线捕鱼、用棕榈叶做小包、在未知的地方航行。他的生活和我们完全不同，然而我们有很多东西都需要向他学习。我们一起在被洪水淹没的雨林里生活了五天，在这五天里，他教给我们如何适应这里的环境，要随机应变，要沉着耐心。那时我们认为他不过就是在教我们如何在丛林中生存，但是后来我们意识到，这些知识也让我们为之后的野生世界探险做好了准备。

吊桥连接着云雾森林的树冠。

蒙特韦尔德

哥斯达黎加

蒙特韦尔德坐落在北美洲大陆分水岭的脊梁上，距离大海约 26 千米，它独特的地理位置使得它蕴含着令人惊奇的宝藏。从太平洋和加勒比海吹来的暖气流在凉爽的山脉中冷凝，形成云雾森林——生物多样性的终极灌溉系统。蒙特韦尔德拥有大约 2500 种植物、400 种鸟类、100 种哺乳动物，还有“世界兰花数量之最”的美誉，这里孕育着如此丰富多彩的生命，以至于有时很难欣赏到它错综复杂的细节。虽然你是和当地的导游一起走，但仍然会有一只树懒或鲜艳夺目的格查尔鸟神奇般地出现在你面前。云雾森林的声音、气味和神韵融为一体，它们诉说着这片生态梦幻之地的多彩故事。圣埃伦娜（Santa Elena）是该地区一个热闹的村庄，那里有许多通往自然保护区、生态酒店、日间温泉浴场和探险旅社的道路。这里能如你所愿，是一个宁静祥和又富有活力的地方。

最佳时间

梦幻的薄雾全年都有，不过最好避免8月至10月前往，因为此时这里非常潮湿。

下榻酒店

蒙特韦尔德花园酒店：坐落在圣埃伦娜，这一处住所的特色是美味的食物、动人的风光和才识渊博的导游。

洛斯皮诺斯：设施齐全的小木屋，还有步行小径、山景和菜园。

浪漫之旅

学习从可可豆到松露的巧克力制作艺术。在卡博雷（Caburé）室外咖啡厅享受午餐，然后参加他们的互动旅游，自己手工做甜点。

贴心提示

别在找向导上省钱。他们的专业能力、鸟叫模仿，以及训练有素的眼睛和耳朵对你的野生动物体验来说是无价的。请记住：没有好的向导，就看不到格查尔鸟。

蒙特韦尔德花园酒店一个灵感源于自然的池塘

情侣探险

蒙特韦尔德云雾森林保护区 ▲

你想看到那种梦幻般的森林意象，点缀着苔藓，盛开着凤梨花，笼罩在薄雾中吗？这里就是那令你魂牵梦绕的地方。在向导的带领下徒步穿越蒙特韦尔德的六个生态区，试着去发现三肉垂钟雀、矮豹，或是正在跳着太空步求偶舞的红顶娇鹟。

吊桥和高空滑索 ▲▲▲

90% 的生命都是发现于雨林的树冠中……爬上树来！圣埃伦娜云雾森林保护区附近，各家旅社（天空探险旅社和塞尔瓦旅社都很不错）已经将树冠用悬索桥和高空滑索连接起来，为你提供绝佳的观景点，带来额外的刺激。

孩子们永恒的雨林 ▲

为了给子孙后代留下哥斯达黎加最纯净的雨林，44 个国家联合起来建立了这个占地约 2 万公顷的僻静的保护区。蒙特韦尔德是巴霍德尔蒂格雷区之所在，这里有迷人的小径、教育中心，配有昼夜徒步和带有音频讲解的旅游项目的向导。

蒙特韦尔德蝴蝶花园 ▲

别误会，这是一个普通的昆虫博物馆，这里的魅力在于可以治愈蜘蛛恐惧症。了解当地 50 种独特的昆虫，漫步于振翅飞舞的蓝闪蝶中，观看迷人的不同阶段的蝶蛹，捉一只独角仙。

关于昆虫的有趣事实

哥斯达黎加是超过 30 万种昆虫的栖息地。看一看这里最受喜爱的昆虫吧：

大木林蛛：雌性蜘蛛的体型是雄性蜘蛛的 10 倍，并且她们吐出的丝比钢丝还要结实 5 倍。

切叶蚁：它们可以建立像篮球场那么大的地下巢穴。

铁甲虫：它们的甲壳十分坚硬，即使一辆汽车轧过，它也安然无恙。

子弹蚁：据说它们的螯针令人疼痛的程度比黄蜂的螯针还要强烈 30 倍。

红带袖蝶：它们严格有序，每天都在花间流连（可能周日和节假日除外吧）。

这只勤劳的红带袖蝶在早晨出勤。

欲了解更多信息，请查看：

» 探险之旅：哥斯达黎加托尔图格罗，第 98 页

» 海边风貌：伯利兹中美洲大堡礁，第 124 页

奥林匹克半岛

美　国

西华盛顿州因"坏"天气而饱受批评，但是奥林匹克国家公园（Olympic National Park）的雨林使这一切都变得值得。奥林匹克山脉年降雨量约 3.66—4.27 米，形成了一片翠绿欲滴的景色，这里有苍苔覆盖的雪松、高耸入云的云杉和云雾笼罩的花旗松，有的高约 90 余米。虽然这个公园只有这一张生态王牌，但美国雨林的相对稀有使得这里对人们来说有着强大的吸引力。除了神秘的霍河（Hoh）雨林和奎诺尔特（Quinault）温带雨林，这座心形的半岛还依偎在冰川覆盖的山脉、野花草甸、13 条蓝绿色的河水和约 113 千米的崎岖海岸线之间。其生态系统的多样性令人印象深刻，已获得世界生物圈保护区和联合国教科文组织世界遗产的地位。理论上说，你可以在一天内完成所有的活动：爬冰山、踏海滩、徒步山间、飞蝇钓，还可以泡泡火山温泉。我们希望你都尝试一下。无论你的兴趣如何，40 余万公顷的国家公园和约 983 千米的小径都将让你拥有惊喜时刻。

最佳时间

活泼爱闹的人可以在一年四季尽情游览奥林匹克国家公园。那些喜欢天气晴朗、阳光充足的人应该在 6 月至 9 月前往，或在 4 月至 5 月前往，可以踏上幽静的小路，寻找麋鹿的踪迹。

下榻酒店

奎纳尔特湖山林小屋：公园内一处历史悠久、设备齐全的旅舍，船屋内还有温泉。**卡拉洛奇旅馆：**若你想欣赏海景，那么请尝试这些沿着陡岸、海风吹拂得十分舒适的小木屋。

浪漫之旅

沿着巨石溪小径到达自然温泉。这里有 3 个温泉池依偎在雨林中，有些温度可高达 48 ℃。（参考信息：裸泳在这里很常见。）

贴心提示

即使你不是露营爱好者，也请你至少要在这片古老的森林里度过一夜。提前在霍河雨林营地预订最佳的河边营地，或是早去几天在宁静的格来福溪（Graves Creek）边预订营地。

霍河雨林里神奇有趣的"苔藓大厅"（Hall of Mosses）。

生机勃勃的奥林匹克国家公园海岸。

情侣探险

飓风岭 ▲▲

最容易到达的山峰也是最壮观的山峰之一，尤其是可以俯瞰广阔的奥林匹克国家公园，景色尽收眼底。驱车约 27 千米，你可以看到半岛的全景、胡安·德·富卡（Juan de Fuca）海峡和奥林匹克山脉的冰川。山脊上的小径适合每一位游客。

巨人谷 ▲

这里是最高大的铁杉、花旗松、北美乔柏的家园，还有 1000 年树龄的西加云杉，奎纳尔特山谷是一个令人深感人类之渺小的地方。从奎纳尔特雨林自然环路开始，一条约 800 米的小径穿过这片温带雨林。继续在纵横交错的小径上前进或是在这里风景如画的湖泊周围行驶 50 千米，保持轻松愉快。

霍河边徒步至五里岛 ▲▲▲

在走过著名的“苔藓大厅”后，离开人群，沿着冰冷的蓝色霍河来到五里岛（Five Mile Island）。有着几百年树龄的雪松编织着华盖，蕨类植物给森林铺上了一层地毯，成群的罗斯福麋鹿出现在你所在的雨林深处。沿途的地形如此平坦，又有着数千年来不变的美丽景色，一次十几千米的徒步旅行将会令你感觉过得飞快。

在 4 号海滩进行潮间生物观察 ▲▲

凹凸不平的海滩上有大量的浮木、顶端有树的海蚀柱和褶皱的岩石，卡拉洛奇 4 号海滩令人惊奇，当你在退潮时探索这里时，它会尤为令人神往。踮着脚尖在水池周围窥探巨大的绿色海葵、夕阳色的海星，水獭将海水拍打得四处飞溅。

✣ 雨林公路旅行：温哥华岛

想寻找更具神秘色彩的温带雨林，请继续前行到加拿大的温哥华岛。从奥林匹克国家公园驾车前往安吉利斯港，然后乘轮渡前往魅力无限的殖民城市维多利亚。沿着东海岸前行 160 千米，到麦克米兰省立公园的教堂园林，在古老的道格拉斯杉树林中徒步。然后向西南方向行驶 96 千米，到达太平洋沿岸国家公园，在那里你会发现冲浪沙滩和海岸，以及称得上不列颠哥伦比亚省最美丽的雨林。

维多利亚——温哥华岛雨林的大门。

欲了解更多信息，请查看：

» 沙漠：美国摩押，第 140 页
» 山脉：美国雷尼尔山，第 32 页

圣卢西亚

小安的列斯群岛

撰写：纳特 · 史密斯和乔迪 · 伯纳姆（Nat Smith & Jodie Burnham）

作为一个东加勒比海的岛国，圣卢西亚以其引人注目的海岸双峰——大小皮通山闻名于世。高达760多米的火山从海面上拔地而起，这足以引人瞩目，但是对于它们，我们最喜欢的地方其实是它们庇护下的热带雨林。圣卢西亚77%的土地都由森林覆盖，徒步旅行的小径交错纵横在这有野生兰花和巨型蕨类植物景观的丛林。沿着西海岸行驶，蜿蜒地穿过茂密的山峦和果树种植园，看穿云雾笼罩的山谷，眺望着生机勃勃的蓝色大海，这些美景让我们为之神往。这座岛是当地最稀有的一种热带鸟类——圣卢西亚亚马孙鹦鹉（圣卢西亚鹦哥）的家园。融合了之前法国和英国统治时期安的列斯群岛人和欧洲人的影响，这座独立的小岛现在有其独特怡人的味道。前往观赏其如画的山景、鲜艳绚丽的珊瑚礁和加勒比海最原始的雨林吧！

最佳时间

旺季是12月至次年4月，然而即使是"飓风季"也常常只有午后一会儿的阵雨，但阳光明媚的5月至6月处在雨季来临前，价格相对较低。

下榻酒店

圣卢西亚水晶酒店：这家酒店有些特立独行但十分优美，其生态友好型树屋为你提供最诱人的风景。**拉德拉度假酒店：**坐落在被联合国教科文组织列入世界遗产的皮通山区域内唯一的酒店，也是岛上最豪华的酒店之一。

浪漫之旅

在玛格庄园的平台上啜饮一杯朗姆鸡尾酒，欣赏玛莉格湾（Marigot Bay）的日落，人们都说这是加勒比海上最美丽的景色。

纳特和乔迪的小建议

去圣卢西亚国际机场的路上，在礁石海滩咖啡店停下，喝一点皮通山啤酒。在飞机上，预订一个靠窗的座位以便于欣赏小安的列斯群岛壮丽的景色。

皮通山（Pitons）从苏弗里耶尔（Soufrière）海湾拔地而起。

情侣探险

驱车直入火山和硫黄温泉镇 ▲▲

苏弗里耶尔是这个世界上唯一可驱车直入的火山之一，也是世界上最活跃的地热公园之一。这里有不计其数的温泉，在这些泡泡泥浴池中，用滑肤矿物质在身体上打出泡泡。继续前行，快速驶至钻石瀑布植物园，在这里再泡一会儿。

西北岛的美食与娱乐 ▲

漫步鸽子岛国家公园的山麓、海滩和 18 世纪的要塞（在没尝过木香咖啡店的烤肉之前，就不要离开这里）。在大屿镇的周五夜晚，街道派对继续品尝美食、放松自己，这里的街道上有炸鱼、音乐和舞蹈。

雨林空中缆车和高空滑索 ▲▲▲

滑过这座岛上最古老的雨林保护区——卡斯特里水厂森林自然保护区的华盖。和雨林探险知识丰富的向导一起乘露天缆车（不用砍一棵树便可建造）或高空滑索像人猿泰山一样摇晃着穿越树林。

从皮通山到海滩 ▲▲

攀登极具挑战性的格罗斯冰锥（Gros Piton），欣赏邻国马提尼克（Martinique）和圣文森特（St. Vincent）真正壮观的景色（在这场历时 4 小时的徒步旅行中，向导十分重要）。在附近的百叶海滩，也就是在依偎着大小皮通山的糖海滩，舒舒服服地游个泳，以此来犒劳自己。

情侣建议

旅行可能会带来压力，重要的事要记住：你的伴侣在他或她的舒适区之外可能会有不同的反应。要有同情心，打开沟通的渠道，特别是当事情进行得不顺利的时候。一时变得愤怒和沮丧是没有用的，所以就让它过去吧，如果你必须要做什么的话，请先任其放任一会儿。旅行中我们最脆弱的时候就是病了、累了或是饿了的时候。这个时候情绪会迅速升级，所以对彼此要温柔，处理事情时对事不对人。

人行桥——通往充满冒险活动的雨林。

欲了解更多信息，请查看：

» 岛屿：巴哈马北伊柳塞拉，第 66 页

» 自驾游：古巴西部，第 212 页

超能夫妻纳特和乔迪

作为全职旅行者，纳特（Nat）和乔迪（Jodie）曾经作为诚信房屋托管在各地居住，他们的住所遍及中东、欧洲、美洲和大洋洲地区的 17 个国家。正是因为他们把经历分享到了 NatnJodie.com 网站上，他们的生活方式和诚信房屋托管社区项目才鼓励了世界各地的人们进行历时更长、更能沉浸其中的旅行。

镶嵌在葱翠海岸的丛林旅舍。

亚苏尼

厄瓜多尔

亚马孙与安第斯山脉在这里相遇，清凉的溪水在山间流淌，赤道上的阳光明亮地照耀着，亚苏尼国家公园是地球上最具生物多样性的地方之一。亚马孙盆地面积约 750 万平方千米，而该联合国教科文组织生物圈保护区只占其中的 39800 多平方千米，其种群密度却远超亚马孙盆地的其他任何地方。在每一公顷的土地上，亚苏尼就有超过 10 万种昆虫（比北美所有地区的总和还要多）。在不到亚马孙总面积 0.2% 的土地上，你可以发现其超过亚马孙 33% 的鸟类和爬行动物。然而，当你走到科卡市的大门时，你可能会觉得来错了地方。它是厄瓜多尔的原油之都，在你进入该国家公园之前，钻井平台和炼油厂最先映入眼帘，让它们激发你更加喜爱这个珍贵的地方，但别让这些东西阻挡了你前进的脚步。沿着那坡河进入受保护的生物圈，这片丛林中的河岸上遍布柳树、吉贝木棉、号角树，以及盘桓的热带鸟类。毋庸置疑，这个地方是美丽的，越是走近它，就越是会发现它的动人之处。倾听森林中动物们的啼啭声，观看蜘蛛织网，凝视着跨越两个半球的星座，脚步慢一些，每一步脚下都有生命的存在。

最佳时间

这里通常都十分温暖，阳光明媚，但有些潮湿。一年中的任何时候前往都可以，只是需提前为偶尔的倾盆大雨做好准备。

下榻酒店

下面的旅社会为你提供包括住宿、餐饮和向导活动在内的多日游。**海牛亚马孙探险号游轮：**精品游轮上有划艇和动力艇，为你带来最大程度的探索体验。**那坡野生动物中心：**国家公园内唯一的旅舍，也是厄瓜多尔最好的旅舍之一。**亚马孙海豚小屋：**食人鱼湖生物走廊上的传统茅草小屋。

浪漫之旅

找一个舒服的地方躺下仰望星空。在赤道上，你将会看到两个半球的星座。寻找北极星、南十字座和你自己的星座。

贴心提示

未开发的亚苏尼还没有足够的基础设施让你独自探索。你能去的地方及能做的活动基本取决于所选的旅社。一定要选择一家既能最大程度利用好你的时间又经济合算的旅社。

鹦鹉在疯狂地舔黏土。

情侣探险

观赏鹦鹉舔黏土 ▲

每天早晨，成百上千只黄冠亚马孙鹦鹉和钴翅鹦哥聚集在河边矿物质丰富的峭壁上。为了争夺午餐队伍中的一个位置，它们在原地飞舞，拍打着鲜艳多彩的翅膀。早点坐船去那里，观看这壮观的仪式。

食人鱼湖生物走廊 ▲▲▲

探索水上森林遍布、野生生物丰富的黑水河系统。在水上树林间划船，在陆地上徒步。请擦亮眼睛仔细观看粉红色的河豚、白色的凯门鳄、树懒、吼猴、大嘴鸟和食人鱼。

夜间徒步游猎 ▲▲▲

发现夜间活动的动物，探索亚苏尼惊人的昆虫多样性。打着手电筒慢慢地走，使用手电筒一棵树一棵树地照，这样你可以专注于雨林微小的奇迹：树蛙、蠡斯（蝈蝈）、正在捕食的螳螂，还有许多令你惊奇的生物。

寻访克丘亚村 ▲

一些原住民社区，比如沙尼（Sani）和阿南古（Añangu），非常欢迎游客参与到他们的日常生活中。在茅草屋、异国情调的农场和校舍里漫步，或是品尝一顿传统的晚餐，比如配有棕榈芯的罗非鱼、小米啤酒和烤虫蛹（吃起来比听起来要好得多）。

敲响警钟

乘船回到科卡（Coca），欣赏河水环绕、绿树成荫，这一星期看到的野生生物的情景在脑海中回放……潜水的海豚、跳跃的猴子、俯冲的金刚鹦鹉……然后一艘油轮轰隆隆地从我们身边驶过。

亚苏尼需要我们伸以援手。旅游业本身没有缺憾，但是对亚苏尼而言，这里吸引的游客越多，厄瓜多尔保护这片珍贵环境的理由就越充分。

在食人鱼湖洪水淹没的森林里徒步。

欲了解更多信息，请查看：

» 山脉：秘鲁乌鲁班巴大峡谷，第 36 页
» 自驾游：厄瓜多尔火山大道，第 210 页

马瑙斯

巴　西

亚马孙是世界上最大的热带雨林，分布于 8 个国家，面积约 700 万平方千米，仅巴西就占其中的 60%。这片常被称作“地球之肺”、生物多样、种群密集的丛林，拥有数十亿棵树、数十万个物种，还有古老的原住民文化。探险之旅起航，从飞往亚马孙州首府马瑙斯开始。利用其城市的基础设施和独创性为你的旅游提供便利，在一流向导的带领下深入涉足丛林，并参加这里绝无仅有的独特活动。马瑙斯于 1693 年建立，一直酝酿着雨林的无限商机，从葡萄牙橡胶大亨到生态旅游创始人，马瑙斯吸引着来到这里的每一个人。内格罗河河岸及苏里摩希河河岸的另一边，分布着一些顶级的丛林旅舍、冒险旅社、原住民体验社区。此外，马瑙斯不仅仅是一个引人入胜的地方，它还是距大海 1600 多千米的港口城市，是丛林中的繁华都市，还有着少数民族部落村庄包围下的欧式建筑。这座城市的景点就足以让你流连几天，其周围的雨林更是具有无限魅力。

最佳时间

5 月至 11 月是旱季，其中 5 月至 6 月晴空万里，河水充沛，植被茂盛，是你前往游玩的最佳时机。

下榻酒店

卡萨希尔托精品酒店：一家可爱的含早餐的酒店，位于马瑙斯的历史街区，还有很值得称赞的屋顶平台。**阿纳维利亚纳斯丛林旅舍：**沿内格罗群岛而建的顶级度假村，有着优质的食物、诱人的活动和热心的丛林向导。

浪漫之旅

尽情沉醉于亚马孙剧院令人眼花缭乱的表演吧！歌剧、舞蹈、古典音乐集中在这个奢华之地，这绝对是个迷人的约会之夜（如果你当天早点去，就可以得到免费的座位）。

贴心提示

尽享异域水果。你可能只在马瑙斯才能见到这些在其他地方见所未见的水果。不要害怕尝试陌生的东西，不曾知晓的东西会有未知的乐趣。去寻找如奶油般滑腻的大花可可吧。

内格罗河（Rio Negro），世界上最大的黑水河。

闹市之中，混杂着原始部落、殖民时期和现今时代的气息。

情侣探险

水之汇 ▲

水之汇是指黑色的内格罗河（Rio Negro）和乳白色的苏里摩希河（Rio Solimões）相汇的地方。由于温度不同，起初黑色和黄褐色的河水只能相汇却不能相融。就这样，一条两种颜色的河绵延数里。为了看到这种景象，还有正在嬉戏的粉色河豚，那就坐公交车到凯撒（Ceasa）码头租一条船（这样会更便宜，而且比简单一个旅行套餐更趣味无穷）。

丛林生存法则 101 ▲▲▲▲

学会如何在森林中寻找食物、如何用棕榈叶搭棚子、如何削制飞镖枪、如何捕食人鱼做晚餐、如何像瓦皮夏纳人那样在森林中生存。家族企业亚马孙印第安旅行社的多日徒步游和舟上航游将会让你为一切做好准备。

划船航游森林底部水域 ▲▲

亚马孙河全年水面落差约 15 米，所以有时会淹没整片森林。黄昏或拂晓时，在丛林间划船荡桨，水中富含的鞣质会使得水面产生梦幻离奇的倒影。

攀爬古树 ▲▲▲

学习如何利用绳索爬树，然后爬上一棵约 60 米高的亚马孙豆木树，直至进入树冠。等待着你的是鸣唱的鸟儿、凤梨和一张吊床。这一活动可以是从马瑙斯出发的一日游，也可以是多日游。

✣ 丛林外才是“丛林”

我们环游世界的旅行是从飞往巴西马瑙斯的单程航班开始的。当我们徒步踏进雨林、在树上睡觉、抓鱼当晚餐、在食人鱼遍布的水域洗澡时，我们想：“或许我们还没准备好进入这片雨林？”五天后，我们走出了丛林，我们曾经面对过每一种可以想象得到的恐怖的事情，现在感觉我们似乎可以征服这个世界。

索尔斯（Soares），亚马孙印第安旅行社创始人。

欲了解更多信息，请查看：

» 瀑布：阿根廷和巴西的伊瓜苏瀑布，第 44 页

» 沙丘：巴西杰里科科拉海滩，第 148 页

泰国伯穆和埃米莉大象保护区（Burm and Emily's Elephant Sanctuary）里备受喜爱的大象。

Top 10

丛林及雨林志愿服务机会前 10 名

去这些地方参加志愿工作，践行任何一个崇高的保护倡议。

若无特别注明，所有项目历时均不超过两周。

马来西亚

1. 猩猩康复中心

在屡获殊荣的马当野生动物中心（Matang Wildlife Centre）工作，这里专为受伤或孤寡猩猩开设。帮助团队提高资源管理水平，为这些聪明的灵长类动物提供丰富的资源，并为能够返回婆罗洲野外的猩猩创造一个积极的环境。

波多黎各

2. 恢复再植雨林

培植受乱砍滥伐威胁的本地外来阔叶树物种。在占地 405 万平方米、位于帕蒂亚斯（Patillas）山间的丛林小屋保护区工作，进行苗木种植，监测树木生长，并将土地恢复作为一种可持续性的林业发展模式。

印度尼西亚

3 监测苏门答腊虎

与世界野生动物基金会合作，调查濒临灭绝的苏门答腊虎的雨林栖息地。在瑞邦巴陵野生动物走廊，为该意义非凡的研究收集数据、设置跟踪相机，寻找苏门答腊虎的踪迹、捕猎、虎啸，以及老虎本身。

秘　鲁

4. 亚马孙园林管理员

进行河流巡逻，记录非法活动的证据，收集动植物数据，维护小径，并加入亚马孙森林研究保护联盟园林管理员的工作，以保护马德雷德迪奥斯大区雨林。分析有关较为健康的植物和野生生物种群的发现。

危地马拉

5. 野生动物救助

该森林是美洲的第二大热带雨林，有美洲豹、长尾虎猫、蜜熊、绯红金刚鹦鹉、吼猴等动物，帮助恢复和放生玛雅森林的濒危及外来物种，在佩滕的野生动物救助及保护协会接受救治和保护。

马达加斯加

6. 洛科贝雨林实地研究

该项目将在美丽的贝岛上进行，为期 4—10 周，马达加斯加研究和保护研究所将培训你在低地雨林进行实地调查，并通过实施各种捕获再放生的方法来研究狐猴、蝴蝶、爬行动物、特有鸟类等。

泰　国

7. 照顾大象

去清迈南部的山区冒险，帮助以前用于搬运伐木和旅游业开发的大象，协助以群落为保护单位的伯穆和埃米莉大象保护区，给大象喂食、洗澡，种植草木以保护它们的生活环境。

哥斯达黎加

8. 保护濒危海龟

为成千上万只绿海龟蛋调查托尔图格罗的筑巢海滩。收集新生棱皮龟的数据，协助海龟保护协会对以加勒比海区域为家园的 4 种海龟进行研究和保护。

美　国

9. 根除入侵性热带植物

同寇基资源保护项目（Koke ‘e Resource Conservation Program）一起保护夏威夷的本地植物。该项目在考爱岛雨林，职责是根除破坏性及有害植物，以保护该地的生态平衡。住宿免费，任务灵活，不需任何费用。

喀麦隆

10. 救助濒危猿类

加入克罗斯河大猩猩保护项目（Cross River Gorilla Program）的前线，调查山地雨林栖息地，设立运动传感器摄像机，并教育当地社区使其认识到克罗斯河大猩猩和尼日利亚—喀麦隆猩猩存活的重要性。

新西兰奥塔戈（Otago）。

处处无家处处家，所以，在满天星斗下，

让我们永远在路上吧。

——杰克·凯鲁亚克（Jack Kerouac）

第十章

自驾游

车窗摇下，音乐响起，前方是无尽的冒险机会——没有什么比自驾游更自由自在了。自己掌握开车节奏，便不像从 A 地到 B 地那么单调，你可以任意选择出发地与目的地，自主规划行程。去探索巴士旅行路线之外的无名之地，在农场摊位前同当地居民寒暄，于旅途转角处发现惊心动魄之美。随心出发，随意驻足，可以是为了美国西南部烧烤的香味，抑或是为了北爱尔兰热闹的乡村音乐节。提前计划或者心血来潮说走就走，一切都跟随自己的心情。

本书中介绍的多数地点，都可以作为自驾游的开端，为你展示精彩纷呈的旅途风光。我们选择下列目的地，是因为这些地点以及它们之间的路途展现了该地区的丰富多彩，完善了其特色景致，也提升了旅行的价值。准备好最喜欢的音乐、小吃、手机应用和树形空气清新剂，我们即将开启一次狂野的旅行。

从桌山俯瞰开普敦半岛美景。

西开普省
南 非

连绵起伏的海岸线，悠久古老的山脉，盛产葡萄酒的国家，还有欧式风格的建筑，原始古朴的部落文化，成群结队的野生企鹅——在这个非洲西南部的角落，这些都可以一览无遗。西开普省始于开普敦，开普敦是南非首个国际化港口，可以追溯到 1652 年。丰富多彩的文化让西开普省的海岸别具风情，形成了最具生机活力和异国情调的城市之一。虽然西开普省是国际都市，这座城市的心脏却位于其标志性的平顶山中，也就是桌山（Table Mountain）。屹立于城市网之上，桌山的美景令人心驰神往，每个游客都想攀上它高耸的峰顶，一览崎岖的海岸线和绵延的葡萄园。当你看到这里的景致，就理解为什么必须来一次自驾游了。

面向富有传奇色彩的好望角，投入半岛西侧的怀抱。大西洋和印度洋汇合于此，惊涛骇浪长年不断。沿着西蒙小镇迷人的海滩一路前行，就到了赏鲸圣地赫曼努斯（Hermanus）。如果你觉得口渴，一路驱车向北，就会看到酒庄连绵不绝的葡萄园和世界顶级的餐厅饭馆。在不到 500 千米的路程中，你将体验到三个奇妙的世界。

最佳时间

12 月到次年 3 月，主要为海洋性天气。8 月到 9 月，气候温暖，最适宜赏鲸。

下榻酒店

格兰德迪酒店：坐落于开普敦，历史悠久，房顶有颇负盛名的气流式拖车公园（房车露营区域）。**码头酒店：**位于巨砾公园（企鹅滩）的滨海区，提供高性价比的服务。**弗朗斯胡克温泉酒店：**位于酒庄的历史悠久的法国小镇，是一座豪华庄园。

浪漫之旅

在开普敦富有异国风情的非洲咖啡馆用餐，品尝来自马拉维、坦桑尼亚和埃塞俄比亚等地的精美菜肴。然后去清清（Tjing Tjing）屋顶酒吧小酌，享受浪漫约会之夜。

贴心提示

大多数随身电器的“通用适配器”在这里都不能使用，你可以挑选一个南非专用型号，马上就能使用 230 伏的电压了。

红色的芦荟花环绕着斯朗库珀灯塔。

情侣探险

开普敦：艺术家和美食家的天地 ▲

去伍德斯托克和老饼干市场（The Old Biscuit Mill）深度体验开普敦文化。老饼干市场是一座历史悠久的饼干工厂，现已成为艺术圣地。千万不要错过星期六市场，那里有 100 多家临时店铺和小吃摊，尤为出名的是荷兰人油炸店（Frying Dutchman）和卢克的罗斯蒂斯（Luke’s Rostis）。

桌山：开普敦的心脏 ▲▲

乘坐缆车或者徒步登上全世界最古老的山脉之一，漫步山顶，欣赏五颜六色、馥郁芬芳的花卉（这里有多达 1470 个种类，其中 70% 都是特有品种）和海角全景风貌。

博尔德斯湾：企鹅聚居地 ▲

在好望角拍摄精美的照片，之后往前走 24 千米，你会看到成千上万只非洲企鹅在四周蹒跚。还可以去狐狸海滩（Foxy Beach），那儿有最棒的观景台，也是游泳最佳场所，不过要记得避开企鹅。

开普敦赏鲸路线：从贝蒂湾到赫曼努斯 ▲

这里是座头鲸、南露脊鲸、布氏鲸的繁殖区，福尔斯湾（False Bay）及其附近一带的渔村是全世界最佳的陆上观鲸地点。

海舒特公路：通往美酒之国的乡间道路 ▲

山路 R310 连接了产酒区斯泰伦博斯（Stellenbosch）和弗朗斯胡克（Franschhoek），沿途风景如画。在波香道尔酒庄的开普敦荷兰庄园和德莱尔 · 格拉夫（Delaire Graff）的现代酿酒厂小憩，充分体验当地风情和佳酿美酒。

✣ 欢迎参加成年仪式

“想体验一次成年仪式吗？”马杜比背包客旅馆的老板问道。我们收到邀请时，才在这个南非狂野海岸的科萨（Xhosa）村庄待了 10 分钟。“当然了。”我们说道，不过心里一点也不清楚会发生什么。四名十几岁的男孩已经在森林里赤身裸体生活了三周，为成年礼做准备，今天就要为他们举行割礼仪式。鼓声敲响，宰杀山羊。男孩们从树林里走出来，身上裹着毛毯，期待着我们喂食。我们就这样成为这个神秘部落仪式的一部分，并将永远铭记此次体验。继续驱车前行，保持开放的心态最为重要；你永远想不到前方等待你的是怎样的邀请。

科萨男孩们等待举行成年仪式。

欲了解更多信息，请查看：

瀑布：赞比亚利文斯敦，第 52 页

沙漠：纳米比亚纳米布沙漠，第 150 页

南　岛

新西兰

想象一下，我们到达一个冰湖的岸边，周围是黄灿灿的杨树林和白雪皑皑的山峰，说一声“我们到家啦”，这就是在新西兰开车露营的体验。每晚，你可以自己选择风景优美的地方停留，享用一顿家常饭菜，配上一杯马尔伯勒红酒。第二天早上醒来，车窗外是无尽的美景。

南岛生来就适合自驾游。这里有数不尽的冰川、峡湾、火山、葡萄园、指环王式的森林和一马平川的道路，且很少有人涉足于此。南岛的面积约 15 万平方千米，但仅有 100 万居民生活在这里，所以南岛大多数地区未受到人为影响，是体验自然景观的理想之地。你可以在“大城市”基督城（Christchurch）挑选一辆露营车（如果需要的话，也可以是轿车），行驶在南阿尔卑斯山心脏地带，漫游于西海岸地质景观中。朝着波光粼粼的皇后镇湖泊区方向，沿着层峦叠嶂的山脉迂回而行，最后到达峡湾，此处的溪谷已被汪洋吞噬。这条长达 965 千米的路线是我们的最爱，不过说真的，这只是了解这个伟大国度的开始。继续行驶吧，去最远的地方，看最美的风景。

最佳时间

3月到4月，适宜来观赏落叶。10月到11月，野花烂漫。12 月到次年 2 月，阳光充足，游客繁多。

下榻酒店

玛塔考瑞酒店：罗莱夏朵精品酒店集团旗下酒店，这里装饰风格独特，提供色味俱佳的美食，还能欣赏瓦卡蒂普湖（Lake Wakatipu）的美景，价格较高但物有所值。**迪尔公寓营地：**坐落于峡湾国家公园内，可以欣赏如诗如画的河边美景。**茂宜汽车住宅：**奢华的汽车公寓，对于自由露营来说再完美不过。

浪漫之旅

装好野餐食物，沿着皇后镇吉布斯顿河畔小径骑行，途经乡村果园、淘金热潮遗迹和世界一流的葡萄园。你可以在隼鸟酒庄和吉布斯顿谷酒庄小酌，以补充水分。

贴心提示

下载新西兰旅游广播软件，该软件利用 GPS（全球定位系统），在你行驶过程中讲述当地历史，提供旅行建议，展示独特视角（这个软件提示我们有个隐蔽的温泉，不然我们就直接错过了）。

皇后镇（Queenstown）通往天堂之路。

导游带领我们穿过米尔福德桑德（Milford Sound）。

情侣探险

亚瑟通道：横跨南阿尔卑斯山 ▲▲

它不仅是连接基督城和西海岸的通道，更是个风光奇美的国家公园，这里有许多适宜自驾游（即路程近）的观光景点，比如城堡山（Castle Hill）和魔鬼大酒杯瀑布（Devil' s Punchbowl）。

帕帕罗瓦国家公园：海边漫步 ▲▲

步行很快便穿过楚门步道的亚热带森林，之后你可以看到一片石灰岩海湾，有瀑布倾泻于海滩之上。在这条路的前方是普纳凯基，它经过 3000 万年的风雨侵蚀，形成了层层叠叠的薄饼岩、成片的潟湖和大量的喷水孔。

法兰士·约瑟夫和福克斯：直升机之旅 ▲▲

朝着新西兰最高的两座山峰行进，翱翔于高耸陡峭的冰川上空。

哈威亚湖和瓦纳卡湖：令人心醉的湖泊 ▲▲

由群山环绕的姊妹湖，中间由一个小港湾连接。瓦纳卡湖（Wanaka）周围有丰富多彩的活动，如皮划艇、铁索攀岩和单车旅行等，而哈威亚湖（Hawea）则以清幽宁静闻名。

皇后镇：探险之都 ▲▲▲

乘坐悠闲的天空缆车，从最佳视角观赏瓦卡蒂普湖（Lake Wakatipu）和里马克布尔斯（Remarkables）山脉。然后去体验各色游乐项目，如太空球、水上飞板、喷射快艇、峡谷秋千或者蹦极跳。

峡湾：声音之家 ▲▲▲

乘坐皮艇游览久负盛名的米尔福德桑德，走过裂谷步道，在镜湖拍摄各色景致在水中的倒影，试着数数米尔福德公路沿途有多少条瀑布。

✣ 一直行驶：从南岛到北岛

我们花了一个月的时间在这两座雄伟壮丽的岛屿上自驾游，所以特别想提供更多建议：去卡特林斯（Catlins）的罗汉松森林远足，在奥塔哥半岛观看野生动植物，为莫埃拉基大圆石（Moeraki Boulders）的神奇而惊叹不已，在凯库拉（Kaikoura）赏鲸，乘渡船穿过马尔堡峡湾（Marlborough Sound），徒步走过汤加里罗越山步道（Tongariro Alpine Crossing），在怀特莫（Waitomo Caves）萤火虫洞体验漂流，去怀希基岛（Waiheke Island）品尝美酒，还可以向友好的新西兰人询问他们最喜欢做的事情。

瓦哈普湖边日出之时，我们享用在露营车里做的早餐。

欲了解更多信息，请查看：

海边风貌：新西兰塔斯曼地区，第 122 页

雨林：澳大利亚丹特里，第 178 页

原野之路

我们行驶完世界上最长的葡萄酒路线后，沿着南非崎岖连绵的海岸线开启了新的旅程，驱车前往原野小镇和一个名为“荒野农场”的宾馆。虽然对这两个地方知之甚少，但它们的名字听起来正合我们的胃口。铺砌的道路上尘土飞扬，一路蜿蜒驶上山峰还需 15 分钟。我们开始纳闷儿为什么会有人建造通往这里的道路，直到我们攀上顶峰，看到了迷人的农家院和海洋全景风貌，才明白世之奇伟惊魅之处，往往在于险远之地。

在南非的原野小镇，大众敞篷车给你别样的自由体验。

WAVESCAPE
farm
044 877 0700
www.wildfarmbackpackers.co.za

处女河流经犹他宰恩峡谷（Zion Canyon）。

西南部

美　国

月球、火星、梦幻王国——科罗拉多高原及其周围地区已被比作许多事物，所有这些事物都超凡脱俗。沿着壁立千仞的悬崖行驶，在沟壑林立的山涧中远足，就像穿越时空回到过去一般。侏罗纪时期的沙丘沉积蚀变形成层层岩石，这些岩石经过长年累月的风雕水刻冰冻之后，形成了独特的抽象艺术作品。数千年前的文明以及后来的纳瓦霍人、阿帕切人、西班牙人、摩门教徒、水晶占卜师和冒险爱好者们，共同创造了美国西南部独特的多元文化。驱车驶离拉斯维加斯的霓虹灯大都市，城市风光便迅速转换为一座座国家公园和联合国教科文组织认定的世界遗产景点。美国一些最具标志性的景观，如红石公园、载恩国家公园、布赖斯峡谷国家公园和大峡谷国家公园等，都争相在这条观光路线上展现自己的宏伟壮丽。虽然这些地点算不上意外之喜，但幽深的小路、偏远的风景和远足的步道将为你讲述一个全新的故事。

最佳时间

除了炎热繁忙的6月到8月，这里都像沙漠那般空旷和宁静。12月到次年2月会有降雪，片片雪花为山峰蒙上白色的衣纱。

下榻酒店

载恩旅馆：园内唯一的旅馆，内有28间高档小屋。

光明天使小屋：登记在册的国家地标，历史悠久，既有质朴的房间，也有奢华的小屋，位于大峡谷国家公园边缘。

浪漫之旅

在峡谷内寻找合适的观景点，边看日出边野餐。互相偎依，静静地看太阳的光芒照亮山壁，一层接一层。

贴心提示

许多经典徒步路线[如溯溪步道（Narrows）、哈瓦苏瀑布（Havasu Falls）]等都需要提前申请许可证，除夏季之外，经常也可以通过现场抽签获得许可证。无论能否申请成功，请记得这里还有许多其他美妙至极的徒步路线。

哈瓦苏溪朝着大峡谷流去。

情侣探险

内华达红石峡谷：似真似幻的砂岩 ▲▲

在夕阳余晖下，千米左右高的砂岩在莫哈韦沙漠（Mojave Desert）上映下身影，这里与拉斯维加斯大道的距离竟出奇的近。在这条长达 24 千米的观光路线上奔驰，去冰盒峡谷攀岩看瀑布，或者去卡利科山丘步道徒步旅行。

犹他载恩：美得令人窒息的峡谷和山峰 ▲▲▲▲

徒步登上依山而建的狭窄小路，去“天使降临地”欣赏绝美风光。进行一次全天的峡谷远足，在奥德维尔狭缝峡谷体验绳索下降，去翡翠池游泳嬉戏。开车向北行驶到达科罗布峡谷，走走人迹罕至的小路，看看奇险自然的景致。

犹他布赖斯峡谷：峰林天堂 ▲▲▲

从游客中心出发，行驶在长达 29 千米的观光路线上，去看令人赞叹不已的风景，见识形态怪异的石林、高原和各种亦真亦幻的景物。在长达近 13 千米的仙境环线徒步，古怪奇异的景色是你所有辛苦的犒赏。在满月的日子，跟随布莱斯峡谷专业的观星向导们，一起去探索园内的璀璨星空。

亚利桑那州大峡谷：西南部的象征 ▲▲

凝视着地壳的横断面，看看深达 1.6 千米处 20 亿年前的地质情况。若要继续深入，就徒步走 11 千米去骷髅点，在日落时分沿着边缘步道散步，观赏一次经典的全景图画。

亚利桑那塞多纳：沙漠文化 ▲

塞多纳的自然美景从生机勃勃的城市中心一直延伸到红石州立公园。在特拉克帕克手工艺术品之村可以体验浓郁的文化风情，去蒙特苏马堡国家纪念碑可以一睹古老的悬崖住宅。

✣ 小镇宝藏

我们看到了一块手绘招牌，上面写着“厄内斯特 · 雪利石头铺”（Ernest Shirley Rock Shop），于是就毫不犹豫地停下车。这是个落满灰尘的宝库，里面有石化木、三叶虫、黑曜石和成千上万种神秘的石头。雪利（Shirley）奶奶刚刚醒来，从石英柜子上爬起，带我们到院子里去，把我们引向一个台灯照着的霸王龙股骨“展览”上。一排排石头各具形态和特色，有些可以追溯到 25 亿年前。我们初到时对地质学兴趣不大，但离开时忍不住带走了粪化石、玛瑙杯垫，并对地质学产生了浓厚的喜爱之情。

厄内斯特 · 雪利石头铺，犹他汉克斯维尔（Hanksville）的宝石。

欲了解更多信息，请查看：

» 沙漠：美国摩押，第 140 页
» 雨林：美国奥林匹克半岛，第 186 页

北海岸

爱尔兰和北爱尔兰

久经风雨的宏伟景色并未止于北爱尔兰和爱尔兰共和国的边境，但大多游客的脚步就此止住。许多人在颇负盛名的“野性大西洋之路”上驾车疾驰，这条长达 1600 多千米的路程令他们筋疲力尽，所以从未去过震慑心魄的多尼戈尔（Donegal），更不用说跨境去英国的北爱尔兰了。不需要飞到都柏林开始此次爱尔兰自驾游，而是从贝尔法斯特这个迷人的城市出发。驱车穿过巴利马尼（Ballymoney）枝丫盘绕的山毛榉树隧道，沿着火山熔岩形成的悬崖峭壁，经过威士忌酿酒厂和中世纪的城堡，便到达地质奇观巨人堤道。海岸上狂风的呼啸声和惊涛骇浪的拍打声成为当天的主旋律，直到听到一个石头酒吧里传来微弱的小提琴声。欢笑声、健力士黑啤酒和活跃的气氛就像一股强大的潮流从多尼戈尔涌入梅奥郡（Mayo）。沿大西洋沿岸向南行驶，一路风景蔚为壮观。如果可以的话，请继续走下去。无论旅途还有多长，花时间到“爱尔兰”的北部都会让你觉得不虚此行。

最佳时间

5月到9月适宜旅行，这段时间绿宝石岛（爱尔兰别名）天气温暖，阳光灿烂的日子比较多。

下榻酒店

布什米尔斯旅馆：采用燃气灯照明，泥煤苔烧火，还有威士忌私人桶，这里是巨人堤道最舒适的下榻场所。**艾斯克湖城堡酒店：**历史悠久，是多尼戈尔皇室的不二之选。**双层房车租赁公司：**在贝尔法斯特选择一辆可以自己做饭的房车，于海滩、小山丘或者任何不知名的地方度过夜晚。

浪漫之旅

在多尼戈尔著名的钻石区，有一家非常棒的餐厅——古城堡酒吧。你可以预订一个壁炉旁或者能看到城堡的位子。

贴心提示

爱尔兰人喜欢盛大的节日。你可以通过 DiscoverIreland.ie 和 Discover Northern Ireland.com 这两个网站，来获取旅行途中有趣事件的最新信息。

巨人堤道（Giant’s Causeway）鬼斧神工的海岸线。

凯莉酒窖（Kelly's Cellars），贝尔法斯特最古老的酒馆之一。

情侣探险

人堤道：几何学奇迹 ▲▲

去探索这个地质学奇观，看看参差不齐的海崖、成千上万个六边形石柱和高耸的柱状玄武岩结构。早点出发，欣赏风平浪静、仙境一般的海滩，见识这个被联合国教科文组织列入世界遗产的著名景点。

邓卢斯城堡：中世纪的爱尔兰 ▲

在布什米尔斯老酒厂品尝一杯威士忌，便前往这个神秘恐怖的裸露岩石建筑，它是一座已故北欧海盗的堡垒，也是北爱尔兰风景最美的废墟之一。

法纳德角：古典的灯塔 ▲

在这个狭长而又郁郁葱葱的半岛上，四周都是悬崖峭壁，一个 19 世纪早期的灯塔高高矗立于此。法纳德（Fanad）出自爱尔兰的故事传说。

多尼戈尔海蚀柱：攀岩 ▲▲▲▲

在法尔卡拉加入“独特攀登队”，一起起航前往峭壁林立的小岛，体验独一无二的攀岩。从 150 条惊心动魄的路线中任选一条攀登，海风在背后吹拂，脚下是惊涛骇浪。

利格山半岛：盖尔人的国度 ▲▲▲

在格伦科伦基尔民俗村博物馆了解传统的爱尔兰人的生活，然后去欧洲最高的海崖徒步。去利格山风景步道（Sliabh Liag View Walk）挑战自己的胆量，然后在惊险的单人小路上努力保持平衡。

考伊拉半岛：古老的爱尔兰 ▲

去卡罗莫尔的巨石公墓（Carrowmore Megalithic Cemetery）和诺克纳瑞尔山（Knocknarea hill）的巨大石冢，探索斯莱戈郡古老的墓室、环形堡垒和通道式坟墓，这些遗迹可以追溯到公元前 4600 年，据说诺克纳瑞尔山的石冢中埋葬着一位神秘的爱尔兰女王。

浪漫的开心事

我在莫赫陡崖准备了一顿惊喜野餐，打算观看日落美景。风虽强烈但很有“情调”，但当我准备给安妮倒酒时，一阵狂风把黑皮诺（一种葡萄酒）洒了我们一身。等我们刚把身上擦干，坐回来重新欣赏风景时，安妮的帽子又被吹跑，并朝着这个高约 120 米悬崖的边缘飞去。我冲出去抓帽子，安妮却把我拉回来，这时帽子已经不见了，我们只得默默地同它告别。十秒钟后，我们看到一个毛茸茸的粉色物体飞过来，飘在我们头顶，原来是莫赫向上飞舞的风把安妮的帽子吹回来了。有美妙的风光、浪漫的情景和意想不到的开心事，爱尔兰的悬崖就是最佳的野餐地点。

莫赫（Moher）陡崖别出心裁又充满浪漫的野餐。

欲了解更多信息，请查看：

» 山脉：瑞士劳特布伦嫩山谷，第 30 页
» 建筑：比利时根特，第 114 页

修建于 14 世纪的纳里卡拉要塞耸立在第比利斯（Tbilisi）。

格鲁吉亚中部

格鲁吉亚

撰写：莉萨 · 甘特和亚历克斯 · 佩林（Lisa Gant & Alex Pelling）

格鲁吉亚位于欧洲和亚洲的交汇处，有着独特的本真与魅力，不同于我们全球自驾游中到过的任何地方。我们从第比利斯出发，沉醉于首都古老的浴池和未来主义的建筑中。漫游在著名的格鲁吉亚军事大道上，朝着 5000 多米高的卡兹别克山行驶，想象着商人们沿着这条蜿蜒曲折的道路穿梭于两个世界之间。驱车向西，在博尔若米（Borjomi）体验格鲁吉亚生机勃勃的文化交融，去阿扎尔见识世界上最古老的葡萄酒产区之一。去感受黑海，漫步于巴统（Batumi）装饰有浪漫图画的长廊，之后再前往斯瓦涅季（Svaneti）历史悠久的山区小镇。每个地方都可以进行冒险，比如白水漂流、骑马、直升机滑雪、做奶酪、喝蜂蜜等。格鲁吉亚可能是我们去过的最热情好客的国家，正应了这里的一句谚语：“客人是天赐之礼。”

最佳时间

7 月到 9 月天气晴朗，不同海拔地区温差较大。

下榻酒店

维诺特尔：以葡萄酒为主题的精品酒店，有奢华的房间和各种美味佳肴。**马雷城堡：**水疗酒店，坐落于巴统外的海崖边。小提示：我们也在当地家庭住宿，在雨林或者巴统植物园野营。

浪漫之旅

沿着巴统的滨海步道骑行，去看会移动的“爱情雕像”。互相依偎在一起，看着这两个传说中的人物：阿里（Ali）与尼诺（Nino），轻轻地走向彼此并融为一体。

贴心提示

认真聆听即兴的和弦小夜曲。等宴会主持人说完祝酒词，举起酒杯，一起大喊“Gaumarjos”（格鲁吉亚语，意为“干杯”），为生活中最重要的九件事干杯。

情侣探险

第比利斯：冷热交织的首都 ▲

沿着丝绸之路，去首都历史悠久的阿巴诺图巴尼浴室区。马赛克装潢的圆形穹顶下是汩汩流动的硫黄温泉，在这里你可以净化身心，振奋精神，沐浴完后会有焕然一新的感觉。然后可以去和平桥走走，在微风吹拂中冷静下来。和平桥上装有数千个 LED 灯，极具艺术感。

博尔若米到瓦尔齐亚：穿越世纪 ▲

在博尔若米矿泉水公园喝点饮品。这个公园建于 19 世纪，充分体现了格鲁吉亚文化出口与融合。继续前行，去参观瓦尔齐亚（Vardzia）修建于 12 世纪的洞穴修道院。这里共有 19 层，有 12 个教堂和 25 个酒窖，现今仍有僧侣居住。

阿扎尔：新旧世界交替的美酒 ▲

阿扎尔酒庄（Adjarian Wine House）建于 18 世纪酿酒厂的废墟之上，致力于恢复格鲁吉亚长达 8000 多年历史的葡萄栽培技术。他们使用传统的制作工艺和葡萄品种，做出正宗的波特 · 弗朗哥葡萄酒和极烈的查查 · 伏特加（也是一种葡萄酒）。

斯瓦涅季：永恒的山城小镇 ▲

四个乌树故里村庄坐落于恩古里峡谷峰顶，隐藏在高加索山脉中，这里是欧洲最高的永久居住地，已被联合国教科文组织列入世界遗产名录。风景迷人的教堂可追溯至 9 世纪，教堂内外均有壁画装饰，虽然山路艰险，但这些村落绝对值得一看。

情侣建议

生活在长达 4.9 米的露营车里，夫妻间如何维持和睦是很有挑战性的。我们处理这个问题的方法是每天晚餐的时候反思，谈论当天哪些事物让我们眼花缭乱，哪些环节出了差错，为什么我们第 800 次迷路了，以及可以做些什么让明天更加顺利。我们很快发现，如果黄昏时分抵达一个城市，饥肠辘辘而手中只有一张加油站的地图，就很容易发生口角。这个故事是想说明什么呢？不要饿到发火，说出来就好了。

克瓦雷利湖酒店（Kvareli Lake Resort）的喝咖啡时间。

欲了解更多信息，请查看：

» 海边风貌：希腊基克拉泽斯群岛，第 132 页
» 神奇景观：土耳其帕穆克卡莱，第 222 页

超能夫妻莉萨和亚历克斯

这对夫妇是 2people1life.com 网站的创办者，2011 年，订完婚的两人开着露营车，出发去寻找结婚的最佳地点。他们的旅行持续了 5 年，行驶了 24 万多千米，穿越了 70 个国家，举办了 70 次婚礼。他们还去一些较冷门的地方旅行，如秘鲁、摩洛哥、伊朗、马来西亚和格鲁吉亚。

火山大道

厄瓜多尔

久负盛名的泛美公路北起阿拉斯加，南至火地岛。沿着这条路行驶，你将抵达厄瓜多尔中部，那里两侧都矗立着冰雪覆盖的山峰和烟雾缭绕的火山。绕开路上的障碍，沿着峡谷曲折的路线行驶，你将看到一个蓝色的火山口湖，或是一个高近6100米山峰的大本营。这个地区的景色荒凉质朴，震撼人心，令人难以忘怀。当你觉得只有羊驼和豚鼠才能在这里生存时，忽然发现山腰处藏着一座土坯茅草屋，一位原住民妇女穿着天鹅绒短裙，戴着圆顶帽子，正在田间耕种。

游客们经常想去科托帕希（Cotopaxi）火山或者通古拉瓦（Tungurahua）火山一日游，以求领略火山大道的魅力，这样的地质奇观是值得花好几天时间去冒险的。行至浓烟滚滚的火山，清幽迷人的小径，抑或路边的烤豚鼠，都可以随时停车细细观看一番，这样看来，汽车提供的自由真是无比宝贵。装上最好的防风外衣和便帽，我们要慢慢地巡游火山大道了。

最佳时间

11 月到次年 2 月风和日暖，但是在赤道之国（厄瓜多尔别称），总体来说气候变化不大。

下榻酒店

萨马力水疗度假酒店： 位于巴尼奥斯（Baños），安第斯风格的高档住宿。**埃尔坡文尼尔乡村民宿：** 科托帕希山脚下第五代农场式旅馆，房间优雅舒适，价格实惠。**品沙丘庄园酒店：** 位于奥塔瓦洛（Otavalo）的豪华家庭旅馆，建于殖民地时期。此处居住过许多名人，包括西蒙 · 玻利瓦尔（Simón Bolívar）。

浪漫之旅

舒服地泡在月神论图恩酒店的温泉中，欣赏巴尼奥斯的山脉风光，或者在艾尔雷富吉水疗花园酒店（El Refugio Spa Garden）尝试一次传统的蒸汽浴。

贴心提示

每周都有几天，原住民会在火山大道沿途不同的市场售卖商品。请查看你的自驾游日程安排，确保至少能赶上一次。

靠近阿劳西的火山大道（Volcano Avenue）南端延伸线。

科托帕希，一座非常活跃而神圣的火山。

情侣探险

奥塔瓦洛：从原住民市场到湖边 ▲▲

奥塔瓦洛以其周围的三座火山、规模壮大的工艺品市场和萨满仪式而闻名，是一座生机勃勃的原住民城市。早点起床，去庞托斯广场（Plaza de los Ponchos）购物，然后在库伊科查（Cuicocha）周围徒步，这是个火山口湖，被称为“神灵之潟湖”。

科托帕希：全明星火山 ▲▲▲

去探索科托帕希火山，这是世界上最高的活火山之一，高近 5900 米，火山顶烟雾缭绕。在最近几次火山喷发散落的巨砾上走走，或者从埃尔坡文尼尔乡村民宿骑马，从全景角度欣赏闷烧着的巨山及其周围的火山群。

基洛多阿：从河谷到火山口湖 ▲

开车沿着弯弯曲曲的道路，朝着轮廓分明的托阿奇河谷驶去。在基洛多阿边缘溜达一小段路，就会观赏到宝石一般的湖面和黄色的硫黄河岸，两者形成鲜明对比。

巴尼奥斯：厄瓜多尔的探险之都 ▲▲▲

在帕斯塔萨河体验四级漂流，乘坐当地的缆车去“新娘面纱”瀑布挑战“末日秋千”，用手轻触“恶魔之炉”瀑布，在这个通古拉瓦火山脚下的冒险小镇尽情享受。

钦博拉索山：攀登大本营 ▲▲

驱车前往厄瓜多尔最高的火山，那里有铁红颜色的山坡和崎岖陡峭的冰川，你可以看到车上的 GPS 海拔高度一路攀升至 4800 多米。在公园管理站喝杯热可可，看着登山者们重鼓士气，继续攀爬剩下的 1300 多米。

阿劳西：驶过“魔鬼之鼻” ▲

乘坐年代久远的厄瓜多尔火车，沿着蜿蜒迂回的山路到达谷底。在 20 世纪早期，这一工程学奇迹是连接太平洋海岸最陡峭的路线之一，现已发展成为用时两小时的游览线路。

✣ 厄瓜多尔精品美食

安第斯菜肴完美融合了丰盛的肉类和外来农产品。我们的最爱：

炸猪：调味炸猪肉，再加以玉米片、大蕉和烤玉米。

炸薯饼：厚厚的薯饼上面裹着奶酪，再涂上一层美味的花生酱。

佛手瓜腌鱼：用羽扇豆制作的素食腌鱼，一面铺满香蕉片。

洛克若：土豆或者安第斯南瓜汤，浓稠如奶油一般，里面有鳄梨。

阿吉：一种主打辣酱，由辣椒、洋葱、香菜、酸橙汁和树番茄制成。

安妮挑战“末日秋千”。

欲了解更多信息，请查看：

» 湖泊：玻利维亚和秘鲁，的的喀喀湖，第 50 页
» 探险之旅：厄瓜多尔加拉帕戈斯，第 82 页

特立尼达，自驾游路线上三个被联合国教科文组织列入世界遗产名录的城市之一。

古巴西部

古　巴

数个世纪以来，哈瓦那以其残破的殖民地时期建筑、20 世纪 50 年代的老爷车、动感的非裔古巴节奏，以及其作为好莱坞电影取景地的历史，吸引了大批游客。没有来过古巴西部的人，不知道自己错失了多少美好。从巴拉德罗（Varadero）出发，驱车向西南方向行驶，成片的烟草田郁郁葱葱，比尼亚莱斯山谷（Viñales Valley）便屹立于此。“猪湾”听起来不再像是美国历史上的失败篇章，而演变为加勒比地区最好的浮潜地点之一。特立尼达和西恩富戈斯已被列入联合国教科文组织世界遗产名录，而古巴著名的建筑是其最大亮点。在家庭旅馆里吃一顿米烧鸡，所有生活中的不悦便通通瓦解。你将像战士一样，绕过路上的坑坑洼洼，摆平恼人的麻烦，因为这就是古巴真实的生活，这种快乐的精神会让你扫除一切障碍。

最佳时间

11 月到次年 4 月，阳光灿烂，天气晴好，不过 12 月到次年 1 月最为繁忙。

下榻酒店

里德尔和克拉利贝尔：典型的家庭旅馆，提供传统食物，房间内可看到比尼亚莱斯山谷的日落美景。**拉乌尼翁酒店：**位于西恩富戈斯主广场的新古典主义酒店，酒店内设有泳池和屋顶酒吧。**艾尔阿坎吉尔酒店：**坐落于特立尼达中心地带的高档酒店，老板一家人都和蔼可亲。

浪漫之旅

离开哈瓦那之前先参加一个舞蹈课，这样在古巴狂热的聚会上，你就可以跟随非裔古巴音乐尽情摇摆了。

贴心提示

请提前预订租车服务，下载好伽利略离线地图，买一本纸质的古巴道路指南。古巴的旅行交通规则经常变化，所以请查一下最新的指南。

情侣探险

比尼亚莱斯山谷：雪茄之国 ▲▲

骑马去喀斯特山脉周围观光，探索神秘的洞穴，欣赏成片的烟草种植园。去见见世代种植烟草的农民，品尝一口新卷的雪茄。

科奇诺斯湾：真正的猪湾 ▲

战争博物馆是必去之地，之后可以去看看这个名不见经传的地方有哪些值得游览的亮点：去卡莱塔布埃纳（Caleta Buena）浮潜，在萨帕塔（Zapata）湿地看鸟，探索吉隆滩美丽迷人的渔村。

西恩富戈斯：南部珍珠 ▲

这个城市已被联合国教科文组织列入世界遗产名录，你可以漫步于何塞马蒂公园（Parque José Martí）周围的街道，沉醉于城市的新古典主义魅力中。欣赏宏伟壮观的托马斯特里（Tomás Terry）歌剧院，在摩尔式建筑瓦利大厦的海湾，品尝一杯清凉可口的鸡尾酒。

科扬特斯峰：繁多的瀑布 ▲▲

埃斯坎布拉伊（Escambray）是一座石灰岩山脉，山上植被苍翠繁茂。徒步于此，可以见识到国家公园内数十条大大小小的瀑布。你可以走走厄尔尼诺（El Nicho）瀑布、萨尔托德尔卡博尼（Salto del Caburní）瀑布或者大维加斯瀑布（Vegas Grande）的步道，一路奇景美不胜收，还有凉爽的深水潭可供游泳。

特立尼达：小镇魅力 ▲

色彩柔和的房屋，鹅卵石铺就的街道，缓缓行驶的马车，认真编织蕾丝花边的老婆婆，还有即兴举办的舞蹈聚会，这一切让特立尼达的小镇充满魔力。在迂回曲折的街道上漫步，爬上坎泰罗宫的塔楼，欣赏小镇最美的风景。

萨尔托德尔卡博尼瀑布和深水潭。

欲了解更多信息，请查看：

» 海滩：多米尼加共和国萨马纳，第 74 页

» 雨林：圣卢西亚，第 188 页

切·格瓦拉大幅肖像屹立于路边，永存于古巴人心中。

意大利斯泰尔维奥山路（Stelvio Pass）的 75 个发卡弯道一瞥。

Top 10

最狂野道路排行榜

独具特色的公路、偏僻小径和乡村小路，使得道路本身就是目的地。

马达加斯加

1. 猴面包树大道

这条大道连接了穆龙达瓦和贝卢齐里比希纳，道路两旁长满了树龄800多岁的猴面包树，为这个世界上物种最丰富的国家增添了别样的魅力。在当地特有的“森林之母”（猴面包树别称）下行驶，直至抵达久负盛名的“猴面包树恋人”之所在，这是一对猴面包树，它们相互缠绕，紧紧相拥。

加拿大

2. 冰原大道

横贯加拿大落基山脉，经过路易丝湖、班夫和贾斯珀，这条双车道公路为加拿大最漂亮的国家公园提供了展示舞台。长达230多千米的林园大道两旁屹立着冰川覆盖的山峰，冰蓝澄澈的湖泊依偎在高山峡谷中。不过要小心灰熊、麋鹿、大角牛和北美驯鹿。

南　非

3. 撒尼通道

这条道路崎岖艰险，布满石子，在不到8千米的距离内就攀升了900多米，倾斜度达1∶3，只有4×4越野车和冒险家才能在这条路上行进。如果你有幸穿过这条跌宕起伏的道路，就会欣赏到令人窒息的优美景色，还能去传说中非洲莱索托王国海拔最高（2874米）的酒吧品尝清凉的啤酒。

荷　兰

4. 鲜花之旅

荷兰人的春日时光可谓独一无二。自1593年以来，他们世世代代种植郁金香。从哈勒姆到莱顿之间绵延长达40千米的花田，使荷兰人的园艺和美学天赋达到高潮。摇下车窗在花田中巡游，呼吸着馥郁的芬芳，色彩繁复的花朵足以让你大饱眼福。

意大利

5. 斯泰尔维奥山路

从瑞士到意大利阿尔卑斯山脉的路途就像一个弹球场。从海拔2700多米的地方开始，经过75个发卡弯，沿着蜿蜒曲折的道路，向下行驶直到山脚，路上留心观看技术高超的骑行者。

挪　威

6. 大西洋海滨公路

这条公路跨越岩礁群岛，设有堤道、高架道路和8座桥梁，贯穿默勒和鲁姆斯达尔郡，是名副其实的海滨过山车。暴风雨天气时，行驶在这条“挪威世纪建筑”的道路上，在惊涛骇浪中披荆斩棘，你将体会到什么叫真正的刺激。

玻利维亚

7. 北永加斯路

从拉巴斯白雪皑皑的山峰到科罗伊科植被茂盛的雨林，这条蜿蜒曲折的山路会让人忘记呼吸——甚至永远忘记。该条3米宽的双向山路每年带走数百人的生命，堪称“死亡之路”。不过另一条替代路线已经建成，减少了北永加斯路上的交通量和伤亡人数。虽然相较以前来说安全不少，但这条路仍然充满惊心动魄的险情。注：这条路线还是极受欢迎的自行车道。

美　国

8. 走私者隧道

佛蒙特州人口稀少，仅设有一个电话区号，却以其摄人心魄的秋叶之美吸引着全世界的游客。9月下旬至10月上旬，路边深红色、橘色和琥珀色的树叶发出夺目光彩，而生长在走私者隧道（Smugglers' Tunnel）中的秋叶最为壮观迷人。

印　度

9. 马纳商道

马纳商道连接印度和西藏，盘旋于喜马拉雅山脉，是世界上海拔最高的可通车道路。在高达5500米的地方，空气稀薄，视野开阔，这条通往中国西藏的贸易通道历史久远。最近，这条路被铺上了碎石和泥土，让汽车更易行驶。

美　洲

10. 泛美公路

泛美公路北起阿拉斯加，南至火地岛，是世界上最长的机动车道，也是自驾游路线的始祖。这条长达30000多千米的路线贯穿了17个国家，跨越了丰富多样的文化、气候和景观，将为你提供一次终生难忘的体验。

柬埔寨贡开（Koh Ker）。

如果我们能有一双发现的眼睛，你会看到，日复一日，

大自然在为我们作画，画出无限美丽的画卷。

——约翰·拉斯金（John Ruskin）

第十一章

神奇景象

下面介绍的景点不仅风光优美，而且极其引人入胜，简直让人怀疑是不是身在画中。大自然母亲富有创造力，却又喜怒无常。沸腾涌动的泥浆池、彩虹条纹的山脉和颜色渐变的火山口湖，都是她的杰作。有时心血来潮，她可以引起火山爆发，带来灾难性的破坏，等尘埃落定，人们又往往会发现这个地方比原来更加漂亮。

对于追求冒险的旅客来说，与危险共舞使得这些神奇的地方更加充满诱惑。当你跨越高山险谷，行走万里征途，穿过羊肠小径，便会感受到征服挑战的快感。不过，如果你知道最佳观赏地点，很容易就能看到一些令人赞叹不已的景象。浸泡在罗托鲁阿（Rotorua）的温泉瀑布，攀爬上帕穆克卡莱棉花堡雪白的石灰华，注视着雾霭在“阿凡达森林”中浮动——从印度到玻利维亚，这些地点超越了你最狂野的梦境。不要仅仅听我们说，去亲眼看看就明白了。

海拔超过 4200 米的阿尔蒂普拉诺（Altiplano）极端景观。

波托西省
玻利维亚

火山环境和高海拔，再加上少量雨水，三者完美结合，便将玻利维亚西南部的阿尔蒂普拉诺从严酷之地变成高原胜景。从智利穿越国境后，你将好几天都看不到人类文明的痕迹，只有零星几个生命力较强的部落和爱德阿都·阿瓦罗·安第斯动物群国家保护区的管理员。跟随着前面四驱车驶过后留下的模糊痕迹，你将经过霓虹颜色的湖泊、翻涌沸腾的泥浆池和浓烟滚滚的火山。行驶到海拔 4200 多米的地方，在科罗拉达湖（红湖）驻足停留，悠闲地在粉红色的湖边漫步，静静地凝视着成百上千只火烈鸟在水中的倒影，其景之美，让人忘却了此处的海拔。与你的伙伴在四驱车上度过一个寒冷的夜晚后，继续启程去萨尔瓦多·达利沙漠（Salvador Dalí Desert），经过一片片岩石塔，就到了此行的终极目的地——乌尤尼盐沼（Salar de Uyuni），这个世界上最大的盐沼会让人产生视觉幻象。如果你很幸运地赶在雨后到达，乌尤尼盐沼就会化身成一面镜子，清楚地映出天空的白云、辛劳的盐工，以及仙人掌岛上巨大壮硕的仙人掌。准备好，安第斯山脉的美丽壮观将达到新的高度。

最佳时间
全年气候凉爽干燥，不过 9 月到 11 月较为温暖，1 月到 4 月会有少量降雨，有望欣赏到乌尤尼神奇的倒影。

下榻酒店
卡诺旅行：提供从圣佩德罗德阿塔卡马到乌尤尼的初级小组多日游（单程或者往返旅行）。**露娜萨拉达酒店：**这家酒店完全用盐建成，独一无二；坐落于乌尤尼盐沼边缘，是观看日出和日落的最佳地点，还能欣赏雪白的盐海慢慢裹上一层粉色的轻纱。

浪漫之旅
带上一位私人导游、司机、厨师和奢华的清风房车，去乌尤尼盐沼一探究竟。在盐沼的偏远角落度过一夜，周围除了无尽的盐湖和漫天的繁星之外，再无他物。

贴心提示
开始 4×4 越野车旅途之前，先在圣佩德罗德阿塔卡马（San Pedro de Atacama）适应几天，多喝一些古柯茶。在阿尔蒂普拉诺期间，喝大量的水，嚼食古柯叶，慢慢享受。

成千上万只火烈鸟聚集在科罗拉达湖。

情侣探险

明日之阳泥浆喷泉 ▲▲

在海拔将近 4900 米的高度，踮着脚走在遍地裂缝的土地上，泥浆沸腾涌动。留心观察这些地热池，压力使气泡爆裂的过程极具艺术美感。早点去就能看到蒸汽升起形成冲天的烟柱，这些烟柱最高可超过 45 米。

绿湖、白湖和红湖 ▲▲

雷堪克博火山（Licancabur Volcano）高达 5800 米，外形是完美的圆锥形。在山脚下，富含砷元素的绿湖闪烁着亮蓝绿色的光芒。之后再去参观她的姊妹湖白湖，湖水如同牛奶一般。最后向西行驶，抵达红湖。红色的藻类使得湖水呈现深褐色，成千上万只詹姆斯火烈鸟的羽毛在湖水的映照下也变得愈加粉红。你可以连续几小时静静地观看，看它们两条长腿悠然挺立，欣赏它们的曼妙身姿。

乌尤尼盐沼 ▲

驾车驶过乌尤尼盐沼，这片史前湖泊是面积达 10583 平方千米的结晶盐田。闪闪发光的白色晶体，极其平整的表面，还有偶尔覆盖的水层，使得盐原像是另一个现实世界。拍摄大量照片，运用景深效果，靠着支撑物摆好姿势，或者抓拍白云朵朵的蓝天倒影，你就会明白乌尤尼盐沼为什么被称作“人间天堂”。

攀登岩石之城 ▲▲

抵达阿洛塔别墅小镇（Villa Alota），站在铺设整齐的道路上，目之所及皆布满石塔。古代时期，一次熔岩流创造了这个石化迷宫和攀爬架。在这里，可以玩捉迷藏、攀爬石林、观察形状类似动物的怪石，重温童年时光。

✣ 旅行友谊

四个分别来自巴西、挪威、英国和德国的队友，还有我们几个美国人，挤进一辆丰田牌兰德酷路泽轿车里，开始我们在阿尔蒂普拉诺的冒险。在红湖的第一晚，我们挤在车里，围坐在桌旁吃“男子汉餐”（一种玻利维亚特色食物，由切碎的热狗和土豆做成），彼此讲述旅行奇遇以消磨时光，在这个不到零度的住所里互相取暖。我们一直欢笑到深夜，接下来的三天也开心地度过。数年之后，我们几个四驱车旅行成员仍然保持联系，因为大家共度了这样难忘的旅行，即使只有几天时间的相处，也可以联结成终生的友谊纽带。

在乌尤尼的废弃火车处理站爬上废弃的车厢。

欲了解更多信息，请查看：

» 沙漠：智利阿塔卡玛沙漠，第 152 页
» 雨林：厄瓜多尔亚苏尼，第 190 页

弗洛雷斯中部

印度尼西亚

骑着摩托车穿过植被茂盛的山口，来到一个世外桃源似的村庄，同当地村民聊聊家常，在他们的茅草屋里享用可口的晚餐，听着音乐学习传统的当地舞蹈，脸上的笑容将打破一切语言的障碍，这就是我们希望旅途所拥有的魔力。弗洛雷斯（Flores）就是这样一个充满魔力的地方。印度尼西亚努沙登加拉（Nusa Tenggara）群岛的这个岛屿，有变换颜色的火山口湖、荒无人烟的沙滩、未受现代科技干扰的村落，还有世界上最热情好客的居民，这些元素将为你提供一次终生难忘的冒险经历。不过，你需要有耐心，保持开放的心态。因为在这里，平均“公路”时速是 29 千米，稳定的无线信号只存在于神话故事中，洗热水澡可能需要烧柴火。不过，一旦适应了这种弗洛雷斯节奏，那行驶缓慢的巴士就为你欣赏乡村风光提供了好机会，你还可以向路上微笑的人们挥手示意。有人说，弗洛雷斯就像 20 世纪 70 年代的巴厘岛，将成为印度尼西亚下一个旅游胜地。这个地方太特别，让人想据为己有；但是又太爱它了，便忍不住分享出来。

最佳时间

雨季过后，4 月到 9 月天气晴朗，阳光灿烂，终年温度都维持在 26.7℃左右。

下榻酒店

伊甸园生态度假村：位于里翁（Riung）外边宁静的海滩上，房间是竹制的小屋，老板热情好客，会组织岛屿旅行。**克里穆图火山湖生态小屋酒店：**同莫尼的店一样高档，酒店坐落于湖边，可以看到火山风光。**民宿：**住在恩加达人家中，体验真正的弗洛雷斯生活，你可以在巴贾瓦（Bajawa）咨询有关事宜。

浪漫之旅

从莫尼村庄南面，漫步去莫罗岛瀑布，这个瀑布高约 15 米，下面是个平静清澈的深水潭。记得带上泳衣、毯子和几瓶星星啤酒。

贴心提示

乘坐从巴贾瓦到莫尼的巴士，通常车顶会有山羊，颇具文化特色。然后租一辆摩托车，去探索周围的村庄，欣赏风景如画的乡村景色。

看着克里穆图（Kelimutu）火山湖泊的绮丽景观，我们的心情也像变换了颜色。

高耸的茅草屋顶是恩加达（Ngada）村落的特色。

情侣探险

沉醉于恩加达村落 ▲▲▲

伊内里火山的斜坡上，有十几个天主教兼万物有灵论者信徒的村落，这里风景如画。围绕着同超自然力量连接的石坛，恩加达村落像是超然尘世的存在。一位妇女在旁边编织着伊卡特织物，孩子们在愉快地踢球，一位老者正在进行丰收祭祀。你可以尽情体验当地的日常生活：在巴贾瓦租一辆摩托车，从贝拉开始，接着到卢巴，最后在贝纳找一户人家过夜。

17 岛国家公园航行 ▲▲

穿越颠簸不平的道路，来到寂静冷清的渔村里翁，这是通往棕榈树天堂的大门。从一个岛屿航行到另一个岛屿，同热带鱼一起浮潜，惊叹于满树沉睡着的蝙蝠，用捕来的鱼做晚餐，在海边捡沙钱（一种海胆），而且没有其他的人打扰。

当地马拉那哥温泉沐浴 ▲▲

日落时分，村民们来到一处温泉与河水交汇的地方洗澡。不要害羞，跳进去舒服地泡一泡，同当地人热情地互动（注意：女人应该穿着沙笼洗澡）。向上游走可以看到一个美丽的瀑布，或者骑摩托车去看清澈碧绿的江河支流。

克里穆图三色湖徒步 ▲▲

沿着步道行走 30 分钟，去看日出的光芒照亮克里穆图的三个不断变化的火山口湖。根据水中矿物质最新的化学反应和火山岩气，三个湖泊会呈现出特殊的颜色组合，包括亮蓝绿色、森林绿色、深褐色、巧克力棕色或者乳白色等。

全村合力建房

我们骑着摩托去一个恩加达村庄寻找里多，据说这个男人喜欢招待游客。找到他家之后，他们做面条为我们接风。晚上，我们玩打哑谜猜字游戏，跟着孩子们跑来跑去。第二天醒来，看到村民们头上顶着石块走过去，我们跟着走到石堆前，提出要帮忙。一位妇女在安妮头上围了一条围巾，然后在她头顶放了一块重 6.8 千克的石头。然后她冲我咧嘴一笑，指着地上一块庞然大物。我们来回搬了十几次，帮他们为一对新婚夫妇建了所房子。

安妮搬石头来帮忙建房子。

欲了解更多信息，请查看：

» 山脉：菲律宾中科迪勒拉山，第 24 页

» 海边风貌：印度尼西亚科莫多岛，第 130 页

罗马温泉城耶拉波利斯（Hierapolis）的主干道。

帕穆克卡莱（棉花堡）

土耳其

罗马的废墟和层层叠叠的石灰华，各自看来都是令人惊叹的景象，那如果结合在一起呢？大概是世外之境吧。在公元前2世纪，因门德雷斯河谷（Menderes River Valley）温泉有极好的疗伤效果，罗马人便迁徙至此。如今，这里却因水中的碳酸钙沉淀让慕名前来的游客赞叹不已。富含矿物质的温泉在山坡上涌动了千年之久，沉积下来成为石灰岩，像是5月的暴风雪一样覆盖住山峰，之后又融化为绿松石色的水潭。土耳其语的单词“Pamukkale”意为“棉花堡”，古老的建筑和钙化的山峰同这个名字一样让人浮想联翩，是通往梦幻之地的开端。在附近的村庄，石灰华变成冒着气泡的红色水流，流进地下的洞穴中，形成令人惊叹的景象。壮观宏伟的罗马废墟遍布周边区域，有些已经被发掘，还有一些仍然埋藏在地下。你可以去徒步或者泡温泉，这个地区有西亚最好的暖气流。这里也适宜滑翔伞飞行。通过这些活动，充分体验这里的神奇之处。

最佳时间

2月到5月，还有9月到11月，游客较少，天气凉爽，适宜旅行。

下榻酒店

金星套房酒店：这家新近装修的家庭酒店位于城镇边缘，内部装修、花园和游泳池都是土耳其风格。**阿亚帕姆酒店：**一家现代化酒店，明亮通透，可以看到石灰华的景色，还设有大型温泉浴场。

浪漫之旅

借着月光去探索棉花堡，在温暖的水潭中游走，沐浴在山峰耀眼的光芒中。晚上很少有人参观，所以你可以尽情享受清静的棉花堡，想待多久便待多久，不过一定要确保在检票人员晚上回家之前进去。

贴心提示

虽然在石灰华上不能穿鞋，但要去山顶的话还是需要一双结实的鞋子。背包里带上运动鞋、午餐、大量的水、防晒物品和泳衣，就可以去温泉池享受古式沐浴了。

温泉水顺着石灰华如瀑布般流下。

情侣探险

耶拉波利斯旅行亮点 ▲

探索这座古罗马城市，想象集市上各大市场曾经热闹繁忙，有 12000 个座位的圆形露天剧场上演着精彩的戏剧，身着宽松长袍的市民漫步于弗朗提诺街（Frontinus Street）。继续走就能看到保存完好的墓地，这里有 1200 个刻有字迹的石灰岩坟墓。最后在“埃及艳后古温泉池”舒服地泡澡（大理石废墟中涌动着温泉，泉水像香槟一样冒着气泡），以此结束此次旅程。

红色和白色的石灰华 ▲

棉花堡的钙化山峰有着诱人的质地、温暖的蒸汽和绿松石色的泉水，吸引着你在一个又一个的水池浸泡，不停地用相机记录下这里的美丽。参观完标志性的白色石灰华之后，你还可以去卡拉哈耶特村，欣赏红色温泉中富含铁元素的石灰华。在泥浆池中按摩擦洗，体验当地矿泉水疗，既有益于健康，又使身心愉快。

卡克里克洞穴和废墟自驾游 ▲▲

这些洞穴经常被称为地下棉花堡，它们有着相似的地质构造和水景，不过由于封闭的自然环境，使得它们密集度更高。周围布满球形的石头，当你穿过狭窄的通道时，瀑布会发出阵阵回声。除此之外，还可以去看看令人难忘的罗马遗迹阿弗罗狄西亚（Aphrodisia）古城和老底嘉古（Laodicea）城，这才算是完美丰富的一日游。

古代世界滑翔 ▲▲▲▲

穿好双人滑翔伞，从 305 米高的迪纳米特山（Dinamit Hill）跑下去，让热气流胀满你的降落伞。在高空飞行 30 多分钟，俯瞰这座罗马风格的城市、钙化山峰和安纳托利亚的乡村美景。在土耳其这个地区，滑翔飞行的持续时间最长，你可以看到变化多端的风景地貌。

✣ 土耳其最佳午餐

我们去野餐的路上，一家古玩店吸引了我们的目光。店里摆满了各式各样的部落地毯、流苏枕头和种类丰富的古玩。我们询问店主一个皮质背包的来历，他请我们边喝茶边说起了故事。我们聊起了安纳托利亚的游牧民族，还有不同图案的象征意义。然而，我肚子发出的咕噜声打断了谈话。“你是饿了吗？”穆拉特（Murat）问道。“我有奶酪和蜂蜜。”我们这才拿起面包、西红柿和橄榄，这些就是与新朋友享受盛宴的完美配餐。

我们与古玩店主的即席午餐。

欲了解更多信息，请查看：

» 历史：土耳其卡帕多西亚，第 106 页

» 自驾游：格鲁吉亚中部，第 208 页

奇妙的阿根廷七彩山。

完美的明信片

我们在阿根廷北部一家礼品店闲逛时，看到一张明信片，上面印有一座壮观的彩色山峰。“这个在哪里？”迈克问柜台后的妇女。她告诉我们这是普尔马马尔卡镇的七彩山，就在朝北 185 千米的地方。于是我们变换了行程，打算去这个景点徒步，看日出的光芒照亮山峰，橙色、粉色、紫色、白色、红色、淡紫色和绿色，一层又一层。

罗托鲁阿

新西兰

罗托鲁阿（Rotorua）位于环太平洋火山带最动荡的地区之一，又紧挨着火山口盆地，所以此行无疑是冒险之旅。直接去火山密布的地热点非常危险，不过在森林中泡温泉就不必担心什么了。维多利亚时代的人们闻到了罗托鲁阿（其别称为“硫黄之城”）的气味，就成群结队来到这里，以求享受它的滋补功效。城镇中心是原先伊丽莎白式的浴室和市政公园，园内有面积广阔的草地保龄球场、槌球草坪和浮石步行大道。罗托鲁阿湖含硫量很高，湖水呈现出一种柔和的蓝色色调，湖岸曲线柔和，连绵起伏。地热蒸汽在湖面萦绕，泥浆沸腾，气泡涌动，就像孩子用吸管喝巧克力牛奶时吹出的气泡一般。沿着湖岸线走到一个毛利村庄，他们仍然使用地热能做饭、洗澡和取暖，这种传统已持续数百年。罗托鲁阿的人口有 1/3 以上都是毛利人，是新西兰数量最多的毛利人聚居区。通过品尝传统美食——地热焖制的迎宾餐了解独特的波利尼西亚文化，游览庄严神圣的绿湖，从该地区丰富多彩的活动中选几个尝试，体验罗托鲁阿的无限能量。

最佳时间

12 月到次年 2 月最为温暖，但也是最繁忙的阶段。3 月到 4 月、10 月到 11 月较为合适，带上不同厚度的衣物以防温度波动。

下榻酒店

王子之门酒店：这家高档酒店始建于 19 世纪，散发着浓厚的历史魅力；坐落于市区，地理位置优越。**库拉旅舍：**一家有 10 间卧房的民宿，坐落于幽静的湖畔，设有露天休闲区和各种水上活动。

浪漫之旅

乘坐缆车“贡多拉”去火山酒庄品酒室，欣赏罗托鲁阿优美壮观的风景，品尝清香可口的新西兰葡萄酒。

贴心提示

从罗托鲁阿众多的旅行路线中选择预订之前，请记住这里到处都是火山美景，游客不常去的地方往往都是免费的。谷歌搜索“罗托鲁阿免费活动”，就能找到许多精彩纷呈、原汁原味的项目，这样就大大减少了旅行成本。

怀奥塔普地热公园的香槟池。

罗托鲁阿璀璨的毛利艺术和文化。

情侣探险

地热仙境 ▲▲

冰冻果子露颜色的水池中，水波沸腾，温度达 149℃以上，池水填满了坍塌的火山口，也让怀奥塔普地热公园名副其实。喷发的间歇泉和泥浆池之间是铺砌的道路，如果想在更自然的环境中深入探索，可以尝试在怀芒古（Waimangu）徒步或者航行，这里有世界上最年轻的地热系统。怀芒古火山谷有热气腾腾的火山口湖和霓虹河，直到 1886 年的火山爆发才诞生于世。

生机勃勃的毛利文化 ▲

漫步于奥希奈姆图（Ohinemutu）传统的毛利人聚居地，这里的人们仍然在沸腾的出水口做饭，淋浴用水也是从地下引流而来。去看看这里雕刻华丽的会堂，参观湖边的圣菲斯大教堂（St. Faith's Church），享受双语服务。当地人提供观光旅行，但此处绝非旅游胜地，而是真正的毛利生活。若想体验“一流的”毛利文化，品尝迎宾盛宴，欣赏哈咔舞（毛利战舞）表演，华卡雷瓦雷瓦（Whakarewarewa）毛利村将是你的不二之选。

各式各样的温泉 ▲▲

尝试兼具质朴和奢华的温泉，多方面体验罗托鲁阿。乘坐独木舟去罗托伊蒂湖热水池，这是个当地人常去之地，只能乘船到达。徒步去煤油溪，沸腾的温泉与清凉的瀑布交汇于此。在这个享誉世界的波利尼西亚温泉尽情玩乐，肆意享受 26 个矿泉水池，包括成人专用水池和私人湖畔水池。

法卡雷瓦雷瓦红木森林骑行 ▲▲

在红木森林骑行，穿过闪烁着迷幻光泽的溪流和五颜六色的湖泊。这是新西兰第一个种植外来品种的森林，有全国最古老也最广阔的山地自行车赛道，举办过多次世界锦标赛。各式赛道长度共达 90 千米，为不同技术水平的骑行者提供了多样的选择。

✣ 双倍的乐趣

迈克和我事事都有分歧，连逛杂货店都有不同意见，这是很少见的，但是罗托鲁阿有各式各样的活动，我们只好分头各个击破。我们两个从怀奥塔普地热公园（Waiotapu Thermal Wonderland）外汩汩作响的泥浆池出发，然后便分道扬镳。我留在艺术家调色板周围漫步，观看间歇泉喷发，而他去弥漫着蒸汽的怀芒古煎锅湖远足。当我们重聚时，彼此好像多天未曾见面一样，互相分享拍摄的许多照片和路上的奇遇。

市政公园的草地保龄球和浴室。

欲了解更多信息，请查看：

» 冰川：新西兰韦斯特兰，第 160 页

» 自驾游：新西兰南岛，第 200 页

从香提佛塔远望雕塑般的印度河谷和列城（Leh）。

拉达克*

中　国

撰写：萨维·穆尼亚和维迪特·塔尼加（Savi Munjal & Vidit Taneja）

拉达克隐藏在克什米尔地区，其令人惊叹的风景地貌颇负盛名，有白雪皑皑的山峰、变换颜色的湖泊和月球表面似的山谷，不过这些还远非全部。拉达克的文化深受西藏的影响，神圣的佛教仪式、迎风飘扬的经幡和反复吟唱的圣歌，为日常生活增添了一丝宗教气息。沿着古丝绸之路行驶，穿越贫瘠的高原，高原上散落着色彩缤纷的寺庙，恰似梦中出现的景象一般。清晨，伴随着提克赛寺祈祷的鼓声和诵经声醒来，驾车穿过努布拉河谷月球表面似的地形，乘木筏游览狂野的印度河，同热情好客的当地居民一起品尝香浓的酥油茶。该地区为游客提供了难得的机会，将原汁原味的当地文化同极限运动融为一体。蜿蜒曲折的山路偶尔会颠簸不平，但勇敢地穿越过去后，拉达克在我们心中便有了特殊的地位。

*注：该地位于克什米尔地区，目前中国、印度两国对其归属有争议。

最佳时间

7 月到 10 月是最理想的旅行时间，可以参加 9 月份的拉达克节日。避免 11 月到次年 5 月期间旅行，这段时间大雪覆盖路面，导致经常无法行驶。

下榻酒店

查巴营地：新一代豪华露营，提供宽敞奢华的帐篷和 24 小时服务的管家，可以俯瞰提克赛寺（Thiksey Monastery）的优美风光。**昌郎度假村：**位于努布拉河谷（Nubra Valley）果园的别墅，可以从这里欣赏喜马拉雅山脉风景。

浪漫之旅

在汉德尔（Hunder）的沙丘上仰望星空。穿着厚厚的衣服躺下，仰望成千上万颗璀璨的星辰，看着银河缓缓流过清澈的拉达克天空，感叹自然之美丽壮观。

贴心提示

在列城雇一个司机，他们对当地的了解极为宝贵。

情侣探险

在稀薄的空气中骑行 ▲▲▲

从卡东拉（Khardung La）山口到列城，沿着自称为“世界上最高的可行驶公路”的卡东拉山口公路，进行一次计划周密的骑行。从海拔 5300 多米的地方出发，全程 40 千米，这趟骑行旅程极富挑战性，但你会得到相应的回报。

印度河漂流 ▲▲▲▲

一边伴随着水花漂流，一边领略赞斯卡（Zanskar）山脉的壮美风光，欣赏拉达克河畔村庄的乡村景色。从阿奇到卡尔泽的村庄，一路迎风疾驰，连头发都被吹得直立起来，胆子小的人不要轻易尝试。漂流难度从二级到五级，你可以根据自己的冒险水平选择路线。

色彩斑斓的湖泊 ▲

多数游客都会在一日游中参观班公湖（Pangong Lake），晚上留在这里过夜，仰望璀璨闪耀的星空，清晨再看一场壮观的日出。根据光线和角度的不同，这个高海拔的咸水湖似乎会变换颜色，呈现出蓝色、蓝绿色、绿色和紫色的光泽。

从拉玛玉如徒步到黑美寺 ▲▲▲▲

经过贫瘠荒凉的高原、绿草如茵的牧场和丰富繁多的遗址，从一个茶馆跋涉到下一个茶馆，体验拉达克真正的多元文化。绕着赞斯卡山脉，海拔 3048—5181.6 米，此次徒步之旅长达数天，极富挑战性，最终将到达黑美寺（Hemis Gompa），这是拉达克最引人注目的佛教寺庙。

情侣建议

去一个新的地方旅行时，可以让伴侣放纵激情，给对方制造惊喜。如果另一半喜爱文化，就安排一天去参观著名的博物馆；如果是美食家，就计划一次烹饪之旅；如果是品酒行家，就去葡萄酒庄园开怀畅饮。迎合彼此的爱好和乐趣，让双方得到真正的满足，享受浪漫的旅途生活。此外，这些短途游览也会让你对该地区有新的了解。

奢华的查巴（Chamba）营地和白雪皑皑的赞斯卡山脉。

欲了解更多信息，请查看：

» 山脉：尼泊尔安纳布尔纳保护区，第 22 页

» 历史：中国凤凰古城，第 110 页

超能夫妻维德和萨维

这对夫妇热爱另类和奢侈的旅行，已经去过 500 多个城市和 70 多个国家。作为 BruisedPassports.com 网站的全职博主，他们的冒险经历和照片展示在各大主流电视台，包括探索频道和《赫芬顿邮报》。他们热衷于自驾游，最近开车穿越了十几个国家，行程长达 32000 多千米。

暹 粒

柬埔寨

吴哥寺（Angkor Wat）蜂巢状的宝塔倒映在莲花池中，这幅景象就算称不上全东南亚，也算得上是柬埔寨最具标志性的图画了。不过，这座佛寺虽然宏伟壮观，保存完好，相对于吴哥考古公园的魅力来说却不过是冰山一角。暹粒遍布着数百座建于 9 世纪到 13 世纪的庙宇，这些庙宇即使杂草丛生破败不堪，也丝毫不逊色于吴哥寺。15 世纪 30 年代，高棉帝国垮台之后，这座城市数百年来都无人问津，几乎完全被丛林吞噬，直到 19 世纪欧洲考古学家来此地发掘，才使其重浮于世。现在，大多草木都生长在这个面积达 400 平方千米的公园内，其他地方的杂草已经除尽，只是有些植物交织缠绕，已成为建筑的一部分。是否要完全修复这些庙宇是个颇具争议的话题，不过从摄影和超自然的角度看来，我们要说：保留这些树木更好！与多数西方古迹不同，吴哥考古公园没有什么护栏和规则，你可以徘徊于废墟之中，攀爬上残垣断壁，凝视着倒塌的围墙，选择自己的冒险之旅。吴哥的庙宇对于考古学家和探险家同样具有吸引力。

最佳时间

11 月到次年 3 月天气较为干燥凉爽，6 月到 10 月是雨季，不过清晨经常阳光普照，万里无云。

下榻酒店

吴哥索菲特佛基拉酒店：坐落于寺庙和市区之间，是法国殖民地风格的酒店，设有游泳池和水疗温泉，提供一流的服务。**维鲁斯酒店：**位于市中心的中世纪现代精品酒店，酒店餐厅装潢得如梦似幻。

浪漫之旅

在巴戎寺（Bayon）观看日落，这个寺庙中有 216 张比人还大的石像面孔。因其面向东方，很少有游客想到来这里看日落，傍晚时分，雕像的轮廓在粉色天空的映照下显得格外壮观。

贴心提示

遗憾的是，许多孩子在寺庙周围售卖各式纪念品。不管他们多固执或者多可爱，都不要支持这种童工。你可以租借白色自行车来做一点贡献，这是为学校奖学金募捐的非营利项目。

丛林植物缠绕在圣剑寺（Preah Khan）的建筑上。

佛教信徒为废墟带来生机。

情侣探险

乘人力车去罗洛寺群 ▲

按照时间顺序，开始你的考古之旅。先坐“嘟嘟车”（人力摩托车）走 16 千米，到达吴哥最早修建的寺庙。虽然这些 9 世纪的建筑结构比较简单，但它们奠定了高棉风格的总基调，也让你对于后来构造精巧的建筑会有更深的理解。记得留出时间，去巴孔寺（Bakong）金字塔的阶梯走一走，再看看坍塌散落的神牛寺（Preah Ko）。

巴戎丛林寺庙 ▲▲

骑自行车去公园中心最繁华的寺庙。塔普伦寺（Ta Prohm）蔚为壮观，电影《古墓丽影》（Tomb Raider）曾在此地取景，而游客较少的塔逊寺（Ta Som）和圣剑寺也同电影中的景象一般，遒劲的菩提树能将石块挤碎，交织缠绕的绞杀榕同寺庙融为一体。沿着破败的走廊，凝视着断壁残垣，寻找佛教信徒发掘的圣地。

在崩密列体验当地风情 ▲▲

这座 12 世纪的建筑在数个世纪之前才被发掘出来，其平面图和设计理念同吴哥寺类似。寺庙被丛林严密地包裹着，我们无从知道更多信息。我们是在一个下午的晚些时候到的，旅游巴士已经离开，我们和附近的孩子一起爬上废墟，晚上在一个当地家庭留宿。

千林伽河 ▲▲

在白色的水幕之后，吴哥时代的设计雕刻在高布斯滨（Kbal Spean）的河床上。在河流上游，砂岩上有毗湿奴和各种动物的浮雕。继续往下游走，就能看到成百上千个林伽浮雕。这是个美丽神奇的地方，非常适于徒步和野餐，雨季时在瀑布下游泳也别有一番风情。

弃陆路选水路

当然，从法国殖民地时期的城市马德望到暹粒，走公路要容易得多。公共汽车三个小时就能将你送过去，但是我们选择了连坐垫都没有的木船，漂流了八个小时。慢慢地摇曳在洞里萨（Tonlé Sap）湖上，我们经过漂浮的竹木屋，妇女们用石头洗衣服，男人们撒下手工制作的渔网，孩子们划着独木舟去上学，这里就是藏在公路后的世外桃源。这艘小船可能不是最快或者特别舒服的交通方式，但它让我们以一种最终生难忘的方式抵达了暹粒，体验了柬埔寨文化。

孩子们在洞里萨湖自己划船去上学。

欲了解更多信息，请查看：

» 海滩：马来西亚刁曼岛，第 74 页

» 沙丘：越南美奈，第 142 页

成千上万座石峰布满张家界国家森林公园。

武陵源

中　国

还记得在电影《阿凡达》（Avatar）中，群山漂浮在天空，山上绿意盎然，挤满了龙一样的生物么？这个位于中国湖南省的地方，就是电影场景的主要灵感来源。张家界国家森林公园有 3000 多座海拔 300 米以上的砂岩石峰，陡峭的悬崖上长满各种树木和灌木。当山谷中雾气弥漫时，山峰底部便隐去身影。看到这幅景象，你就能明白导演詹姆斯·卡梅隆（James Cameron）是怎样得到了灵感（也许他根本没有使用那么多特效）。张家界在很多方面都精彩绝伦，不过，对于令人惊叹的武陵源风景名胜区和列入联合国教科文组织世界遗产名录的景点来说，它只是四个公园的其中之一。此处有 560 个风景如画的旅游地点，包括中国最大的洞穴之一和世界上最长的玻璃栈桥，这座桥一直延伸至峰林密布的峡谷。往南走去乘坐长达 7455 米的索道，穿过喀斯特地貌景观，就可抵达天门山顶。这便是“天堂之门”，进去会发现更多非凡的惊喜。在中国，似乎有额外的热情和独特的眼光来赞美其自然奇景。虽然有时我们可以不需要灯光表演、歌曲和纪念品，但面对这样的地质和文化景观，很难不肃然起敬。

最佳时间

没有什么办法能保证你避开雨雾天气或是游客，不过，5 月到 10 月天气较为晴朗，旅游淡季，游客较少。

下榻酒店

中天国际青年旅舍：在张家界国家森林公园为数不多的旅店中，这家青年旅社位置优越，没有旅行团，值得一试。**张家界京武铂尔曼酒店：**雅高集团旗下豪华酒店，设有泳池和土耳其浴室，位于武陵源国家公园附近，位置绝佳。

浪漫之旅

当其他游客都在张家界漫天高的通道上散步时，你可以去森林深处，走在雾气迷蒙的石头迷宫中，找个清净的野餐地点。

贴心提示

武陵源公园的门票有效期为两天，但即使这样，也很难见识所有的美景。所以最好先去你观光愿望清单上的地点，利用园内的公交系统，让你的时间得到充分使用。最好的办法是，给自己三天时间游览。

宝峰湖上的中国传统码头。

情侣探险

欲与天公试比高的石桥 ▲▲

国家公园除了张家界石林之外，还有跨越时代、雄奇伟岸的石桥。穿过这座拥有 4 亿年多年历史的天然石拱“天下第一桥”（世界第一大桥），接着就是世界上最新、最长、最高的玻璃栈道之一。一定要抓紧扶手，这两个地方都有 305 米高。

沙岛溪徒步 ▲▲▲

走在著名的金鞭溪步道上，周围有陡峭的喀斯特山峰、郁郁葱葱的花草树木，还有在林间上窜下跳的猴子。这条风景如画的通道上有很多中国游客，不过从桥上绕道而行去沙岛溪，就可以独享这人间仙境了。

索溪峪自然保护区泛舟 ▲

这个保护区是十里画廊山峰、黄龙洞和宝峰湖等自然奇观的所在地。所有景点都值得一看，但乘船游览武陵源这样难得的机会，使得这里成为必游之地。在湖上泛舟，高耸的山峰倒映在清澈的湖水中，风光更显奇美。

天门山通往天堂的大门 ▲▲

通过悬挂在峭壁上的步道，攀登湖南省最具标志性的山峰，这条步道从地面到最高处有 1400 多米。对寻求刺激者而言，尤其人不要错过让人眩晕的玻璃栈道。顺着台阶登上山峰主要的景点——天堂之门，它是天门山中心高达 131 米的天门洞。此处蓝天白云、云雾缭绕，天门山寺更为此处增添了神圣气息。

✣ 好心好意

我们想去张家界汽车站，使用蹩脚的中文询问一位妇女：“你会说英语吗？”她使劲儿摇了摇头，摆摆手便走开了。我们都觉得，“哇，这有点不礼貌吧”，我们站在那里，觉得永远不可能去下一个目的地了。然后一个十几岁的男孩拍了拍迈克的肩膀，说：“我能帮你吗？”原来是那个看起来不太友好的妇女把这个会说英语的人叫过来，这是她所能提供的最大帮助。

一座玻璃桥横跨在张家界大峡谷。

欲了解更多信息，请查看：

» 山脉：中国峨眉山，第 26 页
» 河流：老挝南乌江河谷，第 58 页

加拿大亚伯拉罕湖（Abraham Lake）下封存的气泡。

Top 10

超自然景观排行榜

最宏伟壮观又转瞬即逝的大自然奇迹，有机会请一定去看看。

委内瑞拉

1. 急速闪电

卡塔通博河（Catatumbo River）与马拉开波湖（Lake Maracaibo）交汇处，每年有一半多的日子都会出现雷电暴雨天气。狂风扫过三面环山的湖泊，就会产生每小时多达280次的闪电，每天持续10小时。

英　国

2. 塞文河冲浪

塞文河（River Severn）流经古色古香的格洛斯特村庄，使得这里成为意料之外的冲浪天堂。当大西洋的潮汐冲到上游，抵达塞文河最窄的部分时，两股力量相撞产生的巨浪翻涌奔腾长达48千米。根据潮汐的时间安排旅行，见识冲浪者在这每月一次的浪潮中享受自我。

北美洲

3. 帝王蝶迁徙

为了避开寒冷的天气，帝王蝶每年从加拿大到墨西哥进行一次长达4800千米的生命接力。你可以目睹数百万只橙色的蝴蝶翩翩飞舞，或是成群聚集于路边的树上休息，或者在墨西哥米却肯州（Michoacán）的终点观赏它们，这里已被联合国教科文组织列为帝王蝶生物圈保护区。

马尔代夫

4. 荧光海滩

在7月到次年2月最黑暗的夜晚，许多海滩都浮现出蓝色发光的浮游植物。当这些生物被冲到海边时，就发出它们的生物荧光，展现出美妙绝伦的场景。在蓝色的星海中走一走，感受荧光海滩的魅力。

加拿大

5. 可燃的冰下气泡

亚伯拉罕湖湖底的有机物分解释放大量的甲烷气体，这些气体终年不断冒出水面，就像熔岩灯一样，可以产生迷幻的场景。但在冬天，湖水结冰，便将这些气泡封存在冰面下，形成极具艺术感的滑冰场。

土库曼斯坦

6. 地狱之门

1971年，苏联的钻探设备发生事故，使得天然气坑洞坍塌，留下了一个巨大的火山口。为了避免甲烷气体扩散，他们就点了一把火。从那时起，这里的熊熊火焰便从未停息。这个洞口宽达68米多，如地狱般的景象让人震撼不已，不过火焰随时可能熄火，请尽可能早去看看。

坦桑尼亚

7. 移动的沙丘

堆积的火山灰本来早就应该随风飘散，但磁性使它们黏合在一起，并以每年4.9米的速度在塞伦盖蒂平原上爬行。抓一把沙子抛在空中，看着这些颗粒重新结为一体。凝视平原尽头，你可能会发现有马赛人在祭奠这神圣的沙丘。

马来西亚

8. 难得一见的大王花

它是世界上最大的花朵，需要9个月时间才能开花，但花期只有几天。你可以在东南亚的几个丛林中看到这种直径可达0.9米、重达9千克的花朵，不过基纳巴卢山（Mount Kinabalu）生长着许多大王花，你有很大机会能目睹这种带有斑点的红色寄生植物。

柬埔寨

9. 五色河

卡诺克里斯塔尔彩虹河中，有乌黑色的石头、绿油油的海藻、黄灿灿的沙子和水晶蓝色的急流，这些已算得上是鲜艳明媚。然而到了9月至11月，一种名为“玛卡莲娜”的河苔草会变成鲜红色，河床便呈现出五颜六色的奇幻美景。穿过一个个洞穴，可看看这些水潭化身流动的彩虹。

美　国

10. 当火山岩浆遇见大海

火红滚烫的岩浆在黑色熔岩上流过十数千米，直到抵达海崖，如瀑布般倾泻入海，呲呲作响，场面令人震撼。自20世纪80年代以来，夏威夷火山国家公园每隔几年就会出现这种景象。你可以徒步、乘坐直升机或者划船来见证这一幕。

加拿大亚伯拉罕湖下封存的气泡。

智慧旅行

必看清单上罗列着几十个新目的地，是时候启程了！首先，应该深入了解旅行资金、交通方式、酒店住宿和行李打包等事宜。探索新鲜方式来体验当地风情、比较最优惠的价格、安排终生难忘的旅行路线，让旅行产生积极的影响。下面将为你介绍如何更加明智地旅行。

计划旅行生活

世界广阔，人生苦短！充分利用各个假期、跳槽期间，留给自己多一些时间，对于意料之外的休假更是不能浪费丝毫。如果没有好的方式去享受，你也不会想要意外的空闲时间。考虑下列方法，让旅行更加容易，并成为你生活的一部分。

尝试设立旅行基金

旅行是你对自己的投资，看起来似乎很奢侈，所以资金紧张的时候，这项活动经常会被划掉。不妨试试这样：创立旅行基金，把 5% 的工资存入这个账户。这样，当你想出去冒险、寻找浪漫或是呼吸新鲜空气时，资金就不会成为阻碍你的绊脚石。

充分准备旅行工具

虽然经常有拖到最后一分钟的时候，但是为了旅游简单易行，制定长期的计划总是好的。首先，加入成为航空公司和酒店的 VIP 客户，使用对日常开支有优惠的信用卡；加入共享经济网站和团体，订购旅行时事通讯，关注博客，尤其是本书中提到的“超能夫妻”博客。对旅行团体了解得越深入，就会出现越多的机会，消除潜在的障碍，会让你做足更充分的准备。

优先实现愿望清单

不要等以后再去实现旅行梦想，写下愿望清单，并确定一个大概的时间期限。把最冒险的旅行排在前边（世事无常，趁年轻力壮及时行乐），坚持下去，每年至少实现一个目标。在一连串计划中找个大块空白，来安排一次为期数月的旅行。这不仅仅是度假，更是宝贵的机会，你可以从日常生活中脱离出来，审视生活。此外，还能体验超乎想象的刺激与开心，收获终生难忘的回忆。

不要单单计划下一个假期，还要思考你想要怎样的生活，以及如何实现这些梦想。

泰国莱利是我们佛像海滩之行的重头戏。

梦想旅程

不要局限于国界和为期 10 天的旅程，去深入体验一些我们最喜欢的地区。通过这些史诗般梦幻的旅程，探索七个大洲的魅力。

通往佛像的沙滩

先在曼谷尽情游玩，然后从都市丛林转移到泰国考索国家公园，探索四季常青的雨林。继续向南抵达普吉，搭乘渡轮去莱利的喀斯特半岛。在海崖上攀岩，去荧光水域浮潜，然后乘坐飞机从甲米去缅甸仰光。花几天时间来探索这个曾经的英国殖民地城市，这里有世界上最古老的佛塔。继续前往风景如画的茵莱湖，这里有山地部落和水上村庄。最后一路向西抵达蒲甘，参观 2000 多座古老的寺庙，以此作为旅行的完美谢幕。

终极大洋洲

在新西兰克赖斯特彻奇租一辆露营车，去南岛自驾游，探索晶莹剔透的冰川、繁密茂盛的雨林和神奇壮观的峡湾。在塔斯曼地区逗留几天，体验皮划艇、骑车远足，品尝香浓美酒，尽情享受各种活动。然后搭乘飞机去悉尼，在此短暂停留，然后直接去凯恩斯，这是通往大堡礁和古老的丹特里雨林的大门。请记得在澳大利亚内地放纵玩耍之后再离开，去最北端驾车探险，停下来观赏小袋鼠、咸水鳄和岩石艺术，这是现存最古老的原住民创作的。

冰雪世界

从智利蓬塔阿雷纳斯启程，乘船抵达冰雪世界南极洲。在冰山周围划皮划艇，在企鹅栖息地散步，在为期 10 天的航行中尝试极地冬泳。返回蓬塔阿雷纳斯后，你就处于巴塔哥尼亚的心脏地带了。之后可以去智利百内国家公园，在这里著名的 W 线徒步，观赏格雷冰川，骑马驰骋于各大牧场之间。穿过边境，参观阿根廷南部的明星公园——冰川国家公园。在冰道上徒步，去探索仍在生长的佩里托莫雷诺冰川，欣赏日出的光芒洒在地标山脉菲茨罗伊山上。

精彩非洲

一定要去参观约翰内斯堡的种族隔离博物馆，然后再去克鲁格国家公园旅行，在这里可以看到非洲五大野生动物（狮子、花豹、大象、犀牛、非洲水牛）和500多种鸟类。南非特别适合自驾游，我们最喜欢的路线覆盖了西开普省的葡萄酒之路和赏鲸路线。在大都会开普敦逗留几天，然后飞到赞比亚的利文斯敦，见识声如雷鸣的维多利亚瀑布。在湍急的赞比西河重拾探险勇气，然后前往南卢安瓜国家公园，观看数量庞大的野生生物，寻找适于徒步的绝佳地形。

超乎想象的欧洲

从充满中世纪味道的根特开始，乘火车穿越欧洲西部。傍晚时分，沿着运河漫步，或是骑着自行车，欣赏两旁佛兰芒风格的建筑，品尝修道院啤酒，为美好的一天干杯。之后去德国科隆，继续乘火车或者坐船沿着风景秀丽的河流抵达吕德斯海姆，途径莱茵河谷的城堡和葡萄园。陶醉于迷人的村庄，尽情享受雷司令冰淇淋，准备好了再去瑞士阿尔卑斯山。先到劳特布伦嫩车站，继续走小路，乘坐缆车，或者攀登飞拉达铁索，去瑞士风景最美的山区城镇。

从沙漠到雨林

乘飞机到美国内华达州的拉斯维加斯，再自驾游去参观绍斯韦斯特最为壮观的国家公园，包括宰恩国家公园、布莱斯峡谷国家公园和大峡谷国家公园。在犹他州的摩押，开四驱车或者骑山地车奔驰于生机勃勃的土地上，晚上搭建旅行帐篷，沉睡于沙漠璀璨的星空之下。准备好去看郁郁葱葱的雨林风景了吗？搭飞机去西雅图，绕奥林匹克半岛环行，此处生长着美国特有的一片雨林。在千年古树中漫步，观看海蚀柱间潮起潮落，舒服地泡在温泉中。继续向东南部行驶至雷尼尔山，这是一座由冰雪覆盖的活火山。在漫山野花中徒步、滑雪或是嬉闹游玩，每个季节都有奇妙之处。

安第斯极限体验

乘飞机去玻利维亚的拉巴斯。在这个世界上海拔最高的城市逗留几天，逛逛好玩有趣的原住民市场，看看西班牙殖民时期的建筑。向北行至的的喀喀湖，这是强大的印加王国的宗教发源地，乌鲁斯人在湖上建造起漂浮的岛屿。继续向北去马丘比丘或者乌鲁班巴河谷，也可掉头向南到波托西省。自驾游去世界上最大的盐沼，探索青绿色和粉红色的火山口湖，最后去阿塔卡马沙漠，感受月球般的景象。在圣佩德罗德阿塔卡马留给自己三天时间，尽情尝试冒险活动，肆意享受奢侈生活。

想了解更多我们最喜欢的行程，请访问 HoneyTrek.com/DreamItineraries。

安第斯极限体验行程中风景如画的山峰。

每月最佳旅行地点

一月

南极半岛（第 158 页）

天气温暖，白昼较长，到处都是企鹅宝宝。

二月

马瑙斯（第 192 页）

亚马孙州因巴西狂欢节而热闹非常。

三月

尼亚加拉大瀑布（第 170 页）

气势磅礴的瀑布冻结成壮观美丽的冰雕。

四月

安纳普尔纳禁猎区（第 22 页）

喜马拉雅山小径两旁点缀着粉色的杜鹃花。

五月

南岛（第 200 页）

秋日落叶 + 凉爽天气 - 拥挤人群 = 完美自驾游

六月

乌鲁班巴大峡谷（第 36 页）

热闹非凡的太阳节带你领会印加精神。

七月

火山口高地（第 90 页）

数百万只牛羚和斑马浩浩荡荡穿过塞伦盖蒂。

八月

爱尔兰北海岸（第 206 页）

绿宝石岛阳光灿烂，天气和暖。

九月

托尔图格罗（第 98 页）

成千上万只新孵化的海龟涌向大海。

十月

挪威峡湾（第 134 页）

白天享受阳光，晚上欣赏北部灯光。

十一月

丘吉尔（第 94 页）

此时的哈德森湾可以看到北极熊。

十二月

北伊柳塞拉岛（第 66 页）

以贾卡努的方式庆祝节日。

牛羚在穿越塞伦盖蒂的路途中啃食牧草。

金钱问题

制定合理的消费方式，以获得最大的回报，使用安全方便。确保钱包中装着合适的信用卡和借记卡。以下是我们在路上消费的最佳做法，还有一些技巧来避免讨厌的交易手续费。

旅行信用卡和借记卡常识

介绍各种卡片的功能，以及如何在旅行中保证卡片安全。

借记卡：（1）在 ATM 机取款不收取附加费；（2）任何第三方 ATM 机还款；（3）无货币转换费；（4）无月服务费。

信用卡：（1）跨国购物无货币转换费；（2）可赚取 2% 现金回馈或者飞行常客里程数；（3）提供旅行福利，如休息室使用权或者免费托运行李。

卡片安全：办理两张不同的借记卡和两张不同的信用卡，分别放在不同的地方，以防丢失或被盗。告知贷方旅行去向和时间，以免他们冻结你的账户。

航空公司信用卡和优惠项目

多数大型航空公司和连锁酒店都提供信用卡，并有丰厚的注册奖金和各种特权。首先成为他们的 VIP 客户，我们最喜欢的是美国联合航空、西南航空和万豪酒店。然后办理一张或两张新的旅行信用卡，开始赚取积分和里程数，这是降低下次旅行成本的好方法。

旅行地点资金管理

去一个新的国家时，跳过货币兑换步骤，直接从当地 ATM 机取款（使用 XE 货币转换软件计算金额）。头几天先取出足够的现金，这样你就有时间获得价格方面的信息，并确定信用卡的适用范围。

使用现金和信用卡

金钱使用方法因国而异，无论去哪，以下建议都会

价值 1600 缅元（约合 7.64 元人民币）的缅甸街头美食盛宴。

让你有备无患。

现金：钱包里要备着一张信用卡和足够一天使用的当地货币，其余的保管在酒店房间里。在前台或者街角的商店兑换零钱，这样在城镇里购物更方便。留着美元和欧元用于过境和紧急事件使用。

信用卡：在信誉良好的企业，使用信用卡而非现金。信用卡可以帮你积攒飞行常客里程数，记录消费情况，如果商品或服务不符合承诺，还可以拒绝付款。如果卖主额外收取 2% 到 5% 的信用卡费用，请考虑使用现金。

避免事项：

货币兑换亭：它们有隐性费用，而 ATM 机取款则没有。

预付的旅游卡：如果这张借记卡在国外用完额度或是收取费用，就不像所说的那么让人安心了。

旅行支票：这些“文物”兑换时会产生大量的额外费用——如果还有人接受它们的话。

预订机票

每个人都想知道预订机票的最佳时间，以最低的价格获取最便利的服务。而航空公司采用一种复杂的算法，想以最高的价格卖出每张机票，这让我们难以捉摸。虽然他们的方法神秘莫测，还是有各种网站，也有各种技巧和工具可以保证你不花冤枉钱。

飞行时间

有两种可靠的方法可以乘坐优惠航班：选择周中和淡季的航班，就能享受可观的价格优惠，而且订票也更加容易。例如，从 8 月到 9 月，美国飞葡萄牙的航班价格下降约 30%。游客数量也大幅减少，你可以随意挑选喜欢的餐厅、酒店房间和沙滩躺椅。

现金订票和里程订票

累积足够的常客里程数费用很高，所以应灵活选择自己的支付方式。

一位马赛武士帮助我们把行李放进小飞机。

使用信用卡：提前三到四个月开始查询航班，设置电子邮件价格提醒，启程前至少 30 天订好机票。如果你的计划有弹性空间，可以等待最后一刻的价格，因为航空公司会通过降价来售完剩余座位。

使用常客里程数：尽可能早预订里程机票，通常航班起飞前 300 到 330 天可以预订座位。

明智决定：即使你有足够的飞行常客里程数，也不代表这是合适的使用时间。查找最便宜的现金机票，然后将该价格与飞行常客里程的“成本”进行比较（通常 0.6 元 / 千米的价格比较合理）。请记住，里程数同你留下的回忆一样珍贵。

降低成本的小窍门

不要满足于第一个搜索结果，可以使用以下预订技巧来寻找最优惠的航班。

注意费用：比较航班价格时，请确保该价格包括了所有费用，如税款和行李费用。有些航空公司和订票网站非常狡猾，会隐藏费用信息，直到最后的预订页面才显示（有的更加过分，等你到了机场才发现）。

备用机场：有些机场落地费用较高，这个费用会折合进你的票价中。因此，请扩大航班搜索范围，将附近的机场也包括进去。

单程优惠：如果你要搭乘美国联合航空飞往伦敦，就花几周时间研究英国的情况，乘坐英国航空离开爱丁堡，比较一下飞行成本和便利程度。现在往返机票不一定便宜，而且单程机票可以让你更灵活地选择航空公司和旅行城市。

航空公司网站：在预订网站上找到机票后，请访问该航空公司的网站，看看能否以相同的价格购买。如果以后想改签，直接与航空公司交涉会比较容易。

想了解更多我们最喜欢的航班资源，请访问 HoneyTrek.com/FlightTips。

陆上交通

若要经验丰富的旅客讲述他们最精彩的旅游故事，公共交通旅行可能扮演着重要角色。从车顶上的山羊到坐在你腿上的当地孩子，从令人敬畏的山口到野花烂漫的溪谷，路上的旅程可谓丰富多彩。此外，这些交通方式便宜灵活又环保，给你乐趣横生的体验。

城镇巴士和野鸡车

西方国家的公共交通令人印象深刻，不过很多发展中国家也有发达的交通网络（虽然不那么奢华）。老旧的校车、吉普尼和共享出租车往来频繁，价格低廉。如果没有其他选择，不妨尝试一下这些交通方式，体验刺激的旅程，同当地人打趣说笑。

通宵巴士和长途巴士

长途巴士价格实惠，灵活方便，是飞机的最佳替代品，也是周游一个国家的好方式。关键的是，巴士通常可以当天预订，所以你的行程也能随意更改。此外，世界各地长途汽车的质量正大幅提高，我们享受的服务从 Wi-Fi（无线网络）到威士忌，应有尽有。在通宵巴士上睡觉也可以节省宝贵的时光，8 小时的无聊路途很快就打发了。

乘船旅行

如果沿途有河流湖泊，看看是否有渡船、三角帆船或者双体船去往你的目的地。走水路或者沿着海岸线行驶，往往能看到一些走陆路或者乘飞机遗漏的美景。此外，徐徐微风与灿烂阳光使得旅程更加惬意舒适。

骑摩托车

在岛国和整个东南亚地区，轻型摩托车和踏板车非常受欢迎。这是探索偏远地区、驰骋于城镇之间最实惠高效又充满乐趣的方式之一。如果你之前从未接触过，应当先尝试着在家练习，避免在拥挤的大城市骑行中出现问题。

乘坐火车

火车空间宽敞，沿途风景优美，富有怀旧气息，是一种令人愉悦的交通方式。因此，不论是日本的动车还是肯尼亚的殖民地时期铁路，只要有可能就乘坐火车吧。预订二等座车，可以体验当地风情，品尝正宗小吃。有关具体路线的细节考察，我们都会询问 Seat61.com 网站的专业人员。

路线查询相关资源

下面是我们最喜欢的软件和网站，可以帮你从阿尔巴尼亚一路抵达博茨瓦纳：

Rome2rio：查询交通方式、时间安排，还有偏僻路线的价格。

谷歌地图：寻找家庭经营的小商店或是小路起点时，街景视图和地球视图可提供路线细节，效果令人惊叹。

Maps.me：这是一款免费的 GPS 软件应用，可搜索详细的街道地图，在世界各地都可以使用，免去了手机计划的麻烦。

火车票、公共汽车票和机票是非常棒的纪念品。

旅行贴士

超能夫妻分享了他们最实用的旅行小建议：

“抵达目的地后选择当地导游。我们在珠峰大本营是这样做的，而其他人为相同的旅程付出了难以置信的高额费用。我们攀爬珠峰的成本是他们的 1/3，而且还促进了当地经济发展。”

——戴维和黛布拉，星球冒险 D

“在网上搜索航班时，一定要查看不同国家域名下的搜索结果。把‘.com’改为‘.ca’‘.mx’或者‘.de’等，有时这样搜索到的价格会便宜很多。”

——达伦和皮特，赫克旅行网

“请当地人推荐餐厅时，可以具体地问‘你们都去哪吃？’这样可以避开游客常去的地方，体验正宗的当地味道。”

——丹和奥德丽，市场全方位

“几乎在全世界，你都可以通过照看房屋和宠物免费居住。此外，你还能获得像当地人一样生活的独特体验。”

——纳特和乔迪，专业房屋管家

“露营车是自驾游车辆首选。你可以欣赏到常规地点之外的美景，也容易得到物质享受。住宿和饮食更加便宜，此外，还能收获在异国市场购买生活用品的奇妙体验。”

——莉萨和亚历克斯，二人生活

“利用旅行社预订网站，在多个网站上设置航班提醒以跟踪价格；观察几周，以确保买到实惠的机票。”

——丽娜和大卫，差异旅行者

“在不方便洗热水澡的地方，干洗发剂就是户外旅行的救星。除了本身的作用外，它还可以充当除臭剂和鞋子清洁剂。”

——萨维和维德，伤痕累累的护照

“TSA 预检可以让符合条件的旅客快速通过机场安检，而全球通关为国外返程游客减少了文件填写工作，缩短了排队时间。这个套餐五年 100 美元，绝对物超所值。”

——布雷特和玛丽，绿色全球旅行

“把约 3 米长的强力胶带卷在铅笔上备用。它不怎么占地方，但在紧急情况下，其价值堪比黄金。”

——克丽丝和汤姆，过去 50 年的旅行

“一定要提前办理登机手续，虽然听起来像老生常谈，但匆忙时很容易忘记。完成这项简单的任务后，你就可以绕过长长的队伍直接去办理行李托运了。”

——劳伦和沃恩，旅行手册

“品尝当地美食。去国外旅行不应该再吃熟悉的食物，这不仅可以省钱，还有可能坐在‘玛利亚’旁边，看她在拐角处教莎莎舞，以后几晚你就可能同大家一起舞蹈了。”

——赖利和艾莲娜，流浪者航行

在哥斯达黎加普拉亚巴拿马照看一栋别墅。

专业打包行李

我们都知道打包行李不应该过量，但很多人还是如此。烈日炎炎下，拖着几包行李走在鹅卵石街道上，这时我们会想：“我都干了些什么？”如果打包行李不够高效，整个旅途都会受到这个问题的困扰。打包行李应兼具时尚与效率。

保持自我

打包自己穿着舒服的衣物。如果你在家里从来不穿两截徒步长裤，那为什么突然想每天都穿呢？你可以摆出最喜欢的休闲服装，在里面挑选最百搭、轻便又耐穿的衣物。最好带一身速干服，尤其是要走小径的话，不过一套就足够了。走在墨西哥城市街头，你总不会想让自己穿得像要去爬山。

打包多功能物品

不要带只能穿一次的衣物（像那种亮花色、“出去玩”穿的衬衫）。打包有多种用途的衣服（比如连衣裙也可当半身裙穿），以及一些简单的物品，这样它们就可以穿很多次。利用首饰、围巾和其他的轻巧饰品，来使穿着丰富多样。带上三双不同风格的鞋子，正式的、休闲的和结实的各一双。鞋子应该合脚舒适，可以步行十数千米的路程，因为短途散步常常会变成一整天的冒险之旅。

增强文化意识

请记住，当地服装可能比你习惯穿的要保守一些。即使在自由奔放的地方，人们也不喜欢穿着吊带背心和轻薄短裤进入神圣的殿堂（这里的建筑大多让人心驰神往），所以应带一些端庄大方的服饰。如果要参观宗教场所，女士应带一条长裙和一件纱笼，以备不时之需（安妮因为穿了一条不到膝盖的短裤，所以不能进入吴哥寺）。小提示：应携带易于穿脱的鞋子，方便去寺庙许愿。

携带随身行李

为了旅行更加顺畅，请把行李折叠为可随身携带的尺寸。这样就可以绕过登机柜台，大幅减少托运费用，方便安全地保管财物，逍遥自在地经过在领取行李处排队的同机乘客。在旅行的每个阶段，你都会更敏捷灵活、得心应手。为了避免检查包裹，请将液体装进 100 毫升的容器中，选择一种无刃多功能工具，把“以防万一”的设备留在家中。如果要去寒冷的地方冒险，就把笨重的衣物穿在身上登机。

选择合适的箱包

选择箱包之前，先考虑下旅行的环境。传统的拉杆箱适合去城市和豪华酒店，而发展中国家和户外颠簸的路面可能需要 50 升的背包。如果想两者兼顾呢？拉杆背包便是完美的选择。长长的楼梯和崎岖的碎石路随时可能出现，拉杆背包在任何情况下都是合适的，而且现在新设计也愈加时尚美观。

说到手提行李，我们喜欢结实的全能背包，再加上一个塑料手提袋，去海边或者购物的时候很方便。至于钱包，带有肩带和拉链并且平贴在身上的款式是最可靠安全的选择。如果你是摄影专业人员，带衬垫、隔袋的相机背包便是很好的装备。

打包收拾

你的行李箱就像是没有抽屉的梳妆台，与抽屉同等级别的便是收纳袋。使用不同的颜色，根据类别（衬衫、裤子等）把物品分开来放，以便快速找到它们。收纳袋对于分隔脏衣服，还有难以收拾的袜子、内衣等物品特别好用。装大件物品或是长途旅行时，选择压缩袋。如果你要轻装出行，不想准备收纳袋，把衣服卷起来也很方便。为了尽量减少褶皱，可以试着按照行李箱的长度平铺衣服。

10 大旅行用品

无论什么旅行地点、季节或是场合，以下物品是我们每次旅行都必须带的无价之宝。

1. 电源板

带三个插座和两个 USB 端口的小型浪涌保护器，可同时给多个设备充电。在插座数量少的机场，或是使用国外插座但只有一个通用适配器时，电源板将带给你极大的便利。

2. 纱笼

这种衣物又长又轻，用途多样。它可以用作连衣裙、眼罩、野餐毯子、宗教长袍、挎包和日落后的披风等。

3. 可折叠水壶

这种容器与金属或硬塑料水瓶不同，它形状扁平，不装东西时几乎没有重量。像“乐基因”（Nalgene）这样的品牌就很合适，它们生产的水壶使用超耐用材料，广口设计易于净化水质。

4. SteriPEN 净水器

从任意水龙头或者溪流中灌满水，将净水器的紫外线浸入水中，旋转 50 秒，即可杀死 99.99% 的原生动物、细菌和病毒。每年，不买水可以为我们节省近 1 万元，也避免了将 1000 多个塑料瓶被扔进垃圾场和大海。

迈克在日本用 SteriPEN 净化河水。

5. 隐藏旅行钱包

带有拉链的轻薄钱袋可以挂在腰带上并塞进裤子里，隐秘性强，让你的现金和各种卡片更加安全。这种钱包可以与你的主钱包分开，用来装大额钱款，在人潮拥挤的地方或是远离 ATM 机时，让你多一份安心。

6. 保鲜袋

耐用的可密封保鲜袋可以用来装高科技产品和文件，以防进水，还能装湿衣服和小吃零食，让你的行李井然有序。

7. 多功能刀叉

这种集汤匙、餐叉、餐刀于一体的工具，在户外野餐、外出用餐或是在酒店房间里吃零食的时候都是必不可少的。它由耐用轻便的塑料制成，可以重复使用很多年。

8. 钢丝锁

灵活的行李锁可以让你的大小包裹更加安全。为每个提包配一个短的钢丝锁，再准备一个长的，用来把行李捆绑在一起或固定在某个地方。

9. 自己的枕头

我们知道这是空间浪费，但考虑到睡眠质量的重要性，自己的枕头实在是很宝贵。无论你在哪里过夜，五星级酒店或是户外帐篷，它都会让你像在家里一样舒服。

10. 加强版智能手机

通过“解锁”（以使用当地 SIM 卡），并下载下列智能软件，让手机成为旅行“忍者”：XE 货币转换器、Maps.me 离线地图、全球天气精准预报（Wunderground weather forecast）、谷歌电话和 TripIt 旅行计划。

智利巴塔哥尼亚奢华的球形屋顶生态营地

旅途住宿

我们觉得，不论是挥金如土的富翁还是时尚前卫的奢华背包客，都应该尝试多种住宿选择。我们最喜欢有地方特色、真正体现地域风格的住宿地点，不论是处处透着奢华气息的精品酒店，还是爱彼迎上装修考究的民宿。我们的指导原则是：如果能得到独一无二的体验，花多少钱都乐意，无论是门多萨的葡萄园阁楼还是爱尔兰的古老城堡；但如果只是一个睡觉的地方，比如说机场边的旅馆，那就能省则省。在每个国家，都要至少体验一次民宿，对文化的洞悉将是无比珍贵的财富。住宿环境不断变化，以下建议可帮助你选择合适的住宿地点，得到最佳的体验。

订购网站

OTA（在线旅行社）利用互联网提供一站式服务。寻找住宿时，将酒店预订与航班和汽车租赁一同办理，往往是最优惠的选择。像 Travelocity.com 和 Orbitz.com 这样的网站可以为套餐提供很大的折扣，而且他们会对预订酒店价格进行对比，直到你出发前 24 小时到 48 小时才最终确定。

大幅折扣网站

如果你没有指定某家酒店，只是想找便宜些的住宿，可以试试 Hotwire.com、Priceline.com 和 HotelTonight.com 这三个网站。选择它们的最后时限优惠，或者根据自己期望的位置和环境等级，对酒店进行报价。虽然可能要等到预订后才知道确切的酒店，但这样的确会省下大笔的费用，同时又能满足自己的需要。

奢华精品酒店

精品酒店的奢华不仅仅在于外观，更在于感受，它们既有地方特色，贴心设计，还有个性化服务。需要这种酒店时，我们会参考几个重要收藏和管理网站。RelaisChateaux.com，SLH.com，MrandMrsSmith.com 和 FiveStar Alliance.com 是特殊时刻我们最喜欢的网站。

点对点住宿

多亏了像 Airbnb.com 和 Homestay.com 这样的非传统网站，租赁当地房屋受到越来越广泛的欢迎，不论是租豪宅还是空余卧室。选择当地家庭中的独立卧室，不但价格低廉，还能与当地人互动交流。试试爱彼迎体验服务，找个热情的组织者教你冲浪、体验地下音乐现场或者带你去街头的市场游玩。

体验当地风情的新颖方式

以下这些共享经济平台可以让你真正体验当地文化。从布宜诺斯艾利斯阁楼里大厨举办的美食晚餐聚会，到托斯卡纳采摘橄榄以换取食宿，以下资源是你沉浸其中的入场券。

以工换宿

用自己几个小时的时间换取食宿和融入社区。

照看房屋：游客可以通过许多网站申请任何地方的住宿，从法国的古老城堡到哥斯达黎加的海滨别墅，只需要做一些日常事务作为交换，如遛狗或者仅仅接收邮件。这种工作可以持续几天或是几个月，还能让你快速融入当地生活。想了解更多信息，请访问 HoneyTrek.com/HousesittingTips 网站。

世界有机农场机会组织（WWOOF）：通过 WWOOF.net 网站，申请在 100 多个国家的有机农场打工，体验不同的文化如何在土地上繁衍生存。每天工作 4 小时，连续工作一周及以上便可赚取食宿，还能获得新技能，唯一的成本就是象征性的会员费。

在里斯本一位厨师的家里上葡萄牙美食烹饪课。

工作交换：通过 WorkAway.info，你可以在瑜伽休养所、烹饪学校、语言中心或者野生动物保护区等地方做志愿者，有 150 多个国家为你提供成千上万个体验机会。几小时的工作就能获得免费的住宿和餐饮，还能广结好友。

免费住宿

这可能听起来很疯狂，但全世界都有人免费接待游客，不为别的，只为了享受文化交流的乐趣。在 Couchsurfing.com、TrustRoots.org 和 BeWelcome.org 网站上，来自 20 万个城市的 100 多万人都加入了这个旅行团体。以开放的心态和同样的奉献精神（如果可能的话，招待他人）加入他们，你会发现重要的不是“免费”，而是彼此信任，是打破障碍，是结交全世界的好友。

餐　饮

抛开一成不变的餐馆，加入独具特色的晚宴。专业的厨师和烹饪爱好者敞开家园大门，同五湖四海的游客分享地道的美食，畅所欲言地交流，共同度过一个美妙的夜晚。你可以同他们一起做饭，也可以与其他游客一道悠然自得地休息放松。试试 EatWith.com，体验美食家的乐趣，还有 BonAppetour.com 网站，可以享受温馨的环境，品尝正宗的当地美食。

旅　游

寻找经典的城市旅行路线和独特新颖的短途旅游，与经验丰富的古董商在跳蚤市场淘宝，跟着艺术家一起去街头涂鸦。Vayable.com 和 WithLocals.com 提供的活动都值得在城镇玩上一整天。

交　通

与已经通过验证的司机一起开车前往你的目的地。像 BlaBlaCar.com 这样的拼车网站，可以提供这样经济实惠又个性化的方式来代替租车。

旅行的积极影响

你用时间和金钱做出的选择会对参观的地方产生积极影响。从购物到旅游，再到志愿服务，通过下列方法，你既可以做自己喜欢的事情，又可以为当地发展贡献一点力量。

造福社会

如果用餐、购物和观光这样平常的旅行活动可以对非营利组织和边缘化社区产生帮助，这就是轻而易举的收获。公益组织可以提供富有当地特色的活动，比如有个援助秘鲁乡村妇女的非营利组织开设了安第斯纺织班，而 Visit.org 就是把游客与这些组织联系起来的平台。去东南亚的大城市享用晚餐或者购物吗？可以顺便去国际友人（Friends-International）美食餐厅，或者去看看公平贸易商店。这家非营利组织为需要保护的青少年提供帮助，可以培训他们进入艺术和服务行业，并将所得收益再全部投入这个项目。许许多多与旅游相关的公司所做的都不仅仅是赚钱，请尽可能支持他们。

公益旅行

将徒步旅游或观光等传统旅行活动与志愿服务结合起来，这样的旅行既能帮助别人，又可以尽情放纵自我，是度假的最好方式。不过要注意，有些户外用品商店利用这种义工度假的趋势，制定适销对路的项目来谋利，不同于那些服务社区的公司，所以应先调查商家的名誉声望，以及对该地区的长期投入。世界探险队（World Expeditions）的社区旅行项目就是个很好的范例，旅游公司与当地领导人物合作，努力做出有意义的改变。

志愿服务

为社会和环境事业工作是最有价值的旅行形式之一，此外，你还能收获别样的旅行体验。从 Catalyst.cm 开始，这是一个线上社区，其项目、博客和论坛都受到广泛赞扬。LearningService.info 上的视频图书馆有很全面的资源，详细介绍了有重大影响的志愿服务。若要选择值得信赖的组织，参加力所能及的项目，可以考虑 VolunteerHQ.com 网站，该团队亲自审查了 30 个国家的所有项目。旅行途中，若想以完全免费的方式回馈社会，可以查看一下 TheMuskoka Foundation.org 网站，我们在巴西和越南都在该组织做过志愿服务。

专业志愿服务

利用你的专业技能，去帮助有社会影响的组织。MovingWorlds.org 网站将热心公益的游客与非营利组织和需要某种专业知识的公益企业联系起来。根据想去的国家和逗留时间搜索，寻找既能丰富工作经验，又能造福社会的项目。

明智选择

- 寻找当地导游和旅行社。
- 不要支持利用动物赚钱的景点（例如骑大象和海豚表演等）。
- 谨慎对待孤儿院志愿项目。
- 从工匠那里直接购买正宗的纪念品。
- 不要购买动物制品（例如象牙、毛皮、珊瑚等）。
- 避免购买塑料制品（难以回收利用）。

微笑的面孔——帮助当地社区的纪念。

在新西兰弗朗兹·约瑟夫冰川歌颂生活。

相遇在路上

“心愿清单”常用来委婉地表达“有一天我将实现的梦想”。可是有什么好等待的呢？

旅行留下的回忆将令人终生回味。每一天，我们都会想起旅途中好玩的事情，想起美丽的风景，想起精辟的言论。旅行拓宽了我们的视野，让我们有机会俯瞰自己的生活。小到别出心裁的开瓶技巧，大到纵横捭阖的国家治理，不同的文化展示出独特的全新方式。看到农民笑意盈盈地坐在牛车上，制陶工人全神贯注地旋转着陶轮，这一切都告诉我们，通往成功和幸福的道路有千千万万条，我们非常庆幸早日明白了这个道理。

寻求并抓住每一个旅行契机。从纪念日和生日旅行开始——没有比旅行更好的庆祝方式了。推掉工作会议，凑个小长假，给自己探索新领域的机会。要旅行结婚吗？利用这个机会，去体验异国风情吧。如果天气寒冷，就去追寻阳光灿烂；如果酷暑难耐，就去看看雪花纷飞。充分利用假期时光，尽可能凑出大块时间。

本书中专门介绍了70多个旅行地点，虽然你完全有可能全部游览一遍，但最重要的是，准确地描述你的游历规划，认真地安排旅程，把梦想变为现实。希望我们的建议和旅行窍门已经表明，聪明的游客没有无法到达的目的地。乘坐当地巴士可以比坐豪华轿车更加乐趣无穷，悬崖边的野餐也能像丰盛晚宴一样温馨浪漫，只要有彼此陪伴，走错路口也不过是多一次的冒险体验。

当你翻到本书的最后一页，就去开启旅行人生的下一章吧，一场终生难忘的故事正等待你去书写！

去行动，去呼吸，去飞翔，去游荡，
当你给予的时候就收获了一切，
漫步在僻静的道路上，旅行就是生活。

——汉斯·克里斯汀·安徒生（Hans Christian Andersen）

土耳其卡帕多西亚。

资 源

山脉

尼泊尔安纳普尔纳禁猎区

尼泊尔徒步旅游业协会

www.TAAN.org.np

安纳普尔纳旅行提示和照片

www.HoneyTrek.com/Annapurnas

菲律宾中科迪勒拉山

当地村落客栈

www.NativeVillage-Inn.com

朦胧小屋

MistyLodgeSagada@gmail.com

科迪勒拉山旅行提示和照片

www.HoneyTrek.com/Cordillera

中国峨眉山

峨眉山旅社

www.Facebook.com/emeishan.hostelc

峨眉山金顶山庄

www.EMJDJD.com/en

峨眉山旅行提示和照片

www.HoneyTrek.com/Cordillera

瑞士劳特布伦嫩山谷

施陶河酒店

www.Staubbach.com

雪朗峰餐厅

www.Schilthorn.ch

米伦飞拉达

www.Klettersteig-Muerren.ch

奥博思汀博格旅馆

Info@Stechelberg.ch

美国雷尼尔山

天堂客栈

www.MtRainierGuestServices.com

帕克伍德旅店

www.PackwoodLodge.net

水晶山

www.CrystalMountainResort.com

雷尼尔山国家公园

www.NPS.gov/mora

卢旺达维龙加山脉

赛滨银背猩猩旅馆

www.GovernorsCamp.com

山地大猩猩观景小屋

www.3BHotels.com

文化之乡

www.CBTRwanda.org

卢旺达公园和旅游

www.RwandaTourism.com

卢旺达旅行提示和照片

www.GreenGlobalTravel.com

秘鲁乌鲁班巴大峡谷

安德内斯艾尔西诺酒店

www.AndenesalCielo.com

马丘比丘库斯科豪华型宾馆

www.Inkaterra.com

安第斯徒步者

www.AndeanTreks.com

秘鲁旅行信息

www.Peru.travel

乌鲁班巴旅行提示和照片

www.HoneyTrek.com/Urubamba

智利百内国家公园

巴塔哥尼亚生态营地

www.EcoCamp.travel

佩欧湖创始人宾馆

www.HosteriaPehoe.cl

百内国家公园

www.TorresDelPaine.com

百内国家公园旅行提示和照片

www.HoneyTrek.com/TorresDelPaine

湖泊、河流和瀑布

阿根廷和巴西，伊瓜苏大瀑布

喷泉精品酒店

www.BoutiqueHotelDeLaFonte.com

喜来登度假村

www.SheratonIguazu.com

国家公园和满月徒步

www.IguazuArgentina.com

伊瓜苏大瀑布旅行提示和照片
www.HoneyTrek.com/Iguazu

缅甸茵莱湖
原始莲花温泉度假村
www.PristineLotus.com
瑙坎小旅馆
www.Facebook.com/nawngkhamthelittleinn
红山庄园
www.RedMountain-Estate.com
茵莱湖旅行提示和照片
www.HoneyTrek.com/Inle

玻利维亚和秘鲁，的的喀喀湖
罗萨里奥拉戈的的喀喀湖酒店
www.GrupoRosario.com
圆顶酒店
www.HotelCupula.com
印加航行
www.InkaSailing.com
的的喀喀湖旅行提示和照片
www.HoneyTrek.com/LakeTiticaca

赞比亚利文斯敦
汤加比兹旅馆和活石岛
www.Tongabezi.com
皇家利文斯敦酒店
www.Royal-Livingstone.Anantara.com
利文斯敦探险项目
www.LivingstonesAdventure.com
利文斯敦旅行提示和照片
www.HoneyTrek.com/Livingstone

德国莱茵河峡谷
布鲁尔吕德斯海姆城堡酒店
www.Ruedesheimer-Schloss.com
校舍酒店
www.Hotel-Im-Schulhaus.com
德洛赛尔·凯勒品酒经历
www.DrosselKellerei.de
巴哈拉赫城堡、旅社兼咖啡店
www.HIHostels.com/hostels/bacharach
丹和奥黛丽旅游博客
www.UncorneredMarket.com

越南湄公河三角洲
南波精品酒店
www.NamBoCanTho.com
本特里绿洲酒店
www.BenTreHotelOasis.com
颂山游船
www.SongXanhCruiseMekong.com
湄公河三角洲旅行提示和照片
www.HoneyTrek.com/Mekong

老挝南乌江河谷
农侨胞河畔
www.NongKiau.com
老挝探险项目及服务
www.Laos-Adventures.com/23765
南乌江河谷旅行提示和照片
www.HoneyTrek.com/NamOu

沙滩和岛屿

美国考爱岛
普林斯维尔圣瑞吉酒店
www.StRegisPrinceville.com
费恩格罗托宾馆
www.KauaiCottages.com
海滨别墅餐厅
www.The-Beach-House.com
考爱岛航行
www.IslandSailsKauai.com
杰克·哈特直升机旅社
www.Helicopters-Kauai.com

巴哈马北伊柳塞拉岛
伊柳塞拉岛海豚湾酒店
www.TheCoveEleuthera.com
金沙珊瑚酒店
www.CoralSands.com
码头餐厅
www.HarbourIslandLanding.com
哈勃岛历史之旅
MartinLeeGrant@yahoo.com
伊柳塞拉岛旅行提示和照片
www.HoneyTrek.com/Eleuthera

坦桑尼亚桑给巴尔
巴拉扎疗养度假村
www.Baraza-Zanzibar.com
桑给巴尔咖啡屋
www.RiftValley-Zanzibar.com
爱默生香料茶屋酒店
www.EmersonSpice.com

姜黄香料农场
www.TangawiziSpiceFarm.com
宝石酒店
www.TheRockRestaurantZanzibar.com
桑给巴尔旅行提示和照片
www.HoneyTrek.com/Zanzibar

泰国莱利

普塔旺度假村
www.RailayPhutawan.com
瑞亚维德度假酒店
www.Rayavadee.com
深水独自攀岩
www.BaseCampTonsai.com
莱利旅行提示和照片
www.HoneyTrek.com/Railay

马来西亚刁曼岛

1511 椰林酒店
www.1511CoconutGrove.com
埃拉之境度假村
www.Tioman.org/ella-place.htm
刁曼岛水肺潜水
www.Tioman-Scuba.com
刁曼岛旅行提示和照片
www.TheTravelManuel.com

多米尼加共和国萨马纳

多米尼加树屋村山林小屋
www.DominicanTreeHouseVillage.com
至尊萨马纳大酒店
www.SublimoSamana.com
小海岬餐厅
www.ElCabito.net
萨马纳高空滑索
www.SamanaZipline.com
萨马纳旅行提示和照片
www.HoneyTrek.com/Samana

探险之旅

厄瓜多尔加拉帕戈斯

芬奇湾生态酒店
www.FinchBayHotel.com
积极探险
www.ActiveAdventures.com
加拉帕戈斯旅行提示和照片
www.HoneyTrek.com/Galapagos

澳大利亚最北端

澳大利亚探险之旅
www.AdventureTours.com.au
瓦尔德曼瓦尔德斯旅舍
www.WildmanWildernessLodge.com.au
明迪海滩黄昏集市
www.Mindil.com.au
北领地游客中心
www.NorthernTerritory.com
最北端旅行提示和照片
www.HoneyTrek.com/TopEnd

南非克鲁格

萨比萨比地球度假村
www.SabiSabi.com
穆拉多纳游猎山林小屋
www.Mvuradona.co.za
乔克利树屋
www.LionSands.com
克鲁格旅行提示和照片
www.HoneyTrek.com/Kruger

坦桑尼亚火山口高地

游民公司的塞伦盖蒂游猎营地
www.Nomad-Tanzania.com
恩杜图游猎旅馆
www.Ndutu.com
火山口高地旅行提示和照片
www.HoneyTrek.com/CraterHighlands

肯尼亚桑布鲁

大象帐篷营地
www.Atua-Enkop.com
萨鲁尼桑布鲁山林小屋和塞拉犀牛追踪
www.SaruniSamburu.com
欢乐之营
Info@Elewana.com
桑布鲁旅行提示和照片
www.HoneyTrek.com/Samburu

加拿大丘吉尔

前沿北部冒险
www.FrontiersNorth.com
海豹河遗址小屋
www.ChurchillWild.com
丘吉尔旅行提示和照片
www.HeckticTravels.com

赞比亚南卢安瓜

恩塞富旅舍

www.RobinPopeSafaris.net

姆富韦酒店

www.MfuweLodge.com

丛林水疗

www.Bush-Spa.com

赞比亚公园和冒险活动

www.ZambiaTourism.com

南卢安瓜旅行提示和照片

www.HoneyTrek.com/SouthLuangwa

哥斯达黎加托尔图格罗

海龟酒店

www.TortugaLodge.com

巨嘴鸟花园

www.AracariGarden.com

海龟保护协会

www.ConserveTurtles.org

托尔图格罗旅行提示和照片

www.HoneyTrek.com/Tortuguero

历史与建筑

缅甸蒲甘

泰拉巴之门酒店

www.TharabarGate.com

蒲甘坦德酒店

www.ThandeHotel.com

蒲甘热气球

www.BalloonsOverBagan.com

蒲甘旅行提示和照片

www.HoneyTrek.com/Bagan

土耳其卡帕多西亚

博物馆精品酒店

www.MuseumHotel.com.tr

蝴蝶特窑酒店

www.KelebekHotel.com

卡帕多西亚热气球

www.KapadokyaBalloons.com

马蒂纳旅行社

www.Matiana.com.tr

卡帕多西亚旅行提示和照片

www.HoneyTrek.com/Cappadocia

中国凤凰古城

凤凰美乐地酒店

www.FenghuangMelody.com

凤祥江边楼酒店

地点：中国凤凰古城金家园 349 号

凤凰古城旅行提示和照片

www.HoneyTrek.com/Fenghuang

墨西哥瓜纳华托

玛丽娜克里斯提娜别墅

www.VillaMariaCristina.net

阿隆索 10 号

www.HotelAlonso10.com.mx

墨西哥街美食游

www.MexicoStreetFood.com

比利时根特

根特河大酒店

www.Ghent-River-Hotel.be

根特万豪酒店

www.Marriott.com

于格啤酒厂

www.Delirium.be

根特旅行提示和照片

www.TravelPast50.com

葡萄牙辛特拉

提里帕拉西奥德瑟特阿斯酒店

www.TivoliHotels.com

辛特拉布利斯别墅酒店

www.SintraBlissHouse.com

公园电单车

www.ParkEBike.com

辛特拉旅行提示和照片

www.HoneyTrek.com/Sintra

海边风貌

新西兰塔斯曼地区

亚伯塔斯曼步道

www.GreatWalks.co.nz

亚伯塔斯曼旅馆

www.AbelTasmanLodge.co.nz

威尔森亚伯塔斯曼和绝味三重唱

www.AbelTasman.co.nz

美食航行

www.GourmetSailing.co.nz

Janszoon 项目软件

www.Janszoon.org

塔斯曼区旅行提示和照片

www.HoneyTrek.com/Tasman

伯利兹中美洲大堡礁

科琳达小屋
www.ColindaCabanas.com
玛雅海滩酒店
www.MayaBeachHotel.com
拉加穆芬海之旅
www.RaggamufnTours.com

菲律宾北巴拉望岛

鸟舍
www.TheBirdhouseElNido.com
大自然度假酒店
www.LaNaturaResort.com
陶菲
www.TaoPhilippines.com
爱妮岛
www.WazSupElNido.com

印度尼西亚科莫多

湾景花园酒店
www.Bayview-Gardens.com
科莫多潜水酒店
www.DiveKomodo.com
西拉雅度假酒店
www.SerayaHotel.com
科莫多旅行提示和照片
www.HoneyTrek.com/Komodo

希腊基克拉泽斯群岛

亚森瓦斯酒店
www.AthensWas.gr
太阳帆技术商店
www.Sunsail.com
墨西哥和谐酒吧餐厅
www.HarmonyIos.com
希腊旅行
www.VisitGreece.gr
基克拉泽斯旅行提示和照片
www.Sailing-LaVagabonde.com

挪威，挪威峡湾

海达路德游轮
www.Hurtigruten.com
G 探险店
www.GAdventures.com
奥耶联盟酒店
www.UnionOye.no
挪威旅行
www.VisitNorway.com
挪威峡湾旅行提示和照片
www.HoneyTrek.com/NorwegianFjords

荒漠与沙丘

美国摩押

摩押帐篷酒店
www.MoabUnderCanvas.com
豪尔牧场和小径骑行
www.MoabHorses.com
城堡溪酒厂
www.CastleCreekWinery.com
红尾山空中冒险
www.FlyRedtail.com
摩押游客页面
www.DiscoverMoab.com

越南美奈

风筝冲浪之源旅馆
www.SourceKiteboarding.com
安南公主温泉度假村
www.PrincessDAnNam.com
风铃风筝冲浪
www.Kiteboarding-Vietnam.com
美奈旅行提示和照片
www.HoneyTrek.com/MuiNe

墨西哥杜兰戈

麦斯奎洛酒店
www.HostalMexiquillo.com
杜兰戈统治者酒店
www.HotelGobernador.com.mx
杜兰戈旅行
www.VisitaDurango.mx

巴西杰里科科拉

杰里科科拉别墅酒店
www.LaVilla-Jeri.com
杰里科科拉堡巴酒店
www.BaobaJeri.com
杰里科科拉旅行提示和照片
www.HoneyTrek.com/Jericoacoara

纳米比亚纳米布沙漠

索苏维莱旅馆
www.SossusvleiLodge.com

纳米布沙漠旅馆
www.Gondwana-Collection.com
变换动作滑沙
www.Alter-Action.info
纳米布沙漠旅行提示和照片
www.DivergentTravelers.com

智利阿塔卡马沙漠

阿瓦斯酒店
www.AwasiAtacama.com
特兰台酒店
www.Terrantai.com
火山阿塔卡马酒店
www.TierraHotels.com
天体探索
www.SpaceObs.com
阿塔卡马沙漠旅行提示和照片
www.HoneyTrek.com/Atacama

冰雪景观

南极洲南极半岛

夸克探险队
www.QuarkExpeditions.com
“一片海”探险队
www.OneOceanExpeditions.com
南极洲旅行提示和照片
www.HoneyTrek.com/Antarctica

新西兰韦斯特兰

特瓦诺伊森林酒店
www.TeWaonui.co.nz
阿斯彭庭院汽车旅馆
www.AspenCourtFranzJosef.co.nz
冰川温泉池
www.GlacierHotPools.co.nz
福克斯和弗朗茨约瑟夫直升机服务
www.Scenic-Flights.co.nz
福克斯冰川向导
www.FoxGuides.co.nz
韦斯特兰旅行提示和照片
www.HoneyTrek.com/Westland

美国佛蒙特中部

山顶宾馆
www.MountainTopInn.com
伍德斯托克酒店
www.WoodstockInn.com
基灵顿度假村和利奇伍德蒙古包
www.Killington.com
狂河峡谷
www.MadRiverGlen.com
米德尔伯里品酒径
www.MiddTastingTrail.com

挪威特罗姆瑟

泼乐松恩酒店
www.ThonHotels.com/Tromso
林斯菲尔德冒险团
www.Lyngsfjord.com
瓦卡纳水手温泉
www.Vulkana.no
活跃的特罗姆瑟人
www.ActiveTromso.no

格陵兰格陵兰岛西部

夸克探险队
www.QuarkExpeditions.com
汉斯艾格德酒店
www.HHE.gl
西库阿普特狗拉雪橇和雪地摩托
www.SikuAput.gl
格陵兰旅行提示和照片
www.ThePlanetD.com

美国和加拿大尼亚加拉大瀑布

贾科莫酒店
www.TheGiacomo.com
跨越尼亚加拉温泉酒店
www.NiagaraCrossingHotelandSpa.com
卡梅洛餐厅
www.Carmelos-Restaurant.com
国家直升机
www.NationalHelicopters.com
三十席酒庄
www.ThirtyBench.com
舒尔泽葡萄园和酒庄
www.SchulzeWines.com
尼亚加拉大瀑布烹饪学院
www.NFCulinary.org
尼亚加拉大瀑布旅行提示和照片
www.HoneyTrek.com/Cordillera

阿根廷冰川国家公园

桑德罗斯旅舍
www.SenderosHosteria.com.ar

洛彭朝精品公寓
www.LosPonchosApart.com.ar
马帕特游轮
www.CrucerosMarpatag.com
阳光与探险
www.HieloyAventura.com
克里斯蒂娜大庄园
www.EstanciaCristina.com
冰川国家公园旅行提示和照片
www.HoneyTrek.com/LosGlaciares

热带丛林和雨林

澳大利亚丹特里

丹特里生态水疗别墅酒店
www.Daintree-EcoLodge.com.au
苦难角海滩屋度假村
www.CapeTribBeach.com.au
梦幻时代走廊
www.MossmanGorge.com.au
道格拉斯港和丹特里旅行
www.PDDT.com.au
丹特里旅行提示和照片
www.HoneyTrek.com/Daintree

泰国考索

我们的山林小屋度假村
www.KhaoSokAccommodation.com
大象岭雨林酒店
www.ElephantHills.com
考索旅行提示和照片
www.HoneyTrek.com/KhaoSok

哥斯达黎加蒙特韦尔德

蒙特韦尔德花园酒店
www.MonteverdeLodge.com
洛斯皮诺斯小屋花园酒店
www.LosPinos.net
卡博雷咖啡店
www.Cabure.net
天空探险旅社
www.SkyAdventures.travel/monteverde
孩子们永恒的雨林
www.ACMCR.org/content
蒙特韦尔德蝴蝶花园
www.MonteverdeButterflyGarden.com

美国奥林匹克半岛

奎纳尔特湖山林小屋
www.OlympicNationalParks.com
卡拉洛奇旅馆
www.TheKalalochLodge.com
奥林匹克国家公园营地
www.NPS.gov/olym

小安的列斯群岛圣卢西亚

水晶度假酒店
www.StLuciaCrystals.com
拉德拉度假酒店
www.Ladera.com
玛格庄园
www.ChateauMygo.com
雨林探险
www.RainforestAdventure.com
钻石瀑布
www.DiamondStLucia.com
硫黄温泉镇
www.SoufriereFoundation.org

厄瓜多尔亚苏尼

海牛亚马孙探险号游轮
www.ManateeAmazonExplorer.com
那坡野生动物中心
www.NapoWildlifeCenter.com
亚马孙海豚小屋
www.AmazonDolphinLodge.com
亚苏尼旅行提示和照片
www.HoneyTrek.com/Yasuni

巴西马瑙斯

卡萨希尔托精品酒店
www.CasaTeatro.com.br
阿纳维利亚纳斯丛林旅舍
www.AnavilhanasLodge.com
亚马孙印第安旅行社
AmazonasIndian@hotmail.com
热带树木攀爬
www.TropicalTreeClimbing.com
马瑙斯旅行提示和照片
www.HoneyTrek.com/Manaus

自驾游

南非西开普省

自驾游路线
www.goo.gl/maps/2tzryJEy4cL2
格兰德迪酒店
www.GrandDaddy.co.za
码头酒店
www.AHA.co.za/quayside
弗朗斯胡克温泉酒店
www.LeFranschhoek.co.za
非洲咖啡馆
www.AfricaCafe.co.za
老饼干市场
www.TheOldBiscuitMill.co.za
南非旅行提示和照片
www.HoneyTrek.com/SouthAfrica

新西兰南岛

自驾游线路
www.goo.gl/maps/y6cqxo5irMF2
玛塔考瑞酒店
www.MatakauriLodge.com
茂宜汽车住宅
www.Maui.co.nz
旅游广播
www.TourismRadio.co.nz
国家公园和迪尔公寓营地
www.DOC.govt.nz
南岛旅行提示和照片
www.HoneyTrek.com/SouthIsland

美国西南部

自驾游地图
www.goo.gl/maps/bfBQvZxGrE42
载恩旅馆
www.ZionLodge.com
光明天使小屋
www.GrandCanyonLodges.com
载恩、布莱斯和大峡谷
www.NPS.gov

爱尔兰和北爱尔兰，北海岸

自驾游地图
www.goo.gl/maps/TBeFcbDc4zH2
布什米尔斯旅馆
www.BushmillsInn.com
艾斯克湖城堡酒店
www.SolisHotels.com/lougheskecastle
双层房车租赁公司
www.BunkCampers.com
古城堡酒吧
www.OldeCastleBar.com
独特攀登队
www.UniqueAscent.ie
格伦科伦基尔民俗村博物馆
www.GlenFolkVillage.com

格鲁吉亚，格鲁吉亚中部

自驾游地图
www.goo.gl/maps/wtJSiJZFsm12
维诺特尔
www.Vinotel.ge
马雷城堡
www.CastelloMare.com
阿扎尔酒庄
www.AWH.ge
格鲁吉亚旅行提示和照片
www.2people1life.com

厄瓜多尔火山大道

自驾游地图
www.goo.gl/maps/GctsYMXLRMs
萨马力水疗度假酒店
www.SamariSpa.com
埃尔坡文尼尔乡村民宿
www.TierraDelVolcan.com
品沙丘庄园酒店
www.HaciendaPinsaqui.com
月神论图恩酒店
www.LunaRuntun.com
艾尔雷富吉水疗花园酒店
www.ElRefugioSpa.com
厄瓜多尔火车
www.TrenEcuador.com
火山大道旅行提示和照片
www.HoneyTrek.com/VolcanoAvenue

古巴，古巴西部

自驾游地图
www.goo.gl/maps/iYzvSEcFy2J2
里德尔和克拉利贝尔私人住宅
Ridel326@gmail.com
拉乌尼翁酒店
www.HotelLaUnion-Cuba.com
艾尔阿坎吉尔酒店
www.Facebook.com/miguelangeltvc

伽利略离线地图
www.Galileo-App.com

神奇景象

玻利维亚波托西省

卡诺旅行
www.KanooTours.com
露娜萨拉达酒店
www.LunaSaladaHotel.com.bo
柯丽伦房车之旅
www.Uyuni.travel
波托西省旅行提示和照片
www.HoneyTrek.com/Potosi

印度尼西亚弗洛雷斯中部

弗洛雷斯伊甸园生态度假村
www.Facebook.com/EcoEden.Flores
克里穆图火山湖生态小屋酒店
www.KelimutuEcolodge.com

土耳其帕穆克卡莱（棉花堡）

金星套房酒店
www.VenusSuite.com
阿亚帕姆酒店
www.AyapamHotel.com
帕穆克卡莱（棉花堡）强盗滑翔伞飞行
www.PamukkaleHijackers.com

新西兰罗托鲁阿

王子之门酒店
www.PrincesGate.co.nz
库拉旅舍
www.KouraLodge.co.nz
火山酒庄
www.VolcanicHills.co.nz
怀奥塔普地热公园
www.Waiotapu.co.nz
怀芒古火山山谷
www.Waimangu.co.nz
华卡雷瓦雷瓦毛利村
www.Whakarewarewa.com
罗托伊蒂温泉湖
www.LakeRotoitiHotPools.co.nz
波利尼西亚温泉
www.PolynesianSpa.co.nz
罗托鲁阿旅行提示和照片
www.HoneyTrek.com/Rotorua

柬埔寨暹粒

吴哥索菲特佛基拉酒店
www.Sofitel.com
维鲁斯酒店
www.Viroth-Hotel.com
白色自行车
www.TheWhiteBicycles.org
暹粒旅行提示和照片
www.HoneyTrek.com/SiemReap

中国武陵源

中天国际青年旅舍
www.HIHostels.com
张家界京武铂尔曼酒店
www.PullmanHotels.com
武陵源旅行提示和照片
www.HoneyTrek.com/Wulingyuan

致　谢

在路上奔波五年后，我们切身地体会到，是身边的人让我们的旅行如此特别。在我们离开之前，家人、朋友甚至老板都给予了满满的爱意与支持，这些都让我们受到极大鼓舞。他们本可以简单地告诉我们，离开安全的家乡是多么疯狂，但恰恰相反，他们给予我们的是无尽的勇气。当我们说："妈妈，我们想辞职，去度几年蜜月。"当时预计谈话并不会很顺利。当我们说："爸爸，我们要成为全职旅行博主。"本以为会得到一声长长的叹息。然而事实出乎意料，他们经常说，我们对人生有自己的规划，这点让他们引以为豪。感谢所有的家人帮助我们完成梦想。

全职旅行需要当地居民的支持，对于所有帮助我们实现"蜜月之旅"的人，我们表示衷心的感谢。感谢帕特 · 霍华德（Pat Howard）帮我们照看萨博，整理邮件，并且一直深爱着我们。感谢罗宾 · 科林斯（Robin Collins）时刻关心我们的行踪，定期发邮件："你们在哪儿？记得给我打电话！爱你们的妈妈。"感谢帕特 · 科林斯（Pat Collins）阅读每条博客，并收藏我们的新闻剪报。感谢我们的兄弟姐妹 [凯特（Kate）、马特（Matt）、瑞安（Ryan）、切尔西（Chelsea）和威尔（Will）]，一直做我们的坚强后盾。感谢所有替我们保管零散家具的朋友，希望你们喜欢它们 [霍坦斯特恩（Hottensteins），我们发誓改天一定会取回那套沙发]。感谢杰夫 · 拉德林（Jeff Radlin）——我们亲爱的朋友和房屋经纪人，每次家里电器出现问题都及时赶来解决。感谢安德鲁 · 科尔乔内（Andrew Corcione）与我们一起在霍博肯（Hoboken）体验摇滚和头脑风暴（我们要席卷全美）。感谢我们的纽约主队，总是选择最佳的离开时间。感谢基灵顿（Killington）全体成员，帮助我们成为更好的博主和滑雪者。

感谢我们蜜月之旅的粉丝们。你们如火的热情、丰富的好奇心和各种亲身经历的故事，每天都激励着我们踏上旅途，分享冒险经历。在我们缺乏动力的日子里，S. 吉姆（Jim S）、S. 辛迪（Cindy S）、L. 卡罗尔（Carol L）、J. 理查德（Rashaad J）、G. 温内（Wynne G）、M. 安妮（Annie M）、V. 埃丽卡（Erica V）、G. 帕尔（Paal G）、G. 德布（Deb G）、W. 肯（Ken W）、B. 斯特夫（Steph B）、V. 安娜（Anna V）、C. 克里斯蒂（Christy C）和成千上万的新老朋友，在"脸书"上为我们留下真心诚意的评论。社交媒体也让我们重拾与童年好友斯托菲斯（Stolfis）和前同事 C. 贾斯廷（Justin C）等人之间的友谊。他们帮我们与旅途中遇到的人保持联系，从我们的马赛导游伯纳德（Bernard）到布宜诺斯艾利斯的女裁缝普利西马（Purisima）——普利西马从 2012 年开始就一直关注我们，用各种丰富的表情符号与我们互动。

感谢整个“相遇计划行动（Meet Plan Go）”和旅行博客团。多年来，你们真切的友谊、实用的建议和不断的鼓励对我们来说都是无比宝贵的。感谢我们旅行训练营的学生们，你们成功环游世界让我们觉得非常自豪。感谢共享经济下敞开家园欢迎我们的每个人，你们让我们在空余卧室上网、照看农场或者教我们学做新菜，非常高兴能认识你们：凯特（Kat）和威利（Willie）、J. 苏珊（Susan J）、罗（Ro）和马约（Majo）、R. 加雷思（Gareth R）、特纳（Tena）和阿莱纳（Alena）、L. 托尼（Toni L）、R. 戴夫（Dave R）、珍妮（Jeanne）和比尔（Bill）、M. 尼尔（Neil M）、朱迪思（Judith）和拉里（Larry），还有很多很多人。

感谢虚拟世界之外的朋友，虽然我们相处的时间很短暂，但你们的美好品德永远将我们连接在一起。在泰国丛林我们的摩托车出了故障，感谢佩皮托姆（Pepitome）收留了我们两天。感谢克里斯托娃（Cristóvão）教我们如何捕食水虎鱼，以及如何在亚马孙生存。感谢凯特 - 萨恩（Kat-san）教导我们要珍惜每一粒粮食。感谢艾科马（Achoma）的村民们，每每想起秘鲁那场命中注定的舞会，我们都会不自觉地笑起来。感谢我们在塔芬恩村庄（TảPhìn）的学生们，感谢移动世界（MovingWorlds）和马斯科卡（Muskoka）的指导人员，是你们告诉我们在旅途中要多行善事。

感谢每一位赞同“生活就是蜜月”的人。感谢汤姆和 Honeymoons.com 打开了通往浪漫之都的大门，为我们开动这辆爱情列车搭建了平台。感谢佩姬（Peggy）阿姨向我们介绍了半个东非，并成为我们的公关人员。感谢海斯（Hayes）代表那些毫无经验的情侣。感谢梅伊（Mey）和 Glamping.com 理解冒险与享受完美搭配……并相信蜜月之旅应该继续下去。

感谢国家地理相信我们的故事，相信夫妻旅途的奇遇。感谢雷纳 · 延斯（Rainer Jenss）点燃我们心中的火花。感谢比尔 · 欧唐奈（Bill O’Donnell）一直陪伴在我们的身边。感谢苏珊 · 斯特雷特（Susan Straight）让我们的故事焕发夺目光彩。感谢埃伦 · 纽伯恩（Ellen Neuborne）和迈克尔 · 欧康纳（Michael O’Connor）为我们扫除一切障碍。感谢萨纳 · 阿卡什（Sanáa Akkach）、妮科尔 · 米勒（Nicole Miller）和莫伊拉 · 哈尼（Moira Haney）把这本书设计得如此精美。感谢为这项工作做出贡献的超能夫妻，爱情与旅行是维持世界运转的动力，而你们便是活生生的例子。感谢阅读本书的情侣，感谢你们没有无聊地坐在沙滩上晒太阳，而是将旅行视为升华人生的经历，是一场结伴而行的宝贵体验。

玻利维亚卡拉湖，冒险与浪漫同在。

插图作者

除特殊说明外，所有图片均来自 Honey Trek.com，由迈克·霍华德和安妮·霍华德拍摄。
（注：LE= 左侧，UP= 上方，LO= 下方，RT= 右侧，RF= 右下）

23 (LE), Emily Polar Photography; 32, Jeff Goulden/Getty Images; 33 (LE), Kevin Schafer/Minden Pictures; 34, Bret Love and Mary Gabbett, GreenGlobal Travel.com; 35 (UP), Bret Love and Mary Gabbett, GreenGlobalTravel.com; 35 (LO), Stefan von Bothmer; 40, Matthew Williams-Ellis/Robert Harding; 42, Hugh Sitton/Getty Images; 44, Werner Van Steen/Getty Images; 45 (LE), Alex Saberi/National Geographic Creative; 52, Kelly Cheng Travel Photography/Getty Images; 54, Audrey Scott and Daniel Noll, UncorneredMarket.com; 55 (UP), Audrey Scott and Daniel Noll, UncorneredMarket.com; 55 (LO), Audrey Scott and Daniel Noll, UncorneredMarket.com; 56, Duc Den Thui/Getty Images; 59 (UP), Cyril Eberle/Getty Images; 60, JMichl/Getty Images; 65 (RT), Dennis Frates/Alamy Stock Photo; 70, KucherAV/Shutterstock; 73 (UP), Henn Photography/Cultura Creative (RF)/Alamy Stock Photo; 74, Lauren and Vaughan McShane, TheTravelManuel.com; 75 (UP), Reinhard Dirscherl/ullstein bild via Getty Images; 75 (LO), Lauren and Vaughan McShane, TheTravelManuel.com; 83 (LE), Tui de Roy/Minden Pictures; 85 (UP), Gianpiero Ferrari/Minden Pictures; 85 (LO), roboriginal/Getty Images; 94, Pete Heck, Hecktic Travels; 95 (UP), Paul Souders/Getty Images; 95 (LO), Pete Heck, Hecktic Travels; 97 (UP), Thomas Retterath/Getty Images; 98, Javier Fernández Sánchez/Getty Images; 99 (UP), Panoramic Images/Getty Images; 100, Tui de Roy/Minden Pictures; 107 (RT), Imke Lass/Redux; 114, Christian Mueller/Shutterstock.com; 115 (UP), Tom Bartel, Travel Past50.com; 115 (LO), Tom Bartel, TravelPast50.com; 118, Laura Grier/Robert Harding; 122, Stuart Black/Robert Harding; 123 (RT), Andy White; 132, S. Borisov/Shutterstock; 133 (UP), Panos Karapanagiotis/Getty Images; 133 (LO), Riley Whitelum and Elayna Carausu, Sailing La Vagabonde; 136, Global Pics/Getty Images; 138, subman/Getty Images; 141 (UP), Justin Bailie/Getty Images; 141 (LO), Kristin Piljay/Danita Delimont.com; 148, Alex Robinson/Robert Harding; 149 (UP), Leo Sanches/Getty Images; 149 (LO), Oktay Ortakcioglu/Getty Images; 150, Gambarini Gianandrea/Shutterstock.com; 151 (UP), Lina Stock, DivergentTravelers .com; 151 (LO), Bob King; 153 (LE), Jeremy Woodhouse/Getty Images; 154, John G Ross/Getty Images; 161 (RT), Courtesy of Scenic Hotel Group; 165 (UP), Peter Frank Edwards/Redux Pictures; 165 (LO), Birke Photography; 166, Koonyongyut/Getty Images; 168, Dave Bouskill and Debra Corbeil, ThePlanetD.com; 169 (UP), ThePlanetD.com; 169 (LO), ThePlanetD.com; 171 (LE), noexcuseG/Getty Images; 171 (RT), Jonathan Nicholls/Getty Images; 173 (UP), Keith Levit/Getty Images; 174, Suttipong Sutiratanachai/Getty Images; 176, Pete Oxford/Minden Pictures; 178, David Wall/Getty Images; 179 (LE), chameleonseye/Getty Images; 180, Alex Hare/Getty Images; 181 (UP), Education Images/UIG via Getty Images; 184, Stefano Paterna/Robert Harding; 185 (LO), InVision Photography/Getty Images; 186, Konrad Wothe/Minden Pictures; 187 (LE), Dan Sherwood/Design Pics Inc/National Geographic Creative; 187 (RT), Hannamariah/Shutterstock; 188, oriredmouse/Getty Images; 189 (UP), A-Babe/Getty Images; 189 (LO), Dani Heinrich, GlobetrotterGirls.com; 191 (UP), Christian Heeb/Prisma by Dukas Presseagentur GmbH/Alamy Stock Photo; 192, Ed George/National Geographic Creative; 194, BEES Elephant Sanctuary; 208, Lisa Grant and Alex Pelling, 2people1life; 209 (UP), Lisa Grant and Alex Pelling, 2people1life; 209 (LO), Jonas Seaman Photography; 212, Anne08/Getty Images; 226, Jeremy Bright/Robert Harding; 227 (UP), Toma Babovic/laif/Redux; 227 (LO), David Wall/Danita Delimont.com; 228, Savi Munjal and Vidit Taneja, BruisedPassports.com; 229 (UP), Savi Munjal and Vidit Taneja, BruisedPassports .com; 229 (LO), Savi Munjal and Vidit Taneja, Bruised Passports.com; 233 (LE), Stefan Huwiler/imageBROKER/Alamy Stock Photo; 233 (RT), Oktay Ortakcioglu/Getty Images; 234, Kevin Schafer/Alamy Stock Photo.

图书在版编目（CIP）数据

极致蜜月之旅 /（美）迈克·霍华德，（美）安妮·霍华德编著 ；张成智译. -- 北京 ：中国摄影出版社，2018.9

书名原文：Ultimate Journeys for Two

ISBN 978-7-5179-0800-5

Ⅰ．①极… Ⅱ．①迈… ②安… ③张… Ⅲ．①旅游指南—世界 Ⅳ．①K919

中国版本图书馆 CIP 数据核字（2018）第 227036 号

北京市版权局著作权合同登记章图字：01-2018-3278 号

极致蜜月之旅

作　　者：[美] 迈克·霍华德　安妮·霍华德
译　　者：张成智
出 品 人：高　扬
责任编辑：常爱平
版权编辑：张　韵
装帧设计：胡佳南
出　　版：中国摄影出版社
　　　　　地址：北京市东城区东四十二条 48 号　邮编：100007
　　　　　发行部：010-65136125 65280977
　　　　　网址：www.cpph.com
　　　　　邮箱：distribution@cpph.com
印　　刷：北京地大彩印有限公司
开　　本：16 开
印　　张：16.75
版　　次：2018 年 11 月第 1 版
印　　次：2018 年 11 月第 1 次印刷
ISBN 978-7-5179-0800-5
定　　价：98.00 元